Ursula März

Für eine Nacht oder fürs ganze Leben

Fünf Dates

Carl Hanser Verlag

1 2 3 4 5   19 18 17 16 15

ISBN 978-3-446-24907-3
© Carl Hanser Verlag München 2015
Alle Rechte vorbehalten
Satz: Satz für Satz. Barbara Reischmann, Wangen im Allgäu
Druck und Bindung: Friedrich Pustet, Regensburg
Printed in Germany

FSC
www.fsc.org

MIX
Papier aus verantwor-
tungsvollen Quellen
FSC® C014889

Inhalt

Darf's ein bisschen mehr sein?

Tatsächlich hatte Manfred Hügel bis zum Frühsommer 2005 noch nie mit einer Frau geschlafen, geschweige denn sich ernsthaft in eine verliebt, die mehr als sechzig Kilo wog. Es kam ihm nicht auf ein paar Gramm an. Er stellte Frauen nicht auf eine Personenwaage, bevor er sich mit ihnen abgab, er führte keine Rekrutierungsmaßnahmen durch. Aber er besaß, aus welchen Gründen auch immer, von Jugend an einen präzisen Geschmack. Und die Erfahrung seines Liebeslebens hatte ihm nun einmal bestätigt, dass unter sämtlichen Frauen, die er als schön und begehrenswert, als optisch gelungen befand, keine gewesen war, deren Körpergewicht die Sechzig-Kilogramm-Marke wesentlich überschritten hätte. Er mochte das Füllige so wenig wie das ganz Knochige. Eine Frau von fünfundfünfzig oder gar fünfzig Kilogramm wäre ihm nicht nur zu dürr, zu besenstielig gewesen, sondern auch suspekt im Hinblick auf ihre Gesundheit.

Bei der Körpergröße ließ er mit sich reden. So formulierte er selbst: »Da lass ich mit mir reden«, erklärte Manfred Hügel und verstummte. Verunsichert durch seinen fast barschen Tonfall, fragte ich mich, ob er die Lust an unserem Gespräch verloren habe. Aber so war es nicht, im Gegenteil. Ich saß neben einem Mann, der geradezu danach drängte, etwas unruhig in ihm Kreisendes loszuwerden. Er war nur kein besonders guter Erzähler. Das fiel mir schon nach kurzer Zeit auf. Vielleicht war er einfach nicht geübt darin, eine Geschichte geduldig durchzukneten, in ihre Ecken und Winkel zu dehnen, wie man einen

Klumpen Hefeteig mit den Fingerspitzen zieht und dehnt, bis er das ganze Backblech ausfüllt. Manfred Hügel nahm den Klumpen in die Hand, drückte zu und ließ ein, zwei Sätze fallen, die das Fazit der Geschichte enthielten. Als Ingenieur arbeitete er in einem Milieu, in dem, so nehme ich zumindest an, Effizienz auch beim Reden als Vorzug gilt. Erst als endgültig klar war, dass wir die halbe oder im schlimmsten Fall sogar die ganze Nacht auf dem Karlsruher Flughafen festsitzen würden, der mich an die provisorischen Firmencontainer auf Großbaustellen erinnerte, begann er langsamer und ausführlicher zu erzählen.

Er genoss meine Neugier. Er genoss sie sogar ziemlich, nach jeder Frage wartete er begierig auf die nächste, noch intimere Frage, als böte ich ihm kleine Leckerbissen an. Ich fragte ihn in einer recht hemmungslosen Weise aus, die ich mir unter anderen Umständen verboten hätte und die in einer anderen Situation auch völlig unangebracht gewesen wäre. Allerdings wusste Manfred Hügel, wie man Neugier herausfordert. Er gab sich als viriles, ein wenig flegelhaftes Rauhbein, nannte alles, was ihm besonders gefiel, »geil« – Helikopterflüge durch die Rocky Montains waren »geil«, der Kamin in seinem Wohnzimmer war »geil«, die Hamburger Aufführung des Musicals »Cats« war »geil« –, und was er nicht mochte oder was ihm störend im Weg stand, war ganz einfach »scheiße« oder »beschissen«. Dabei ließ er aber durchaus zartere Seiten durchschimmern, signalisierte wie nebenbei, dass es ein Fehler wäre, ihn auf den ersten Blick hin einzuordnen. Mein erster Blick erkannte einen kräftigen, etwas bulligen Mann mit einem ballonrunden, auf den Nacken gepressten Schädel. Einer, der sein Testosteron ein bisschen zu sehr mag, das war mein Gedanke, als ich mich in der

Schlange vor dem Abfertigungsschalter umdrehte, um zu sehen, wer hinter mir mit cholerischem Unterton »Scheiße« gerufen hatte. Ich hielt ihn für fähig, einen sinnlosen Krawall zu veranstalten, den ganzen gottverlassenen Container wegen der Verspätung unseres Flugs zusammenzubrüllen, und sagte beruhigend in seine Richtung: »Kismet, dann warten wir halt, ich lade Sie auf einen Kaffee ein.«

Sofort war er zahm, der Zorn verraucht, er zeigte mit dem Daumen zur Imbisstheke und rief vergnügt: »Den Kaffee zahl ich, ist aber die letzte beschissene Plörre hier, sag ich jetzt mal, bevor die Dame sich beschwert.«

Als er losging, fiel mir auf, wie leichtfüßig er sich bewegte, wie harmonisch sich seine Körpermasse – ich schätzte sie auf neunzig Kilo – in den Bewegungen verteilte, nicht im Geringsten den Eindruck von Schwerfälligkeit oder Behäbigkeit erzeugte. Wenn er im Lauf der nächsten Stunden die Treppe zur Herrentoilette in das Obergeschoss hinaufstieg, trat er nur mit den Fußballen auf die Stufen und federte bei jedem Schritt kurz ab. Es sah elegant aus, was ich ihm auf den ersten Blick wirklich nicht zugetraut hätte. Ich bin mir sicher, dass ein begabter, rhythmischer Tänzer in ihm steckte. Foxtrott dürfte der Stil gewesen sein, der ihm am meisten lag.

Er trug zwei Becher Kaffee zu den Reihen der schalenförmigen Aluminiumsitze und lud mich mit einem Kopfnicken ein, neben ihm Platz zu nehmen. So kamen wir ins Gespräch. Dass es derart schnell vertraulich wurde, verdankten wir der stillen Übereinkunft, eine vom Zufall geschaffene Gelegenheit zu nutzen, die sich nicht wiederholen, die eine Ausnahme bleiben würde. Wir wären uns im Freundeskreis oder im Beruf vermutlich nicht begegnet und selbst wenn, hätten wir dort auch kaum Gemeinsamkeiten gefunden. Unter meiner Tätigkeit konnte sich Manfred Hügel nichts Rechtes vorstellen. Er fragte nur, ob man »mit Bücherlesen anständig verdient«, was er offensichtlich bezweifelte. Kurz darauf erwähnte er Eugen Ruges Bestseller »In Zeiten des abnehmenden Lichts«, den er zu Weihnachten gleich zweimal, von seiner Schwester und von seiner Frau, geschenkt bekommen und in den Bummeltagen vor Neujahr ganz gern gelesen habe. Mit dieser Anspielung auf ein Bindeglied unserer Lebenswelten wollte er vermutlich den Abstand zwischen uns verkleinern und verhindern, dass wir uns unversehens als Fremde beäugten und im frisch begonnenen Gespräch auseinandertrieben.

Erst ein paar Tage später begriff ich, was, von meiner Fragerei abgesehen, seine Mitteilsamkeit erregt, welches Signal es gewesen war, das ihn an eine ganz bestimmte Liebesepisode erinnert hatte. An der Wand hing ein Fernsehmonitor. In der Textschleife, die unter den Filmberichten von n-tv mitlief, war eine Eilmeldung über Peer Steinbrücks stattliche Honorare als Redner bei Großbanken und Wirtschaftskonzernen zu lesen. Steinbrück war kurz zuvor, im September 2012, Kanzlerkandidat der SPD geworden, und Bundestagswahlen hatten in Manfred Hügels Geschichte eine empfindliche Bedeutung.

Als Mann war er nicht mein Typ. Ich als Frau wohl auch nicht seiner, ich wog doch einiges über sechzig Kilogramm. Aber wir spürten, auch das sah ich erst im Rückblick, eine Gemeinsamkeit gleichsam platonischer Natur. Sie lag nicht nur jenseits von Lebensstil und -welt, sondern, da sie einen versteckten Seelennerv betraf, unterhalb all dessen. Wir gehörten dem Verein der Schüchternen an, innerhalb dieses Vereins allerdings der Spezialabteilung ehemaliger, umtrainierter Schüchterner, bei denen niemand auf die Idee kommt, sie für schüchtern zu halten.

Niemand außer den Schicksalsgefährten. Bei trockenen Alkoholikern dürfte es den gleichen Effekt geben. Sie erkennen sich wahrscheinlich schon an der kategorischen Tonlage, mit der sie jeden Tropfen ablehnen.

Manfred Hügel und ich erkannten uns, unbewusst natürlich, an der haarfeinen, ein wenig hektischen Überforciertheit unserer allerersten Reaktion aufeinander. Kein anderer, nur ich hielt es für nötig, an den potentiellen Radaubruder in der Abfertigungsschlange das Wort zu richten, und Manfred Hügel ging potzblitz darauf ein, handelte, holte Kaffee. So verhalten sich Menschen, die eine Methode gefunden haben, mit der Schüchternheit fertig zu werden, und es bei der Anwendung der Methode ein wenig übertreiben. Ich war ein schweigsames Kind, eine schweigende Jugendliche, quassele heute aber leidenschaftlich gern und bisweilen auch zu viel. Manfred Hügel war, so nannte er sich selbst, ein Macher. Während andere noch überlegen, ob der abgeschabte Teppichboden durch einen neuen ersetzt werden soll, hat er schon mit dem Rausreißen begonnen. Ich übertreibe es mit dem Reden, er mit dem Machen. Die Forciertheit schlägt der unliebsamen, aus alten Zeiten bekannten Gehemmtheit die Tür vor der Nase zu, bevor sie sich überhaupt der Schwelle nähert. Und für diesen Vorgang, für dieses typische Verhalten von Schüchternheitsveteranen besaßen Manfred Hügel und ich ein feines Näschen.

Der Hinweis kam im Übrigen von ihm selbst. Irgendwann während unseres Flughafenabends wollte ich von ihm wissen, ob er je eine völlig fremde Frau einfach angesprochen habe, auf der Straße, in einer Bar, wo auch immer. Ob er zu den Männern gehöre, die über die couragierte Lässigkeit verfügen, welche dieses Meisterstück des Liebeslebens erfordert. »Nö«, sagte Manfred Hügel, drehte den Ballonkopf um neunzig Grad, sah mich an und setzte trocken dazu: »Ich bin schüchtern.« Na ja, dachte ich, als ich den Satz hörte, schüchtern ist ja relativ, und was Manfred Hügel von der zupackenden Art berichtete, mit der er sein Leben verwaltete, ließ einen Draufgänger erwarten.

Das war er auch, nur nicht in allen Bereichen. Sein Flirttalent erschöpfte sich, so verstand ich ihn, im Einnehmen einer Position, die es einer Frau nicht allzu schwer machte, ihn zu bemerken und anzusteuern. Man könnte dies als Kunst des Passivflirts bezeichnen, die auch ich beherrsche. Beim Besiegen der Schüchternheit habe ich es weit gebracht. Ohne größere Probleme kann ich heute vor zweihundert Leuten sprechen. Aber für die Aventure, einem Mann freiheraus meine Gesellschaft anzubieten, hat mein Mut beim besten Willen nie gereicht, zumindest nicht auf heimischem Terrain. Je weiter weg ich mich von zu Hause, vom Gewohnten und von mir selbst befinde, desto weniger bremst mich die Zögerlichkeit. Ein allgemein bekanntes und keineswegs neues Phänomen; Goethe kam aus Italien erotisch erneuert zurück. Reisen dehnt die Egogrenzen, stimuliert die Sinne.

Über viele Jahrhunderte hin verheirateten sich meine Vorfahren, Westpfälzer mütterlicherseits und Mittelfranken väterlicherseits, nie anders denn innerhalb eines geografisch engen Zirkels, niemals über die Landes- oder Sprachgrenzen hinweg. Ich bin die erste, die dem Stammbaum all dieser Pfälzer und Franken ein Zweiglein aus dem Ausland zutrug. Der Vater meiner Tochter ist Niederländer; nicht besonders exotisch, aber immerhin. Wir lernten uns an einem Juliabend auf der Strandterrasse einer westfriesischen Insel kennen. Er saß an einem Tisch und spielte mit sich selbst Schach. Wie Manfred Hügel folgte ich dem Prinzip vorteilhafter Selbstpositionierung und wählte am Nebentisch einen Platz, der mir die sichere Gewissheit bot, von dem Unbekannten entdeckt zu werden, sobald er den Kopf zur Seite drehte, um das Sonnenuntergangsspektakel am Nordseehorizont zu bestaunen. Die Rechnung ging auf. Sein Blick suchte die schon halb verschwundene Sonnenscheibe, prallte auf mein Profil und ich musste nur noch lächeln. Er lud mich auf eine Partie Schach ein. Das Spiel zog sich öde hin, da wir dem Kennenlernen zuliebe jeden Kampfgeist unterdrückten, absichtlich unsere Türme, Springer, sogar Damen opferten, um den anderen nicht zum Verlierer zu machen.

Es war Freitagabend. Wir warteten auf den letzten Flug nach Berlin. Ich hatte am Nachmittag an einer Rundfunkdiskussion teilgenommen und war auf dem Weg nach Hause. Manfred Hügel musste am Montagmorgen zu einer Sitzung ins Verkehrsministerium. Warum er das ganze Wochenende in Berlin verbrachte, sagte er nicht. Unser Flug verzögerte sich immer weiter, ohne dass wir erfuhren, wann und ob die Maschine überhaupt noch starten würde. Wir hatten bei einer Billigfluglinie gebucht, deren Personal an Auskünften sparte und offensichtlich erwartete, dass Passagiere, die eines günstigen Tickets wegen auf Komfort verzichteten, auch die nervliche Robustheit aufbrächten, ins Leere hinein zu warten. Ich glaube, Dienstleistung war das Stichwort, das Manfred Hügel zu der Bemerkung veranlasste, es gebe ja heutzutage die seltsamsten Serviceeinrichtungen. Er machte eine seiner abrupten Schweigepausen und ich fühlte mich aufgefordert, in die Pause hinein zu fragen, was er damit meine.

Im April 2005 wählte Manfred Hügel eine Telefonnummer, die er unter den Erotikanzeigen einer Berliner Stadtzeitschrift gefunden hatte. Es mangelte ihm keineswegs an Gelegenheiten für ein kurzes, seine Ehe nicht beschädigendes Abenteuer. Er befand sich in den sogenannten besten Männerjahren, zwischen vierzig und fünfzig, er kam als Projektmanager für internationale Verkehrssysteme kreuz und quer durch die Welt und begegnete unentwegt Frauen, an die er Signale seiner Verführbarkeit hätte versenden können. Er kannte das nächtliche Klopfen an seine Zimmertür, mit dem in manchen Ländern Hotelhuren ihre Dienstbereitschaft ankündigen. Bezahlter Sex – in jungen Jahren hatte er es ein paar Mal probiert – war aber nichts für Manfred Hügel, und seiner Einschätzung nach hatte er ihn auch nicht nötig. Er führte eine in diesem Belang rege Ehe, deren Intimleben nach zehn Jahren allenfalls unter einer gewissen Routine litt. So ging es wohl allen Leuten, und wie jedem, sagte sich Manfred Hügel, stand auch ihm hin und wieder der Sinn nach Abwechslung. Er wollte lediglich für ein, zwei Nächte neue Lust verspüren und dies mit einer Frau, die genau das Gleiche wollte.

Die Gelegenheit war günstig. Aus beruflichen Gründen verbrachte er damals vier Monate allein in Berlin, wohnte im Hotel Esplanade am Spreeufer und fuhr nur an den Wochenenden zu seiner Frau und den Jungs nach Frankfurt. Manfred Hügel hatte nicht die geringsten Skrupel, als er beschloss, die Idee eines Seitensprungs in die Tat umzusetzen und hierfür eine Agentur in Anspruch zu nehmen, die ihrer Kundschaft die Versorgung mit diskreten Kontakten anbot. Wenn solch eine Agentur existierte, dann war er ja wohl kein Sonderfall, sondern ein durchschnittlicher Mann mit durchschnittlichen Wünschen.

Am Telefon meldete sich, was ihn nicht weiter verwunderte, eine Frauenstimme. Überraschend fand Manfred Hügel eher, dass die Stimme der Frau so neutral, so bar jeder verschwörerischen Verruchtheit klang, als spräche er mit der Sekretärin seines Steuerberaters. Sie sagte: »Hallo, hier Seitensprung-Agentur Berlin, was kann ich für Sie tun?« Die Unterhaltung dauerte keine fünf Minuten. Er erfuhr, dass die Agentur über eine Kartei mit Namen und Telefonnummern von Männern wie von Frauen verfüge und dass er sich, um in diese Kartei aufgenommen zu werden, persönlich vorzustellen habe. Das leuchtete ihm ein. Die Agentur wollte verständlicherweise vermeiden, von Perversen oder Gewalttätern genutzt zu werden, er selbst hatte auch kein Interesse, an eine Psychopathin zu geraten. Er vereinbarte einen Termin für den darauffolgenden Montag. »Dann sehen wir uns Montag vierzehn Uhr«, sagte die Angestellte, »schönes Wochenende.«

Als Manfred Hügel sein Handy in die Hosentasche schob, fühlte er sich verwöhnt wie schon lange nicht mehr. Er schaute mich kurz von der Seite an, als wollte er überprüfen, ob ich fähig sei, diese Regung zu verstehen, ob ich mich überhaupt als Beichtmutter von Bettgeschichten eignete. Ich nickte energisch mit dem Kopf. Weniger, weil ich ihn verstand, sondern eher, um seine Erzählung in Schwung und ihn auf dem Aluminiumsitz zu halten. Um uns herum lichteten sich die Reihen. Nach und nach verließen die Ungeduldigen den Flughafen, um mit dem Taxi zum nächsten Bahnhof zu fahren, wo sie einen Nachtzug nach Berlin zu erwischen hofften. Ich war entschlossen, zu bleiben, und Manfred Hügel anscheinend auch.

Was meinte er nun mit verwöhnt? Die Verwöhnung fängt bei einer Eskapade, wie sie ihm vorschwebte, ja wohl erst ein paar Stationen später an. Manfred Hügel merkte jedoch nach dem Telefonat, wie gut ihm der Gedanke gefiel, für eine Affäre mit einer Wildfremden ausgesucht, von einer Agentur regelrecht gecastet, in seiner Eignung als Gelegenheitsliebhaber geprüft und daraufhin nach Kriterien in eine Kartei eingeordnet zu werden, die er so wenig in der Hand hatte wie das ganze Arrangement. Es gab dem amourösen Unternehmen, das er ansteuerte, zu dem er vielmehr hingesteuert wurde, fast den Anschein eines Auftrags, den er nur noch zu erfüllen hatte. Befreit zu sein von der Entscheidung, welche der Karteikastenfrauen für ihn in Frage käme, erschien ihm als eine Art Luxus, den er sich einmal gönnen wollte. Wäre es die Falsche, läge es nicht an seiner mangelnden Frauenkenntnis, sondern schlichtweg am Missgriff der Agentur.

An diesem Punkt der Geschichte kam Manfred Hügel auf die Sache mit dem Körpergewicht zu sprechen. Er hatte also seit jeher eine Vorliebe für zierliche, zugleich sportliche Frauen, die schätzungsweise um die sechzig Kilo wogen. Und er bevorzugte dunkelhaarige Frauen. Nicht nur dunkel, auch lang sollten die Haare nach Möglichkeit sein. Wie Caroline von Monaco? Manfred Hügel blies Luft aus einem Mundwinkel und drehte abschätzig den Kopf hin und her. Für Prinzessinnen hatte er nichts übrig, zu etepetete, zu verdreht und verwöhnt. Der Name Angelina Jolie sagte ihm nichts. Iris Berben, in jüngeren Jahren? Schon eher. Aber weder war Manfred Hügel ein Kinobesucher, noch interessierte er sich für Klatschillustrierte. Wahrscheinlich war er auch zu rational, um von Stars, berühmten Schauspielerinnen oder anderen Phantomen zu träumen. Er verlangte von einer Frau keine Ähnlichkeit mit irgendeinem Idol. Er schwärmte nicht für spezielle Schönheiten, er schwärmte ganz einfach für eine bestimmte grazile und straffe Körperlichkeit. Und wenn seine Idealfrau ein Tier wäre? Manfred Hügel überlegte nicht lang: Wildkatzen. Ihn faszinierten Wildkatzen, diese geschmeidigen, geheimnisvollen Geschöpfe, und folglich Frauen, die das Wildkatzenhafte an sich hatten. Er war klug genug, um in seiner eigenen Gestalt das morphologische Gegenteil dieses zartgliedrigen Tierchens zu erkennen. Er begehrte, was er selbst nicht war oder an sich vermisste, das tun bekanntlich viele, und so hatte Manfred Hügel noch nie mit einer Frau geschlafen, die deutlich mehr als sechzig Kilo wog.

Natürlich hegte er eine Art Spleen. Aber von so einem Spleen, freundlicher gesagt, von so einem Wunschbild werden die meisten gelenkt, wenn sie sich verlieben. Ich kenne beispielsweise eine Filmproduzentin, die im Lauf ihres Lebens ausschließlich mit Männern aus dem Mittelmeerraum liiert war, unter anderem mit zwei Griechen und einem Libanesen, obwohl es, so sagt sie, niemals ihr Vorsatz war. In ihren Augen ergab es sich ganz zufällig. Und ich kenne eine Steuerberaterin, für die der ausgemergelte Schriftsteller Samuel Beckett das Inbild erotischer Vollkommenheit verkörpert. Ein Mann mit wenig Fleisch auf den Knochen, der aber nicht schwächlich, sondern im Gegenteil von ausdauernder, zäher Konstitution ist. Im besten Fall also ein Marathonläufer. Ihn zu finden ist keine leichte Sache, denn das Spektrum möglicher Kandidaten wird durch das zugespitzte Auswahlkriterium doch erheblich eingeschränkt.

Dass ich selbst lange Jahre einem spleenigen Zwang gehorchte, indem ich mich ausschließlich für dunkelhaarige Männer interessierte und blonde kategorisch überging, wurde mir erst bewusst, als diese Marotte ihre Macht verloren hatte. Aber ein kleiner Rest davon ist mir erhalten geblieben.

Bis heute gilt meine besondere Aufmerksamkeit Frisur und Haaren. Für die Augenfarbe von Männern bin ich hingegen blind. Damit unterscheide ich mich wohl von den meisten meiner Geschlechtsgenossinnen, denn angeblich nehmen Frauen im Urmoment der Begegnung Augen und Hände von Männern wahr, während diese Po und Busen fixieren, bevor ihr Blick den Rest der Frau erfasst. Ich bin skeptisch gegenüber dieser Geschlechterstereotypie, die Männer zu primitiven Begattungsmaniacs abstuft und Frauen zu verfeinerten Geschöpfen adelt. Auf mich trifft all das nicht zu. Ich besitze, bezüglich des Aussehens von Männern, ihrer Hände und Augen, keinerlei spezielles Faible. Überscharf registriere ich allerdings jede Veränderung an ihrem Kopfbewuchs. Wenn ich einen Konferenzraum betrete, in dem sich zwölf männliche Kollegen aufhalten, sehe ich sofort, wer von ihnen jüngst beim Friseur war, sich den Nacken frisch ausrasieren und die auf dem Ohrläppchen aufliegende Haarsträhne um drei Millimeter kürzen ließ. Aber ich könnte nichts über die Augenfarbe des Kollegen sagen, mit dem ich schon ein halbes Dutzend Mal gemeinsam an einem Restauranttisch saß.

Würde ich aufgefordert, die Augenfarbe des Professors zu bestimmen, den ich einmal liebte, müsste ich eine Antwort erfinden. Vielleicht waren sie graublau, vielleicht graubraun, ich weiß es nicht. Seine kleine, napoleonisch in die Stirn ragende Haarsträhne sehe ich jedoch so genau vor mir, als wäre es gestern gewesen. Vielleicht sind solche milden Formen des Pathologischen die Voraussetzung jeder Liebeswahl, das Instrumentarium, mit dessen Hilfe es überhaupt erst möglich ist, in einer Ansammlung von hundert Partygästen den einen herauszupicken, der unserer Erwartung entspricht. Manfred Hügel hatte ja mit seinem Sechzig-Kilo-Prinzip kein einsames Leben geführt. Er war, wie er mir in einer Nebenbemerkung zu verstehen gab, von seiner ersten Jugendliebe an nie länger als zwei

Monate allein, nie ohne Wildkatzen gewesen, was ich schon erstaunlich fand.

Nun, beim ersten Agentursex seines Lebens, sollte ihm das egal sein. Die Seitensprungdame durfte wachsblond sein oder rothaarig, üppig oder dünn. Für ein paar Nächte wollte er sich ganz einfach unabhängig fühlen vom gewohnten Geschmack. Deshalb hatte er auch darauf verzichtet, ein Seitensprungportal wie Secret.de in Anspruch zu nehmen. Er hätte herumklicken, Frauen studieren, Frauen vergleichen, Frauen aussuchen müssen, wie bei der Auswahl des Menüs aus einer Speisekarte. Diesmal sollte ihm die Mahlzeit einfach vorgesetzt werden.

Er beschäftigte sich offensichtlich recht gern mit Geld. Ob er von Urlaubsreisen oder von seinem polnischen Gärtner berichtete, immer nannte Manfred Hügel automatisch die Höhe der jeweils angefallenen Kosten. An der Villa, die er ein Jahr zuvor im Frankfurter Umland erworben hatte, schätzte er mehr als alles andere den Umstand, dass er sie bei einer Zwangsversteigerung für einen Schleuderpreis ergattert hatte. Und wenn er ehrlich war, hielt ihn, zumindest als kleineres Motiv, auch sein Sparsinn davon ab, nach Feierabend eines der komfortableren Berliner Bordelle aufzusuchen, die bei seinen Kollegen beliebt waren. Aber so gern er normalerweise rechnete und geizte, sowenig hatte Manfred Hügel dagegen einzuwenden, dreihundert Euro für die Dienstleistung der Seitensprung-Agentur zu entrichten. Es kam ihm sogar günstig vor. Derart hoch schätzte er ein, was er dafür bekam: die befristete Verwaltung, oder besser gesagt, die Bewahrung seines Liebeslebens.

Montagmittag, Punkt vierzehn Uhr, stand Manfred Hügel in der Martin-Luther-Straße im Berliner Stadtteil Schöneberg vor einem Geschäftshaus, an dessen Klingelschild die unverfängliche Bezeichnung »Agentur« und darunter »2. Stock links« zu lesen war. Mit einem Summton öffnete sich die Haustür. Er entschied sich, die Treppe hinaufzugehen. Im Aufzug hätte er sich womöglich zu einem Geschlechtsgenossen drängen müssen, den das gleiche Ziel hierher führte. Gesichtslose Büroflure führten im zweiten Stock nach beiden Seiten. Die Beschriftung der Türen ließ auf Im- und Exportfirmen schließen. Nach kurzem Suchen fand er im linken Flur die Agentur. Er klopfte. Eine Frau, die er auf Anfang fünfzig schätzte, vermutlich die, mit der er telefoniert hatte, öffnete die Tür, begrüßte ihn mit Händedruck und bat ihn hinein. Manfred Hügel hatte keinerlei Vorstellung von der Gestaltung eines Raums, in dem sexuelle Heimlichkeiten ausgehandelt wurden, war über den Anblick, der sich ihm bot, nun aber doch verblüfft.

In einer Ecke stand eine elend verhungerte Blattpflanze, an einer Wand hingen vergrößerte, mit Reißzwecken befestigte Fotos einer putzigen Katzenfamilie. Das war aber auch alles, was das Zimmer zierte. Nichts, nicht das geringste Detail gab den Zweck zu erkennen, dem die Agentur ihre Existenz verdankte. Kein Bild mit Frauenbeinen in Netzstrümpfen und hochhackigen Pumps, keines mit pornografischen oder schlüpfrigen Motiven. Nicht einmal ein Plakat des Gesundheitsministeriums mit dem üblichen Appell, die Gefahren der Infektionskrankheit Aids zu beachten und sich im Fall der Fälle mit Kondomen zu versorgen. Auch die Angestellte, die sich hinter einen kleinen Schreibtisch setzte und Manfred Hügel einlud, ihr gegenüber Platz zu nehmen, machte nicht gerade den Eindruck, als sei sie in die Sphäre der Handlungen, die sie professionell betreute, auch persönlich sonderlich involviert. Sie wirkte unscheinbar, ihre Haare hatte sie im Nacken zu einem kleinen Pferdeschwanz zusammengebunden, und an ihre Kleidung konnte sich Manfred Hügel schon eine Stunde später nicht mehr erinnern. Auf dem Schreibtisch standen ein Telefon, ein bauchiger, überaltert wirkender Computer und einige Fotografien in silbernen Stehrahmen. Auf den Bildern war, wie Manfred Hügel mit einem hinschielenden Blick bemerkte, tatsächlich das gleiche Katzenknäuel zu sehen, dessen Stillleben hinter ihm an der Wand hing.

Manfred Hügel, gebürtiger Westfale und studierter Maschinenbauingenieur, mochte die Dinge sachlich. Das wusste ich ja inzwischen. Dass er die Gepflogenheiten des Seitensprungs in einem Zimmerchen besprechen sollte, das sich nicht im Geringsten von einer Behörde unterschied, und dies mit einer beamtenhaften Person, die dem Klischee der abgeklärten Puffmutter so wenig entsprach wie dem einer zackigen Escortservice-Chefin, kam seiner Vorliebe fürs Nüchterne durchaus entgegen.

Dazu aufgefordert skizzierte er seine Lebensumstände, betonte, dass er verheiratet sei und dies auf alle Fälle bleiben wolle, woraus sich die Verpflichtung zu strenger Diskretion aller Beteiligten ergäbe. Die Angestellte nickte. Das war ja nun ihr Alltagsgeschäft. An was für eine Frau, fragte sie, er denn so gedacht habe? Jung? Ganz jung? Manfred Hügel dachte nach. »Nö, ich würd mal sagen, zwischen dreißig und fünfzig.« Dann dachte er noch einmal nach. »So was wie Stil sollte sie schon haben, dass man auch mal ein Gespräch führen kann.« Er vermied das Wort »Schlampe«, das den keinesfalls in Frage kommenden Frauentyp genauer bezeichnet hätte, ihm hier aber missverständlich erschien. Die Angestellte rollte auf ihrem

Bürostuhl zur Seite, öffnete einen Aktenschrank und holte den Karteikasten heraus. Er war in zwei Segmente unterteilt, vorne steckten die Karteikarten der Frauen, dahinter, fast doppelt so viele, die der Männer.

»Also«, sagte sie gedehnt, »ich denke da an zwei von unseren Damen, wo ich mir was vorstellen kann.« Sie rollte zum Schreibtisch zurück, nahm einen Zettel und schrieb zwei Vornamen mit den dazugehörigen Telefonnummern auf. »Das ist die Manuela, 'ne ganz Liebe, arbeitet als Sprechstundenhilfe, aber der Mann lässt sich grade scheiden. Und dann hab ich da noch die Olivia, die ist eher was Besonderes, ledig, Architektin, aber auch nett.« Manfred Hügel faltete den Zettel zusammen, steckte ihn in ein Seitenfach seines Geldbeutels, holte gleichzeitig dreihundert Euro heraus und verabschiedete sich.

Bevor er weitererzählte, brauchte Manfred Hügel ein Glas Rotwein. Als er aufstand, um sich am Imbiss nach Alkoholika zu erkundigen, fiel mir plötzlich eine Szene aus dem Roman »Sieben Jahre« von Peter Stamm ein. Die Hauptfigur ist ein Mann namens Alex, der alles, seine Ehe, seine Familie, seinen Beruf, sein gesamtes wohlsituiertes Leben, zerstört, weil er von einer triebhaften Leidenschaft nicht loskommt. Die Frau, die er begehrt, ist Polin und heißt Iwona. Sie ist nicht schön, sie redet fast nichts, sie hat keinen einzigen Vorzug, nicht einmal sexuelle Erfahrung. Sie bietet dem Mann nichts außer dem Erlebnis einer unerklärlichen, viele Jahre andauernden Obsession. Beim Lesen habe ich immerzu nach dem Schlüssel zu dieser Obsession gesucht. Es gibt ihn nicht, aber ganz am Anfang des Romans eine Szene, die mir im Nachhinein bedeutsam erschien. Sie spielt im Englischen Garten. Alex, zu dieser Zeit noch Student, feiert eines Abend mit Kommilitonen die Abschlussprüfung an der Universität. Zu dritt besuchen sie einen Biergarten und halten Ausschau nach Mädchen. Zwei Touristinnen setzen sich an ihren Tisch. Fehlt nur noch die dritte, eine für Alex. Da entdeckt sein Freund Iwona, die ein paar Meter weiter weg an einem Baum lehnt. »Die da drüben«, sagt der Freund und deutet mit dem Finger auf sie. Er meint es als Witz. Das dickliche Wesen mit seinen altbackenen Kleidern kann für einen flotten Studenten wie Alex nicht ernsthaft in Frage kommen. Alex findet Iwonas Anblick ebenfalls kurios, aber er folgt dem Fingerzeig des Freundes, instinktiv und nahezu willenlos. Er fügt sich in die Wahl, die für ihn getroffen wurde, und anscheinend ist es genau das, was ihn an Iwona fesselt: Dass nicht er, sondern dass ein anderer, eine Art Autorität für ihn entschieden hat. Etwas Ähnliches versprach sich Manfred Hügel anscheinend von der Seitensprung-Agentur. In deren Entscheidung, ihm diese oder jene Frauen zuzuteilen und andere nicht, konnte eine Wahrheit liegen, die ihn als Mann betraf und von der er selbst vielleicht gar nichts wusste.

Er kam mit einer Flasche Rotwein zurück. Wenn er zwei Gläser trank und ich zwei Gläser, war eine Flasche auf alle Fälle günstiger. Er ließ sich eine Woche Zeit, bevor er Manuela anrief. Er hatte sich genau überlegt, wie er sich am Telefon zu erkennen geben würde. »Hier ist der Manfred«, sagte er. »Ich hab deine Nummer von der Agentur.« Das Wort Seitensprung ließ er weg. Erstens, um nicht mit der Tür ins Haus zu fallen, zweitens, um sich nicht zu blamieren, sollte die Angesprochene gar nicht mehr interessiert sein und ihn abwimmeln. »Es geht jetzt nicht«, flüsterte sie mit heller, hektischer Stimme. »Ruf morgen noch mal an, aber nicht vor dreiundzwanzig Uhr.« Das Hinterhertelefonieren zu unleidlichen Uhrzeiten, das sich aus der Zeit-

verschiebung zwischen Kontinenten ergab, war ein strapaziö-
ser Teil von Manfred Hügels Arbeitsleben. Das musste er hier
nicht auch noch haben, dachte er, rief aber dennoch am folgenden Abend an. Die Ahnung, diese Manuela würde in erster
Linie seine Geduld herausfordern, bestätigte sich. Sie begann
sofort, die Untreue ihres Mannes, seine Scheidungsabsicht und
ihre insgesamt niederschmetternde Lage zu bejammern. Manfred Hügel hörte sich das ein paar Minuten an. Dann schnitt er
ihr mit einem Hieb das Wort ab. »Was ist mit morgen«, sagte er
scharf, »morgen hab ich Zeit, wir treffen uns auf einen Kaffee,
in Ordnung?« Wo und wann könne sie bestimmen.

Der Vorschlag, den die Frau daraufhin machte, war so absurd, so über alle Maßen abwegig, dass Manfred Hügel für
einen Moment ins Torkeln geriet und automatisch zusagte. Sie
ginge, sagte Manuela, am nächsten Tag zu Ikea. Sie brauche
ja, wenn ihr Mann sich von ihr scheiden lasse, demnächst neue
Möbel für eine eigene Wohnung. Da könnten sie sich doch im
Restaurant von Ikea zum Mittagessen treffen. Anscheinend
wollte sie die Verabredung so nahtlos im Gewebe ihrer Alltags-
erledigungen unterbringen, dass der Unterschied zwischen
diesen und einem frivolen Date für sie selbst nicht mehr er-
kennbar war. Schwieriger Fall. So viel war klar. Manfred Hügel
schärfte ihr noch sein Erkennungszeichen ein. Er werde bei
Ikea eine Ausgabe des Focus unter dem Arm tragen. Hinterher
fiel ihm ein, dass sie womöglich gar nicht wusste, um was für
eine Zeitschrift es sich dabei handelte.

Na gut, er hatte sich auf ein Abenteuer eingelassen, da waren
Seltsamkeiten inbegriffen, sagte sich Manfred Hügel, als er in
der Filiale des schwedischen Möbelherstellers an der Kasse des
Selbstbedienungsrestaurants stand, ein aus Lachsfilet, Wurzel-
gemüse und Kartoffelbällchen bestehendes Gericht bezahlte

und das Tablett an den Tischen mit den hohen Babystühlen vorbei zu einem Platz am Fenster trug. Den Focus hielt er in der linken, die Gabel in der rechten Hand. Er begann schon mal zu essen. Sie huschte seitlich an den Tisch, er hatte sie gar nicht kommen sehen. Ihr Haar war weißblond gefärbt, ihr Teint mädchenhaft hell. Sie wirkte auf Manfred Hügel gepflegt und keineswegs unattraktiv. Aber irgendetwas an ihrer Gestalt kam ihm unstimmig, verbaut vor. Vielleicht waren es die kindlichen Handgelenke, die nicht zum matronenhaften Busen passten, vielleicht die zu kurz geratenen Beine.

Manfred Hügel konnte sein Missfallen nicht genau definieren, aber er hatte eine prinzipielle Abneigung gegen körperliche Disharmonie. Außerdem begriff er, dass die Frau, die sofort, nachdem sie einen Salatteller und ein Glas Cola auf den Tisch gestellt hatte, ihr Lamento fortsetzte und dabei gegen Tränen ankämpfte, in der Kartei einer Seitensprung-Agentur himmelschreiend fehl am Platz war. Bei beruflichen Meetings war dies einer der Momente, in denen Manfred Hügel rabiat wurde. »Du brauchst«, unterbrach er sie, »'nen Therapeuten, meine Liebe. Tut mir leid, aber das wird hier nichts.« Dann stand er auf, trug seinen Teller zum Laufband für gebrauchtes Geschirr, kaufte im Erdgeschoss noch einen Vorrat an schwedischem Knäckebrot, das seine Frau gerne aß, und fuhr zurück in die Innenstadt.

Er trank einen Schluck Rotwein, rieb schweigend das Glas zwischen den Handflächen hin und her, als wollte er sich in Bewegung bringen für das nächste Kapitel seiner Seitensprungstory, von dem ich annahm, es sei das gewichtigere. »Ich hatte«, sprang ich ein, »auch mal ein Blind Date.« Manfred Hügel drehte den Kugelkopf, schaute mich an, erwiderte aber nichts.

Ob ihn der Ausdruck Blind Date irritierte, ob er sich durch meine Bemerkung gestört fühlte, die eine zumindest höfliche Nachfrage von seiner Seite beanspruchte, war nicht zu erkennen. »Na ja«, sagte ich, »so was wie bei Ikea, so was Ähnliches habe ich selbst mal erlebt.« Manfred Hügel ließ ein paar Sekunden verstreichen, bis er sich die Frage abrang: »Und, wie war's?« Die Kürze der Formulierung verstand ich als Aufforderung, meine Anekdote ebenfalls so knapp wie möglich und vom Ergebnis her zu unterbreiten. Dass Manfred Hügel am geduldigen Erzählen mittlerweile Gefallen fand, machte ihn noch lange nicht zu einem geduldigen Zuhörer.

Das Blind Date liegt über zehn Jahre zurück und war ein Reinfall. Für den Mann zweifellos ein noch größerer Reinfall als für mich. Am Tag, als meine Tochter eingeschult wurde, beschloss ich, mein erlahmtes Liebesleben anzukurbeln, und meldete mich noch am selben Abend bei der Kontaktbörse OkCupid.com an. Nach zwei Monaten Mitgliedschaft verabredete ich mich mit einem Physiker zum Nachmittagsspaziergang an einem Berliner See. Er war sechs Jahre älter als ich und hatte mir eine Reihe von Mails geschrieben, die einen humorvollen und gebildeten Menschen erwarten ließen, allerdings, was ich mir nicht eingestehen wollte, weder echte Neugier noch echtes Stelldicheinkribbeln auslösten. Ich machte mich mit einem diffusen Pflichtgefühl auf den Weg.

Ich erkannte den Physiker sofort, er war der einzige großgewachsene Mann auf dem Parkplatz am See, der auf jemand zu warten schien. Wir gaben uns die Hand, tauschten ein paar höfliche Floskeln aus und hätten auf der Stelle unserer Wege gehen sollen. Chemische Übereinstimmung ist so schnell spürbar wie ihr Gegenteil. Ein Manfred Hügel hätte sich das Spazierstündchen garantiert erspart. Ich aber absolvierte es und mein Unwille gegen die sinnlose Unternehmung, gegen die ganze Internetsucherei, die mir plötzlich genauso sinnlos vorkam, entlud sich in einer kindischen Ungezogenheit gegenüber einem Mann, der mir nicht das Geringste getan hatte.

Ich ließ keine Gelegenheit aus, den Physiker, der immer bedrückter, ja zum Schluss verschreckt neben mir herlief, zu ärgern, zu reizen, regelrecht zu piesacken. Das Blind Date machte mich zu einem Monstrum der Bosheit. Als ich der Schilderung seiner Wohnverhältnisse entnahm, dass er zu fester Ordnung und Reinlichkeit ein etwas penibles Verhältnis pflegte, begann ich, mein angebliches Zusammenleben mit einer Mäusefamilie auszumalen, die sich in meiner Küche angeblich frei ausbreiten durfte und deren Trippel-, Knabber- und Pfeifkonzert mich beim Einschlafen selig begleite. Ich war wirklich nicht mehr ganz bei Trost. Das Maß an Rachelust, in die ich mich verstieg, war nur mit dem Maß an enttäuschter Hoffnung zu erklären. Zu dieser selbstkritischen Interpretation rang ich mich jedoch erst sehr viel später durch.

»Mich beschämt«, sagte ich, »bis heute die Erinnerung an den stumm in sein Auto einsteigenden Physiker, der mir beim Verabschieden nicht einmal mehr die Hand gab.« Ich wollte Manfred Hügel noch erklären, dass mein Blind-Date-Desaster auch etwas Gutes hatte, dass es mich im Nachhinein von einer bestimmten Dünkelkrankheit heilte und demütiger machte, aber für sein Fazit »na ja, is beschissen gelaufen« hatte Manfred Hügel genug gehört.

Im darauffolgenden Monat kam er nicht dazu, Olivia, die zweite aus dem Karteikasten, anzurufen. Über Pfingsten machte er mit seiner Ehefrau und einem der Jungs Urlaub auf La Gomera, danach musste er geschäftlich ein paar Tage nach Tel

Aviv, hielt sich anschließend für ein verlängertes Wochenende zu Hause in Frankfurt auf und kam erst Mitte Juni wieder nach Berlin. Olivia war lebhaft am Telefon, sie machte einen Witz über die Katzenbilder. »Na ja, Kaninchen wären schlimmer gewesen.« Sie lachten, der Ton heimlich Verbündeter stellte sich ohne große Mühe ein. Sie überließ es nicht ihm allein, dem Telefonat eine dezent anzügliche Richtung zu geben und es zugleich vor dem Ordinären zu bewahren. Am kommenden Sonntag hatte sie Zeit. Den Treffpunkt schlug diesmal er vor, eine Restaurantterrasse im Berliner Tiergarten, wenige Fußminuten vom Hotel Esplanade entfernt.

Er schätzte sie auf Kleidergröße vierzig. Da sie groß war, musste sie mindestens siebzig Kilo wiegen. Sie trug einen schwarzen, fast knielangen Rock, eine armfreie, hoch geknöpfte Hemdbluse und außer kleinen goldenen Ohrringen und einer Armbanduhr mit rehbraunem Lederband keinen anderen Schmuck. Während der ersten zehn Minuten, die sie mit dem Herumblättern in der Speisekarte überbrückten, war Manfred Hügel mit dem rätselhaften Umstand beschäftigt, warum sich eine kultivierte Frau, zumal eine Akademikerin, auf das letztlich doch recht schäbige Niveau einer Agentur herabließ. War sie eine mit versteckten Schmuddelwünschen? Eine von der verkorksten Emanzensorte? Genauso rätselhaft, womöglich bedrohlich konnte sie es empfinden, dass ein seriös wirkender Mann sich auf kommerziellem Weg mit Gespielinnen versorgen, sich Frauen wie erlegte Beute von einer Agentur praktisch vor die Füße legen ließ. Er nahm sich vor, sie nicht zu drängen. Vielleicht hatte sie schon auf den ersten Blick festgestellt, dass er für sie nicht in Frage kam, und war nur zu höflich, ihn mit der teuren Flasche Rotwein sitzenzulassen.

Manfred Hügel wusste selbst nicht, ob er Lust auf sie hatte.

Was er von ihrem Körper unter den Kleidern erahnen konnte, erschien ihm schön geformt und gut proportioniert. Um mir zu zeigen, was er damit meinte, zeichnete er die klassische Eieruhrsilhouette in die Luft. Aber Olivia ging nicht herausfordernd mit ihren Reizen um. Er fremdelte ein wenig mit ihrem Gesicht. Die hohen Wangenknochen über der breitflächigen Mittelpartie und der schmale Mund erinnerten ihn an ein slawisches Bauerngesicht. Nur hatte der Ausdruck dieses Gesichts nichts Bäuerliches oder Einfältiges, im Gegenteil. Er verhieß, was ihn leicht verunsicherte, eine durchschauende, fast lauernde Beobachterin.

Olivia gehörte zu den Frauen, die Manfred Hügel als »saumäßig intelligent« bezeichnete. Er hielt sich ihr gegenüber mit seinen Lieblingsvokabeln »geil« und »beschissen« so gut es ging zurück. Sie redeten über alles Mögliche, über Metropolen, die sie beide kannten, über seine Lieblingsstadt Buenos Aires, über den Zustand der Politik Gerhard Schröders, über Waldorfschulen, bei diesem Thema kam er um das Wort »beschissen« nicht herum, über Bayreuth und Richard Wagner, und sie lieferte im Handumdrehen zu allem und jedem eine entschiedene Meinung. Er hatte nicht die geringste Ahnung, wie es im Hormonhaushalt einer solchen Frau zuging, wie sie sich im Bett benähme, und es war weniger Erregung als Neugier, was er ihr gegenüber empfand.

Nachdem er gezahlt hatte, begleitete er sie zu ihrem Auto, das am anderen Ende des Stadtwalds stand. Er hätte auf dem Weg dorthin wenigstens den Arm um ihre Taille legen können, um aus der Reaktion auf diese vorsichtige Annäherung ihre Absichten herauszulesen. Aber er traute sich nicht und offenbar fehlte auch ihr die Unbekümmertheit, um die Seitensprungidee anzupacken. Sie schwiegen bis zum Parkplatz.

»Also dann«, sagte er, »mach's gut, Olivia.« Sie kramte den Autoschlüssel aus der Handtasche, und plötzlich hatte er Angst, dass es das schon gewesen sein könnte. Sie stand direkt vor ihm, sie war tatsächlich fast so groß wie er. Siebzig Kilo reichten wahrscheinlich nicht. Er hob die Hände an ihrer Taille vorbei nach oben, legte sie, so leicht und unaufdringlich wie möglich, auf ihre Schultern und küsste sie auf die Stirn. »Also, bis bald«, verabschiedete er sich und Olivia stieg ins Auto. Als Manfred Hügel im Hotelzimmer auf dem Bett lag und gewohnheitsgemäß nach einem alles auf den Punkt bringenden Satz suchte, murmelte er vor sich hin: Ordentlich ficken geht anders.

Hätte er etwas unternommen, wenn er nichts mehr von Olivia gehört hätte? Manfred Hügel zog die Schultern zu den Ohren und legte den Kopf in den Nacken. Es war mehr eine Dehnübung für seine verspannten Muskeln als eine Antwort auf meine Frage. Wir verharrten schon eine ganze Weile in den unbequemen Aluminiumsitzen. Meinem Vorschlag, uns in einer Ecke auf den Boden zu hocken, stimmte er sofort zu. Es war wohltuend, mit dem Rücken an der Wand zu lehnen und die Beine auszustrecken. In der ungezwungenen Haltung ließ sich auch leichter über Intimes sprechen.

Genau eine Woche später rief Olivia ihn an. Er spazierte am Sonntagnachmittag mit einem bolivianischen Geschäftsfreund über den Alexanderplatz, sie war wohl auch unterwegs, denn er hörte Straßenlärm durchs Handy, und da der unruhige Hintergrund das Gespräch beschleunigte, waren sie nach wenigen Sätzen beim Wesentlichen. Sie käme lieber zu ihm, sagte Olivia, ob das ginge? »Geht klar«, sagte Manfred Hügel, »ich wohn im Esplanade, kennst du bestimmt. Mittwoch bin ich wieder in Berlin, so um acht, Zimmer 432, Champagner hab ich da.«

Er duschte, um nicht wie ein hibbeliger, hygienisch übervorbereiteter Schüler zu wirken, schon am frühen Nachmittag. Um sieben schaltete er, wie sonst auch um diese Zeit, den Fernseher an. Am Vormittag hatte Gerhard Schröder im Bundestag die Vertrauensfrage verloren, und Manfred Hügel war dankbar für diese, ihn von seiner Nervosität ablenkende Sensation. Als Olivia ein paar Minuten nach acht im Hotelzimmer stand, zeigte er mit dem Daumen nach hinten zum Fernseher und erklärte in einem, so vermute ich, vollkommen trockenen Ton: »Der Bundestag wird aufgelöst.« Es wurde ihr Passwort, für vier Jahre. Wenn Gier und Sehnsucht sie nicht in Ruhe ließen, schickten sie sich eine SMS, die einen einzigen Satz enthielt: »Der Bundestag wird aufgelöst.«

Er fand nicht den richtigen Moment, um den Fernseher auszuschalten. Unauffällig entkorkte er eine Flasche Rotwein aus der Minibar, Champagner kam ihm plötzlich zu schwülstig vor, auch zu unmännlich. Dabei redete er ohne Pause über Politik und beobachtete aus dem Augenwinkel, wie Olivia sich ihrerseits mit Unbeholfenheit herumschlug. Sie legte sich, als könne sie sich ausgestreckt besser auf sein Referat konzentrieren, in voller Bekleidung aufs Bett, nicht einmal ihren dünnen Sommermantel hatte sie bisher ausgezogen. Manfred Hügel kippte in einem Zug ein halbes Glas Rotwein hinunter, stellte es auf dem Nachttisch ab und legte sich auf der anderen Seite des Doppelbetts auf den Rücken. Dann spürte er ihre Finger in seinen Haaren, sie zwirbelte sanft, wie Mütter, wenn sie ihre Kinder beruhigen. Er drehte den Kopf zur Seite und schaute in das schüchterne, zugleich ein wenig unverschämte Grinsen einer Göre, die sich nicht sicher ist, ob sie den Ball jetzt wirklich in die Fensterscheibe werfen soll.

Mit einem Ruck beugte sich Manfred Hügel über Olivia

und küsste sie auf den Mund, ein wenig zu streng und zu hart durch die abrupte Entschlossenheit. Er fuhr mit dem Arm unter ihren Rücken und hakte mit einem kurzen Griff den BH auf. Sie schlüpfte aus dem Mantel, zog im Liegen Bluse und Rock aus, schloss Arme und Beine um seinen Körper. Eine unerwartete Weichheit umgab ihn. Er kannte dieses Gefühl des rundum Eingehülltseins von Nächten im Schlafsack, wenn nach sämtlichen Seiten hin alles abgedichtet ist und jede Körperstelle warmes Gewebe berührt. Er passte in ihr geöffnetes Becken, als wäre es seiner Hüftbreite entsprechend bemessen und geschaffen worden. Als er in sie eindrang, verharrte er eine Sekunde. Es kam ihm so vor, als sei dieser Körper ganz und gar perfekt für ihn, dabei hatte er noch nicht einmal Olivias Busen genauer betrachtet, der Fernseher lief immer noch, und er war sich nicht sicher, ob er seinem Eindruck trauen konnte.

Er war, wie er unmissverständlich andeutete, ein Mann mit beträchtlicher erotischer Erfahrung. Als er in Buenos Aires die Niederlassung eines deutschen Bauunternehmens leitete, saß seine Sekretärin eines Tages ohne Slip am Schreibtisch. Er hatte so ziemlich alles erlebt, was der Katalog geheimer Männerwünsche offerieren mag. Ich hielt mich, obwohl es mir nicht ganz leichtfiel, mit Fragen zurück, um ihn nicht auf eine von Olivia wegführende Spur zu bringen. Aber er hatte gar nicht vor, weitere erotische Delikatessen aufzutischen, er war, da hatte ich mich getäuscht, kein Potenzprotz. Er wollte nur klarstellen, dass seine Bilanz in diesem Bereich überdurchschnittlich gut ausfiel und er weiß Gott nicht zu den Zukurzgekommenen zählte.

Sofort nach dem Aufwachen begann er, seine Eindrücke zu sortieren und das Oliviaerlebnis auf einen Nenner zu bringen.

Die Idee, dass er durch eine Agentur, die aus einem Kartei-kasten und einer altjüngferlichen Katzenliebhaberin bestand, an die Frau seines Lebens geraten sein sollte, diese Idee war ja wohl Schwachsinn. Hochprozentiger, sentimentaler Schwach-sinn. So kitschig, dass ihm die umgekehrte Überlegung, ob es aus einer solchen Kartei heraus eben doch einmalige Zufalls-treffer geben könne, fast peinlich vor ihm selbst war. Rational sah die Sache so aus: Er hatte auf das Seitensprüngchen ziem-lich lang, inklusive Mittagessen bei Ikea, hingearbeitet und das hatte seine Erwartungen überreizt. Diese Überreizung hatte sich mit der Befindlichkeit einer ausgehungerten Mittvierzige-rin kombiniert, und alles zusammen hatte ihm einen Kick ver-schafft, den er in seiner Übermüdung wohl mit einer Offen-barung verwechselte. Ein halber Arbeitstag würde genügen, um ihn auf Normaltemperatur herunterzukühlen.

Als Olivia sich gegen Mitternacht von ihm verabschiedete, fragte er sie, was sie am nächsten Tag vorhabe und ob er sie anrufen dürfe. Sie schien sich zu freuen und sagte: »Du musst sogar.« Er schob den Anruf bis zum Abend hinaus und sprach einen kurzen, nicht mehr als höflichen Gruß auf ihre Mailbox.

Sie trafen sich, bis seine Berlinzeit endete, noch dreimal in sei-nem Hotelzimmer im Esplanade. Es machte ihm Spaß, ihr die Körperteile aufzuzählen, die er ganz besonders an ihr mochte, und sie die Rangfolge seiner Wertschätzung erraten zu lassen. Aber nie verriet er ihr, dass in dieser Liste ihr Rücken an erster Stelle stand, dass er sich mehr als nach allem anderen nach ihrem Rücken sehnte. Er nahm an, dass es eine Frau, die ex-zellente Beine, einen festen Po und einen schönen Busen hatte, ein wenig irritieren würde, wenn ein Mann sich ausgerechnet von ihrem Rücken betören ließ. Aber Olivia durchschaute ihn.

Wenn er sie auf den Bauch drehte, mit den Fingern von hinten in ihrem Geschlecht kreiste, sich dabei mit dem Oberkörper auf sie schob und von ihrem Atem tragen ließ, bog sie den Arm nach hinten, tastete nach seinem Kopf, zog ihn an den Haaren und sagte mit tiefer Schauspielerstimme: »Der Bär richtet sein Lager ein.«

Er liebte die Form ihres Rückens, das vollkommene Dreieck zwischen den breiten Schultern und der schlanken Taille. Und er mochte eine Eigenschaft ihres Rückens, für die ihm nur das Wort »animalisch« einfiel. Er betrachtete Olivias Rücken wie ein lebendiges, zum Anschmiegen einladendes Polster. Wahrscheinlich legten sich Kinder deshalb so gern zu Hunden, weil die Wärme mit dem Herzschlag darunter diese wundervolle Ruhe bot. Aber tickte er noch ganz richtig, wenn er eine besserwisserische, nicht ganz schlanke Architektin mit einem Schmusehund verglich und sich mit dem Spielgefährten eines Köters?

Hartnäckig vermied es Manfred Hügel, sich zu verlieben. Wie bitte, fragte ich, wie geht das denn? Sich nach dem Rücken einer Frau verzehren und den Rest so nebenbei mitnehmen? Er trank den letzten Schluck Rotwein aus der Flasche, und zum ersten Mal hatte ich den Eindruck, dass er unser Zusammensitzen ein wenig bereute und sich nun doch lieber in einem ICE-Abteil befunden hätte, wo er nicht Gefahr gelaufen wäre, Angelegenheiten des Männlichen zu offenbaren, für die Frauen einfach keine Antenne haben. Die Vermeidung von Liebesgefühlen ließ sich ja wohl bewerkstelligen, schon durch äußere Distanz organisieren. Den Treffen mit Olivia ließ er mindestens eine Woche ohne jeden Kontakt, ohne Anrufe, ohne SMS-Botschaften folgen. Nach dieser Frist war ihre Rolle auf die einer Randfigur, einer erfreulichen, aber auch leicht verzichtbaren Nebenbei-Geliebten geschrumpft, die vor seiner Hotel-zimmertür aufkreuzte, wenn er sich in Berlin aufhielt. Schwerer fiel es Manfred Hügel, nicht herumzugrübeln.

Er dachte nicht viel über Olivia als Person nach, auch nicht darüber, wie die Sache mit ihr weitergehen sollte. Da gab es keinen Zweifel: Er gönnte sich eine kleine, heimliche Affäre, wie es sie tausendfach, millionenfach gab. Er fand es nicht im Geringsten erstrebenswerter, mit Olivia anstatt mit seiner Frau am Samstagmorgen Grillfleisch und Saucen für eine Gartenparty einzukaufen. Wahrscheinlich mochte sie gar keine Grillpartys, sondern fuhr abends durch die halbe Stadt, um sich todlangweilige Filme mit Untertiteln anzuschauen. Er konnte sich gut daran erinnern, wie sie verstummte, als er ihr einmal erzählte, »Cats« sei sein Lieblingsmusical. Spätestens nach einem Jahr gemeinsamen Lebens wäre das Liegen auf ihrem Rücken zur Gewohnheit, die Gewohnheit zur öden Routine geworden. Er hatte noch nie von einer Liebe gehört, die dieser Logik entgangen wäre.

Nur kam er, wie er es drehte und wendete, um eine unleugbare Tatsache nicht herum: Er schlief mit Olivia lieber als mit jeder anderen zuvor, so einfach war das. Und das gab ihm zu denken. Was folgte aus der Entdeckung, wenn überhaupt etwas folgte, dass er sich mit einer siebzig, genauer gesagt: mit einer mindestens siebzig Kilo schweren, seinem Typ eigentlich gar nicht entsprechenden Frau körperlich pudelwohl fühlte? Hatte er sein bisheriges Liebesleben einem Irrtum geopfert? Hatte der Kompass seines Geschmacks ihm einen bösen Streich gespielt, indem er ihn blindlings zu den Wildkatzen lenkte? Wäre er glücklicher geworden ohne diese Fixierung? Aber was hieß Fixierung – wenn er Olivia und seine Ehefrau in der Phantasie über den Laufsteg eines Schönheitswettbewerbs spazieren ließ, gab es keinen Zweifel, dass er mit der Gewinnerin verheiratet war.

Genauso unzweifelhaft war, dass er ohne den Karteikasten Olivia niemals in Betracht gezogen, ja als Frau überhaupt bemerkt hätte. Nicht einmal beim gedrängten Nebeneinandersitzen im Flugzeug. Sobald er bei diesem Gedanken ankam, verstand er überhaupt nichts mehr. Es war doch verrückt, dass er von einer Frau beglückt wurde, die ihn, wäre sie ihm nicht von einer Agentur zugeführt worden, sogar als Sitznachbarin auf der Strecke von Frankfurt nach Buenos Aires kaltgelassen hätte, selbst dann, wenn sie bei der Überquerung des Atlantiks mit halboffener Bluse neben ihm gesessen wäre.

Wahrscheinlich erzählte er mir das alles, weil er wissen wollte, was ich, eine Unbeteiligte, davon hielt. Er wünschte sich eine unvoreingenommene Antwort auf die Frage, ob sein Abenteuer nur deshalb so bombig gewesen war, weil er eine Agentur beauftragt hatte, es zu liefern. An dieser Nuss knackte er herum. Ich konnte ihm nicht weiterhelfen, ich hatte keine Lösung für sein Rätsel. Ich wusste nur, dass seine Geschichte genaugenommen eine Allerweltsgeschichte der Gegenwart war, in der das Kuppelwesen eine erstaunliche Renaissance erlebte. Nichts anderes als eine Kuppelfirma war schließlich die Agentur, durch die Manfred Hügel Olivias Rücken gefunden hatte. Und Singlepartys, Speed-Dating, Tanzabende für die Altersliga »Ü40« oder Fernsehshows wie »Schwiegertochter gesucht« dienen ja wohl demselben Zweck. Ganz zu schweigen vom Ozean digitaler Partnerbörsen von Parship.de bis poppen.de. In Warschau bieten drei katholische Kirchen an jedem letzten Dienstag im Monat Single-Gottesdienste an. An der Grenze zu Mexiko treffen sich alljährlich im September alleinstehende amerikanische Senioren auf einem Campingplatz. Der Betreiber einer Bowlingbahn, die in der Nähe meiner Wohnung liegt, hat kürzlich Bowling-Abende für Singles eingeführt. Ich halte es für möglich, dass noch nie in der Geschichte der Menschheit so viel unternehmerischer Geschäftssinn aufgewendet wurde, um den Homo sapiens unter die Haube zu bringen. Wie nebenbei ist das Modell der gesteuerten Liebeswahl zurückgekehrt, das sich vor hundert Jahren, als meine Großmutter ein junges Mädchen war, eigentlich schon erledigt hatte, zumindest in unserem Kulturkreis. In Ländern wie Indien oder Pakistan sind bis heute achtzig Prozent der Ehen arrangiert.

Meine Großmutter mütterlicherseits war eine sehr sture Person. Sie wehrte sich mit Händen und Füßen dagegen, einen Bauernjungen aus ihrem Dorf zu nehmen, obwohl es, zumindest in wirtschaftlicher Hinsicht, vernünftig gewesen wäre. Die Felder seiner Familie hätten sich mit den angrenzenden Feldern ihrer Familie hervorragend ergänzt. Unermüdlich erklärten meine Urgroßeltern ihr die Vorteile, die sich aus der Zusammenlegung zweier Kleinbauernhöfe ergeben hätten. Aber meine Großmutter wollte nicht. Sie war in einen Jungen aus dem Nachbardorf vernarrt, und zwar seit ihrem achten Lebensjahr. Er hieß Walter und wurde mein Großvater. Irgendetwas an diesem Walter oder an den Verhältnissen, denen er entstammte, missfiel jedoch meinen Urgroßeltern. Der von meiner Großmutter verschmähte Sohn des Nachbarbauernhofs wiederum heiratete, was für nicht weniger Entsetzen sorgte, eine Frau, die fünf Jahre älter war als er und ein uneheliches Kind mitbrachte. Er liebte sie aber, eine andere kam nicht in Frage. So hartnäckig verweigerte sich damals das romantische Gefühl den Kuppelstrategien, die nun wieder an der Tagesordnung sind.

Ich fragte Manfred Hügel, ob und wie die Affäre mit Olivia eigentlich zu Ende ging. Er zuckte mit den Achseln. Irgendwann hörte es eben auf, ohne dass sie darüber sprachen oder es beschlossen. Die Treffen wurden seltener, die Zeiträume zwischen den Telefonaten länger. Nichts Besonderes. Zwei Jahre nachdem er Olivia zum letzten Mal getroffen hatte, packte es ihn plötzlich wieder. Am Tag, als Angela Merkel erneut zur Bundeskanzlerin gewählt wurde, schrieb er eine SMS: »Meinst Du, der Bundestag wird aufgelöst?« Aber Olivia antwortete nicht. Er wartete ein paar Tage, dann löschte er ihre Nummer.

Bis dahin hatte ich ihm jedes Wort geglaubt, warum auch nicht, ich hielt es für ausgeschlossen, dass Manfred Hügel seine Zeit mit Münchhausiaden verplemperte, um sich wichtigzumachen. Wenn er mit etwas prahlte, dann mit Aussagen, die seinem Besitz, seinen Berufserfolgen und seiner Kennerschaft nahezu sämtlicher Länder und Hauptstädte schmeichelten. Aber die wortkarge, schier missgelaunte Art, in der er mir den Schlussstrich seiner Liebschaft mit Olivia unterbreitete, fast so, als ginge mich das eigentlich gar nichts an, brachte mich auf die Idee, dass er mir hier, in diesem einen Punkt, vielleicht nicht ganz die Wahrheit sagte, dass es Olivia vielleicht noch gab in seinem Leben. Oder wieder gab.

Es war fast Mitternacht. Wie durch ein Wunder verkündete eine Stimme aus dem Lautsprecher, dass die Maschine nach Berlin in fünfzehn Minuten starten würde. Als wir in den Bus einstiegen, der uns zum Flugzeug brachte, war der Faden zwischen Manfred Hügel und mir schon gerissen. Wir verhielten uns wie Reisende, die aus Langeweile ein wenig geplaudert hatten und jetzt nur noch ihrer Wege gehen wollten. Im Flugzeug saßen wir mehrere Sitzreihen voneinander entfernt, und eine

Stunde später landeten wir in Berlin. Er hatte es sichtlich eilig, stürmte an mir vorbei aus der Drehtür des Flughafengebäudes zum Taxistand und rief mir mit einer kantigen Kopfbewegung eine nichtssagende Abschiedsfloskel zu. »Man sieht sich« oder etwas Ähnliches.

Dann sah ich, wie Manfred Hügel im Taxi sein Handy herausholte und hineinsprach. Ich stellte mir vor, dass er Olivia anrief und zum Esplanade oder zu einem anderen Hotel bestellte. Aber wahrscheinlich war das nur eine sentimentale Einbildung und in Wahrheit meldete er sich bei seiner Frau, um ihr mitzuteilen, dass er doch noch in Berlin angekommen war. Am nächsten Tag googelte ich die Berliner Seitensprung-Agentur. Sie existierte nicht mehr. Das Internet mit seinem unendlichen Angebot, sei es für eine Nacht oder fürs ganze Leben, hatte das Geschäft des vorsintflutlichen Karteikastens ausgehöhlt. Zu keiner Zeit besaß die Liebe eine so große Freiheit wie in unserer. Aber offensichtlich ist aus dieser Freiheit eine ebenso große Ratlosigkeit entstanden. Ich kenne diese Ratlosigkeit sehr gut von mir selbst. Auch deshalb begann ich, mich mit Geschichten zu beschäftigen, in denen sie eine Rolle spielte.

Fünf vor zwölf

Gerlinde Wagner wirkte einsam und sie war es auch. Sie wirkte auf mich wie ein Mensch, der schon so lange allein lebt, dass die Einsamkeit zu einer Art Begleiterin, zu einer Vertrauten ohne Gesicht und Gestalt geworden ist, an die sich seine Selbstgespräche richten.

Ihre Tochter wohnte in Tübingen. Sie hatte Mann, Kinder und Beruf und anscheinend keine allzu große Lust, von einer Mutter besucht zu werden, die mit ihren Wünschen den Alltag durcheinanderbringen, der Tochterliebe gemeinsame Einkaufsbummel, verplauderte Teestunden und abendliche Kinobesuche abverlangen würde. Zu Weihnachten wurde Gerlinde Wagner von der Tochter eingeladen, aber regelmäßig erst am zweiten oder dritten Adventssonntag, und immer mit der beiläufigen Erwähnung, dass es vor allem für die Enkel schön wäre, die Oma zu sehen, jedoch niemand es ihr übelnähme, wenn sie lieber zu Hause bliebe. Die lange Zugfahrt von Berlin nach Tübingen sei in der Weihnachtszeit bekanntlich eine Schinderei.

So blieb Gerlinde Wagner an Weihnachten allein in ihrer Wohnung und sah sich ein Konzert im Fernsehen an. An Silvester ging sie vor Mitternacht ins Bett, ihren Geburtstag Mitte Januar ließ sie ausfallen. Ein Tag, dessen Funktion darin bestand, sie der Zahl siebzig näher zu bringen, bot in Gerlinde Wagners Augen keinen Anlass, eine Flasche Sekt zu öffnen. Ihren siebzigsten Geburtstag betrachtete sie als Zäsur. Danach, das hatte sie sich fest vorgenommen, würde sie die Suche nach einem Mann endgültig einstellen. Keine Internetkontakte mehr, keine Briefe auf Zeitungsannoncen unternehmungslustiger Rentner, keine Mallorcaurlaube in einer Hotelanlage, die im Kleingedruckten des Reisekatalogs als »geeig.50plus« empfohlen wurde. Siebzig war somit ein Ziel, das den fünf Jahren, die ihr bis dahin noch blieben, immerhin den Anschein des Nochnichtganzzuspät verlieh.

Kurz vor ihrem sechzigsten Geburtstag hatte sich Gerlinde Wagner bei Finya.de angemeldet, einer Singlebörse, die ihren Zugang kostenlos gewährt, dafür aber auch keinerlei technologischen Vermittlungsservice betreibt. Sie hatte zwei Fotos hochgeladen. Ein Porträtbild, auf dem sie in die Kamera lacht, und ein klassisches Urlaubsbild. Es zeigt Gerlinde Wagner von der Seite, sie sitzt auf einer Terrasse beim Abendessen, Wasser und Wein stehen auf dem Tisch, ihr Blick ist aufs Meer gerichtet, um ihre Schultern liegt ein luftiger Wollschal, durch den sich die Träger eines Sommerkleides abzeichnen.

Männer schwindeln sich in ihren Börsenprofilen gern ein paar Zentimeter größer, Frauen schummeln sich dafür ein paar Jahre jünger. Gerlinde Wagner blieb, was ihr Alter und auch was ihre wirtschaftliche Lage anbetraf, bei der Wahrheit und bemühte sich um Formulierungen, die Humor und ein versöhntes Selbstbild erwarten ließen. Sie charakterisierte sich bei Finya.de als »arm, aber munter«. Ihren Profilnamen Jenniferberlin hatte sie der amerikanischen Schauspielerin Jennifer Aniston entliehen, die von den Medien jahrelang als übernervöse Junggesellin und als Pechvogel in Liebesdingen beschrieben wurde, nachdem Brad Pitt sie für Angelina Jolie verlassen hatte.

Gerlinde Wagner träumte nicht von einem Ring am Finger, der zum Ende hin noch schnell eine gutbürgerliche Ehefrau aus ihr machte. Sie träumte von Erlebnissen zu zweit, von einem Mann, mit dem das Leben noch einmal Feuer fing, der sie morgens anrief und eine Stunde später zur Fahrradtour abholte, der das Kinoprogramm und die Adressen ungewöhnlicher Restaurants im Kopf hatte, sie ein wenig hofierte, mit ihr über Politik diskutierte und Reisen unternahm.

»Verstehen Sie, was ich meine?« Ich verstand sie vollkommen. Jeder ihrer Wünsche leuchtete mir ein. Aber bevor ich Gerlinde Wagner beipflichten konnte, feuerte sie hinterher: »Und wieso verstehen das die Männer nicht? Wieso sind die oft solche Lahmärsche? Die haben es doch gar nicht nötig, sich eine Frau zu suchen.« Lieber, sie wurde nicht müde, es zu postulieren, würde sie bis zum letzten Atemzug allein bleiben, als einen Greisenheini zu erdulden, der, womöglich in ausgeleierten Baumwollhosen, auf ihrer Couch herumhockte und nichts mit sich anzufangen wüsste, als auf die nächste Mahlzeit zu warten und die Zeit dazwischen mit dem Lösen von Kreuzworträtseln zu verdämmern. Sie schüttelte sich, als habe sie an etwas Ekelerregendes gedacht, schlug mit den Händen flach auf die Tischplatte und rief: »Ich habe eben meine Ansprüche!«

Dieser Satz war eines ihrer Lieblingsstatements. Als ich ihn zum ersten Mal hörte, zuckte ich vor der vorwurfsvollen, ja überheblichen Botschaft zurück, die in ihm mitschwang, als hätte Gerlinde Wagner gute Gründe, sich über den Andrang unwürdiger Bewerber zu beschweren, die gar nicht begriffen, wie wenig sie neben einer Frau wie ihr zu suchen hatten, sie aber dennoch mit Avancen und aussichtslosen Anträgen drangsalierten. Mich befremdete nicht nur die Aussage an sich, sondern auch die gellende Lautstärke, in der Gerlinde Wagner den Satz vorbrachte.

Ich wollte ihr widersprechen, fand aber kein durchschlagendes Argument. Denn in einem Punkt musste ich Gerlinde Wagner recht geben. Ob es nun statistisch stimmt oder nicht: Meinem Eindruck nach überragt die Anzahl einsamer Frauen immerzu die einsamer Männer. Es kommt mir auch so vor, als wären Sehnsucht, Entbehrung und verzweifelte Suche beim weiblichen Geschlecht spürbarer, auch stigmatisierender. Tatsächlich kennt jede Tanzschule das peinliche Problem des Frauenüberschusses, so wie jede Partnerbörse die Geschlechterverteilung ihrer Kunden beschönigt, obwohl männliche Mitglieder, wenn ihre Daten auch nur halbwegs passabel sind, sich vor Kontaktanfragen kaum retten können, Frauen hingegen, je älter sie sind, oftmals als elektronische Karteileichen vor sich hin gammeln. An der Demütigung, übersehen und verschmäht worden zu sein, scheinen Männer nicht weniger, aber auf eine andere Art zu leiden; gefasster, zurückgelehnter, weniger getrieben von Außenseiterfurcht. Vielleicht erleben sie das Beschämende der Einsamkeit auch weniger stark. Vielleicht bleibt es ihnen erspart, sich für ihre Einsamkeit selbst verantwortlich zu machen. Ich weiß es nicht genau, aber wenn ich an das Wort »Torschlusspanik« denke, sehe ich eher weibliche als männliche Gesichter vor mir.

Ich kannte Gerlinde Wagner, wenn auch nur vom Sehen und von flüchtigen Gesprächen, seit etwas mehr als fünfzehn Jahren. Sie hatte in der Postfiliale nah meiner Wohnung im Stadtteil Schöneberg gearbeitet. Fünfzehn Jahre lang hatte sie Briefe und Päckchen von mir angenommen oder mir solche über den Tresen gereicht. Wir hatten uns über gutes und garstiges Wetter, über malerische Sonderbriefmarken, ihre und meine Ferienzeiten unterhalten. Sie sah mich morgens in nachlässiger

Schreibtischkluft ankommen, nachmittags mit Einkaufstüten. Ich sah sie älter werden, sie mich natürlich auch. Automatisch stellte ich mich, wenn ich den Schalterraum betrat, ans Ende der zu Gerlinde Wagner hinführenden Schlange, als käme eine andere, selbst eine kürzere, in der aufzurücken mich weniger Zeit gekostet hätte, gar nicht in Frage. Ihr Name war mir damals noch unbekannt. Sie trug kein Schild an der Brust ihrer Postuniform. Sie war einer der Menschen, die, ohne jedwede persönliche oder private Beziehung, die Bühne unseres Lebensalltags als lieb gewordene Statisterie bevölkern und deren verlässliches Erscheinen am Bühnenrand auf Gewohnheitsmenschen wie mich beruhigend, ja beglückend wirkt.

Mehr als ein Gewohnheitsfaktor war Gerlinde Wagner allerdings schon. Sie interessierte mich. Aber sosehr ich es auch mochte, ihrem routinierten Hantieren zuzuschauen, ihre Bewegungen und ihre Mimik zu verfolgen, sowenig hätte ich, was meine Neugier vermutlich verstärkte, den Fixpunkt konkret benennen können, auf den sie sich richtete. Mein Interesse betraf die Person im Allgemeinen. Es ergab sich aus dem Unvermögen, das Bild dieser Postbeamtin auf das Phantasiebild der Frau zu übertragen, die sie als Privatmensch war. Ich erahnte die vergnügliche Ehe meiner Supermarktkassiererin, die am Montagmorgen den Tabellenstand der Bundesliga herunterbetete und besonders fröhlich war, wenn Hertha BSC ausnahmsweise ein wichtiges Spiel gewonnen hatte. Ich hatte eine Vorstellung von den Familienverhältnissen des jungen türkischen Zeitungshändlers, da er gelegentlich durchblicken ließ, den Laden nur seinem Vater zuliebe zu führen.

Bei Gerlinde Wagner: nichts. Ihr Leben war für mich eine leere Leinwand, auf die ich probeweise dies und das projizierte, mal eine mütterliche Patronin, die nichts lieber tat, als einen

Verwandtschaftshaufen zu bewirten und Enkelkinder im Buggy durch den Zoo zu kutschieren, mal eine einzelgängerische Volkshochschulbesucherin, die ihre Freizeit über Fremdsprachgrammatiken gebeugt verbrachte. Ich konnte mir ein heimlich ausschweifendes Dasein vorstellen, ebenso ein erzbiederes. Für keines dieser Modelle fand ich verlässliche Hinweise. Gerlinde Wagner wirkte nicht verhuscht oder verwischt, nicht wie mit blassen Wasserfarben in den Raum gepinselt. Sie besaß eine ausgesprochen vitale Präsenz, zugleich die Fähigkeit, sich unkenntlich zu machen.

Sie war eine große Frau, nicht wirklich dick, nicht fleischig, aber auf kompakte Weise doch kräftig. Es schien mir, als dehnte sich ihr Knochenbau an den horizontalen Verstrebungen, an Hüften, Schultern, Kinnlade, mit der Zeit leicht in die Breite. Möglicherweise bildete ich mir diese körperliche Ausdehnung nur ein, weil sich an ihrer Ausstrahlung insgesamt etwas verwandelte und aus dem Kräftigen bisweilen etwas Grobschlächtiges hervortrat. Es war nicht mehr als eine Spur, die sich in meinen Augen auch nur bemerkbar machte, wenn Gerlinde Wagner, was in den fünfzehn Jahren selten vorkam, in Aufruhr geriet, sich über einen Hundebesitzer empörte, der seinen Labrador zu ihrem Tresen hochspringen ließ, oder über einen Kunden, der sie wegen Preiserhöhungen der Post beschimpfte.

Ihre Haare trug Gerlinde Wagner kastanienrot gefärbt und in einer halblangen, unauffälligen Frisur. Es war auch sonst nichts Außergewöhnliches an ihr – bis auf kleine Attribute, gewissermaßen Fußnoten der Erscheinung, die sich vom Bild der dunkelblauen Uniform aber so stark absetzten, dass man beinahe meinen konnte, sie gehörten einer anderen, schrilleren, übermütigeren Frau. Mal handelte es sich um einen grasgrünen Lidstrich, mal um einen künstlichen Fingernagel mit einem aufgemalten Peace-Zeichen, mal um rosa gefärbte Vogelfedern als Ohrschmuck. Immer waren es Kleinigkeiten, die aber alle den Eindruck erzeugten, es gäbe Gerlinde Wagner in zwei Versionen, von denen sich eine nur zaghaft sehen ließ, die sich hinter der anderen versteckte. Sie gehörte nicht zu den Frauen, die mit kurzen Röcken und engen Pullovern um optische Verjüngung kämpfen. Ihre Vogelfedern und Peace-Zeichen hatten nichts mit dieser Art trüber Anstrengung zu tun. Sie kamen mir eher wie Relikte einer vergangenen Lebenszeit vor, die zufällig an ihr hängengeblieben waren. Wie die Damasttischdecke, die noch Tage nach dem aufwendigen Feiertagsmahl auf dem Tisch liegt, obwohl der letzte Essensrest längst verzehrt und das wertvolle Porzellan wieder im Schrank verschwunden ist.

Sie wohnte damals, als ich noch ihre Postkundin war, an einem Ort, der bis zur Wende als Magnet der Westberliner Alternativ- und Künstlerszene galt, am Winterfeldtplatz, einen kleinen Fußmarsch von der Postfiliale entfernt. Als junge Frau war sie dorthin gezogen, hatte viele Nächte im Slumberland verbracht, dem einschlägigen Nachtlokal des Viertels, berühmt für seinen mit Sand bedeckten Fußboden und seinen unaufgeregten Umgang mit Stars aus der Musik- und Filmbranche. In den frühen Morgenstunden teilte sich Gerlinde Wagner einmal, Pobacke an Pobacke, einen Barhocker mit David Bowie. Im Slumberland lernte sie auch den Vater ihrer Tochter kennen, einen amerikanischen Soldaten, der nach der Rückkehr in die USA nichts mehr von sich hören ließ und von dem Gerlinde Wagner die sich nie mehr erfüllende Erwartung einer ungewöhnlichen, im besten Fall auch unkonventionellen Liebe zurückbehielt, die in ihr Leben einschlüge und sie emporschleuderte.

Sie hatte eben immer schon ihre Ansprüche und der Mann, den sie ein paar Jahre später heiratete, nur geringe Chancen, ihnen zu genügen. Er fiel in die Kategorie des Spießers. Und so realitätsfern das Bild ihres Traummannes auch sein mochte, so scharf war die Verachtung, die Gerlinde Wagner für diese Kategorie pflegte. Sie ertrug die ergebene Fürsorglichkeit des Mannes so wenig wie sein Reihenhäuschen, aus dem sie nach acht Monaten Ehe zum Winterfeldtplatz zurückflüchtete. Danach kamen nur noch Affären. Eine Reihe von Affären, in immer größeren Zeitabständen, die nie länger hielten als ein halbes Jahr, im besten Fall ein ganzes, und nie jene Innigkeit erreichten, aus der sich der Wunsch nach Zusammenleben hätte ergeben können.

Bevor sie in Rente ging, verabschiedete sich Gerlinde Wagner von mir. Sie wog einen dicken Briefumschlag ab, klebte Marken darauf und wir plauderten ein bisschen länger als sonst. Sie würde nun, sagte sie, die große Altbauwohnung am Winterfeldtplatz aufgeben. Die Miete sei zu hoch, außerdem wolle sie im Alter lieber weiter draußen, in einem ruhigen Quartier wohnen.

Dann, etwa eineinhalb Jahre später, irgendwann um Ostern 2013, lief ich ihr am Viktoria-Luise-Platz, einer kleinen Grünanlage in Rondellform mit einem Springbrunnen in der Mitte, Sitzbänken und mehreren Cafés am Rand, buchstäblich über den Weg. Es war ein warmer, den Sommer verheißender Nachmittag. Ich hatte eingekauft und überquerte gerade den Platz, der fast vor meiner Haustür liegt, als ich von einer der Sitzbänke her meinen Namen hörte. Ich hätte Gerlinde Wagner wohl auch deshalb übersehen, weil eine ältere Frau zwischen den Bewohnern des nahen Seniorenheims, denen die Grünanlage den vermissten Garten ersetzte, nicht weiter auffiel. Natürlich erkannte ich sie sofort und in dem Fahrrad, das dicht neben ihr am Baum lehnte, einen Schimmer ihres Privatlebens. Ich setzte mich zu ihr auf die Bank und Gerlinde Wagner schilderte gestenreich und irgendwie aufgewühlt ihren mit Waldläufen beginnenden, endlich frei zur Verfügung stehenden Alltag. Sie erkundigte sich, womit ich mich so beschäftige, und hatte, schneller als ich sie darum bitten konnte, Lust, mir von ihren Erfahrungen bei Finya.de zu erzählen. Ihr Angebot, sie jederzeit besuchen zu können, überraschte mich nicht. Ich hielt bei Gerlinde Wagner alles für möglich. So wenig erschien sie mir fassbar.

Die Lage ihrer Wohnung am westlichen Rand von Berlin war ein Schock. Ich hatte mir Gerlinde Wagner im Grünen vorgestellt, mit Blick auf Gärten, die idyllisch in Landschaft ausgleiten, am ausfransenden Stadtsaum. Das Gegenteil war der Fall. Sie lebte in einem brutalen, quaderförmigen Betonklotz, einer Bausünde der Nachkriegszeit. Der Klotz stand überdies direkt an der Kreuzung zweier riesiger Ausfallstraßen in Sichtweite der Autobahnauffahrt Berlin-Zehlendorf. Gerlinde Wagner war an vorderster Front einer sechsspurigen Blechkavallerie gelandet, in einem Gebäude, dem man anzusehen glaubte, dass es die Nutzung durch menschliche Individuen nur zähneknirschend ertrug, weil es sich als Parkhaus, als Einkaufszentrum oder als Lagerhalle eigentlich besser geeignet hätte. Das Erdgeschoss war auch tatsächlich durchweg mit Geschäften belegt: Ein Aldi-Markt, eine Fahrschule, ein türkischer Änderungsschneider, ein Dönerimbiss und ein Sonnenstudio, dessen blaukaltes Röhrenlicht über das Trottoir strahlte. Am Eck befand sich eine Sushibar, die, was mir seltsam vorkam, auch den Konsum arabischer Wasserpfeifen anbot. Ich brauchte fast fünf Minuten, bis ich das Klingelschild fand.

Als ich mich im Hauseingang umsah, hörte ich Gerlinde Wagners Stimme. Aber sie rief nicht von oben, sondern von unten. Sie wohnte, was die ganze Szenerie in meinen Augen noch beklemmender und aberwitziger machte, im Souterrain. Ich ging eine Treppe hinunter, wurde von Gerlinde Wagner an der Wohnungstür empfangen und stieg, schon in der Wohnung, eine weitere Treppe abwärts, mit dem Gefühl, in verwinkelte, unter dem Steinmonstrum einer Pyramide versteckte Grabkammern einzudringen. Ganz so gespenstisch war Gerlinde Wagners neue Bleibe dann aber doch nicht. Zwar lag der vordere, fensterlose Teil der Wohnung tatsächlich unter der Erde, wodurch, ein sofort einleuchtender Vorteil, der Verkehrslärm abgehalten wurde. Der rückwärtige Teil aber lag auf der Höhe des Grundstücks. Gerlinde Wagner hatte sogar eine kleine Terrasse, die sie vom Wohnzimmer aus betreten konnte. Im Sommer, sagte sie, läge sie hier im schönsten Frieden und schaue zum Himmel hinauf. Und der Wald, durch den sie morgens lief, wo war der? »Luftlinie«, sagte Gerlinde Wagner, »sind das doch nur zwei Kilometer, ich setz mich aufs Rad, schon bin ich da.«

Ich bemerkte, wie sorgfältig, fast penibel sie meinen Besuch vorbereitet hatte. Auf einem Schränkchen im Flur lag ein Kleiderbügel für meinen Mantel bereit, der Kaffeetisch in der Küche war fertig gedeckt, die Kaffeemaschine bereits mit Wasser und Pulver befüllt. Auch die Sitzordnung am Tisch hatte Gerlinde Wagner im Voraus bedacht. Sie deutete auf den für mich reservierten Stuhl und begann übergangslos zu erzählen.

In den Wochen vor Weihnachten 2012 hatte sie sich mit zwei Kandidaten von Finya.de getroffen, deren Mails ihr schon aufgrund der orthografischen Tadellosigkeit zusagten. Einen Mann, der die Rechtschreibung von »Widerspruch« und »Wiedersehen« nicht beherrschte oder, noch eine Bildungsstufe tiefer, »Anstand« mit einem t am Ende schrieb, klickte sie automatisch weg. Genauso wenig kam es für sie in Frage, ungebeten geduzt zu werden, egal, ob es im Börsenjargon üblich war, »Hallo Unbekannte, dein Profil finde ich spannend, wär toll, wenn du antwortest« zu schreiben oder nicht. Aber weder der pensionierte verwitwete Arzt, der angab, ein Musikliebhaber und mäßiger Golfspieler zu sein, noch der Rentner, der mit Freude gärtnerte und gern zum Wannsee hinausfuhr, zählte zur Fraktion der pseudojuvenilen Duzer.

Der Arzt war der erste, den Gerlinde Wagner traf. Sie verabredeten sich an einem Wochentag um fünf Uhr nachmittags. Obwohl ihr ein anspruchsloseres Ambiente lieber gewesen wäre, beugte sich Gerlinde Wagner dem Vorschlag des Arztes, als Treffpunkt ein bekanntes Kaffeehaus am Rand der Innenstadt zu wählen, das schon zu Dahlem, einem der großbürgerlichen Viertel in Westberlin, gehörte. Sie blieb ihrem Prinzip treu, niemals ihre Telefonnummer an einen Mann herauszugeben, den sie nicht leibhaftig gesehen hatte. Sie würde ihn, schrieb der Arzt in der letzten, das bevorstehende Treffen bestätigenden Mailnachricht, an seiner gestreiften Krawatte erkennen. Krawatte? Warum denn eine Krawatte? Warum machte er aus einem Tässchen Kaffee gleich einen offiziellen Anlass? War es Pedanterie oder Höflichkeit, dass er die Krawattenstreifen, schmales Rot auf weißem Untergrund, so ausführlich erläuterte, als handele es sich um die Betriebsanleitung einer Maschine, die bei Verwechslung ihrer verschiedenfarbigen Schalter augenblicklich Schaden nähme?

Zum Absagen war es zu spät. Sie las die Krawattennachricht um drei Uhr, klappte den Laptop zu, ging an ihren Schlafzimmerschrank, nahm ein Kostüm vom Bügel und zog sich noch einmal um. Sie merkte, dass sich in das Lampenfieber, das einem ersten Rendezvous natürlicherweise vorausgeht, eine Beklemmung mischte, die ihr plötzlich unnatürlich vorkam – die Furcht, nicht zu genügen.

Die Furcht schien, zunächst, ganz unbegründet. Als sie an der Haltestelle in Sichtweite des Cafés aus dem Bus ausstieg, winkte ihr der Arzt schon von weitem zu. Wie nett, dachte Gerlinde Wagner. Er erwartete sie draußen vor dem Eingang und wollte ihr offensichtlich die Detektivszene ersparen, die unvermeidbar zur Dramaturgie eines solchen Dates gehört und die jeder erlebt hat, der je einen fremden Menschen an einem öffentlichen Ort traf: das möglichst unauffällige Ausspähen, das möglichst vorsichtige Sichzuerkennengeben, das mit der Gefahr verbunden ist, den Falschen anzusprechen und sich auf offener Bühne zu blamieren. So aufmerksam der Arzt, der Gerlinde Wagner auch äußerlich gut gefiel, diesen ersten Schritt ihrer Begegnung lenkte, sowenig gab es in den folgenden zwei Stunden an ihm auszusetzen. Man hätte sagen können: Er war ein Volltreffer.

Er nahm ihr, ohne gespreiztes Gentlemangetue, den Mantel ab und übernahm die Bestellung bei der Kellnerin. Er erzählte von sich, ohne allzu Persönliches, Zipperlein, Familienkonflikte und dergleichen auszubreiten. Er stellte Fragen, ohne in Gerlinde Wagner herumzubohren. Er ließ Komplimente mit jener Beiläufigkeit ins Gespräch einfließen, die ihren Adressaten nicht nötigt, sich augenblicklich mit Rückkomplimenten zu revanchieren. Sie bemerkte, aber das war ja nun bei einem Mann, der seinem Nachfolger eine florierende Röntgenpraxis übergeben hatte, keine Überraschung, dass er auf der Speisekarte über die Preise hinwegsah. Nach einem Stück Torte und Kaffee hatte er Lust auf einen Schluck Champagner. »Sie auch?«

Er schaute auf die Uhr, »Sie müssen ihn ja nicht austrinken«. Sie prosteten sich ohne anzustoßen mit den Gläsern zu, spielten nicht ein Pärchen, das aus dem kleinen Klirren gleich großartige Liebesverheißungen heraushört.

Als sie wieder auf der Straße standen, schlug er vor, noch ein Stück zu Fuß zu gehen. Das Laufen tat Gerlinde Wagner gut. Sie stellte sich den Arzt und sich, so nebeneinander, in den Augen der Passanten vor. Nichts sprach dagegen, das Bild in die Zukunft hinein zu verlängern. Es ging ihm wohl ähnlich. Sonst hätte er nicht plötzlich diesen Vorschlag gemacht. »Wissen Sie was«, sagte er, »ich hab zwei Opernkarten für nächste Woche. Ich geh da eigentlich immer mit meinem Sohn hin, aber der hat vor Weihnachten sowieso nie Zeit. Haben Sie Lust mitzukommen?« Für einen Moment kam Gerlinde Wagner das lange, bordeauxfarbene Kleid in den Sinn, das für solche Gelegenheiten im Schrank hing. Sie hatte es nur einmal getragen, bei der Hochzeit ihrer Tochter.

Aber dann dachte sie nur noch daran, wie feudal und verschwenderisch ein Mensch leben musste, der mit Karten für die Deutsche Oper um sich schmiss, seine Mitgliedschaft im Golfclub schleifenließ, für elf Euro neunzig ein Glas Veuve Clicquot bestellte und nur das halbe Glas trank. Doktortitel. Dazu eine Villa mit Garten, Doppelgarage und zwei Badezimmern. Wahrscheinlich mit einer Haushälterin in ihrem Alter, einer Frau, die auch nur Hauptschulabschluss hatte. Was würde sie denn antworten, wenn er irgendwann, was ihm ja zustünde, nach ihrem Abiturjahr fragte? Gerlinde Wagner geriet in Panik. Sie fällte eine Sekundenentscheidung, verabschiedete sich mitten auf dem Gehweg mit einer Ausrede, flüchtete nach Hause und löschte, noch bevor sie das Kostüm ausgezogen hatte, den Arzt aus ihren Kontakten.

Als sie in die Küche ging, um sich für das Abendessen ein paar belegte Brote zuzubereiten, fiel ihr plötzlich das stärkste, gegen den Arzt sprechende Argument ein. Es war doch verräterisch, dass er auf einer kostenlosen Singlebörse herumschlich. Er passte da gar nicht hin. Auf Finya.de trafen sich Menschen, die sich kostspielige Portale wie Parship.de oder Elitepartner.de nicht leisten konnten oder wollten. Im letzten Moment war sie einem dubiosen Typen entkommen. Ihr siebter Sinn hatte sie davor bewahrt, das Opfer eines Tyrannen zu werden, der Spaß daran hatte, Frauen mit ihrer sozialen Unterlegenheit zu quälen, indem er sie in die Oper einlud, erahnend, dass sie da noch nie gewesen waren, und sich auf die Fettnäpfchen freute, in die sie nun von der Garderobe bis zum Schlussapplaus hineinträten.

Ich war fassungslos. Auf welche Männergottheit wartete diese Gerlinde Wagner? Vielleicht auf Mister George Clooney höchstpersönlich? Oder wäre ihr die Clooney-Villa am Comer See ebenfalls zu groß und zu herrschaftlich? Ich stellte mir Dornröschen vor, dem sich der Prinz nähert, um es mitzunehmen ins Reich der Opernbesuche und Champagnerstündchen, und das teuflische Ding hat, als der Prinz es zärtlich wachküsst, nichts Besseres zu tun, als ihn in die Unterlippe zu beißen. Unmittelbar danach erschien der Physiker von OkCupid in meiner Erinnerung. Mein Blind-Date-Mann vom Seespaziergang. Er hätte mit Gerlinde Wagners Arztbekanntschaft einen Verein für männliche Singlebörsenopfer eröffnen können. Ich rührte im Kaffee, schaute an Gerlinde Wagner vorbei aus dem Küchenfenster hinaus und schwieg.

Niemals hätte ich unter anderen Bedingungen einen Mann so garstig abserviert. Ich hätte mich vielleicht ein wenig gelang-

weilt beim Spaziergehen am See, aber sich mit Menschen gelegentlich zu langweilen und sich dennoch zivilisiert zu benehmen, ist Teil der sozialen Verkehrsordnung. Ich benahm mich
wie eine pubertierende Göre, die vom Vater gezwungen wird,
an einer Abendgesellschaft im Elternhaus teilzunehmen, und
nichts Besseres zu tun hat, als mit jeder Silbe, die sie von sich
gibt, mit jedem Bissen, den sie angewidert zu sich nimmt, ihre
Abscheu zu zelebrieren. Jeder soll wissen, dass sie in eine Welt
verschleppt wurde, mit der sie nichts zu tun hat. Ich wollte im
Grunde mit der digitalen Krabbelkiste einsamer Herzen nichts
zu tun haben. Ich wollte nicht zum Mainstream gehören, weshalb ich bei einer Börse gelandet war, die das Image pflegte,
anders zu sein als andere Börsen; ironischer, distanzierter, irgendwie kosmopolitischer. OkCupid stammt auch tatsächlich
aus Amerika. In New York, so hatte ich damals gehört, war die
Mitgliedschaft bei OkCupid der neueste Schrei in der Boheme-
und Künstlerszene. Ich hatte nicht das Geringste mit dieser
Szene zu tun, ich kenne New York nur von kurzen Urlaubsreisen. Aber mir imponierte der deutsche Werbeslogan von
OkCupid, der den technisch-kommerziellen Vorgang des Online-Datings ungeschönt, unsentimental und ziemlich sophis-
ticated auf den Punkt bringt: »Ihr gebt uns Daten, wir geben
euch Dates.«

Vom ersten Moment an war ihr der Rentner, den Gerlinde Wagner in der darauffolgenden Woche traf, vertrauter, kam ihr der
Geschmack seines Lebens bekannt vor. Er war drei Jahre älter
als sie. Sie verabredeten sich am Bahnhof Zoo, spazierten auf
der Suche nach einem netten Café die Hardenbergstraße hinauf und ließen sich schließlich in der Sitzecke einer Filial-
bäckerei nieder. Der Rentner hatte Witz. Er holte zwei große

Becher Latte macchiato von der Theke, stellte sie auf den Tisch, ging zurück, kam mit einem Bündel Zuckertütchen wieder und fächerte sie zwischen den Fingern wie ein Skatblatt auf. Gerlinde Wagner durfte sich eines aussuchen. »Aufgepasst!«, sagte er. »Bei Zucker und Männern kommt es auf die richtige Menge an.« Sie verplauderten eine Stunde, ohne Druck die Themen wechselnd. Er erzählte von einer Woche Wanderurlaub, den er im Spätsommer in der Steiermark verbracht hatte, schilderte die Pracht der Landschaft, das abendliche Behagen in den kleinen Gasthöfen, die herzhaften, reichlichen Mahlzeiten. Und allein durch die Art, wie er das alles als Besonderheit beschwärmte, teilte er, ohne es extra zu erwähnen, Gerlinde Wagner mit, dass er sich diese kleine Reise nur einmal im Jahr leisten konnte. Und wenn schon. Zehn Tage Mallorca, mehr war bei Gerlinde Wagner auch nicht drin.

Sollten sie noch etwas bestellen? Oder woandershin gehen? Hatte nicht am vergangenen Sonntag der Weihnachtsmarkt am Charlottenburger Schloss eröffnet? Ein heißes Glas Glühwein in der Abenddämmerung, das wäre jetzt genau das Richtige, danach könnten sie weitersehen. Es war eine knappe halbe Stunde zu Fuß. Auch schweigen, was mehr Gleichklang verlangt als reden, ließ sich mit dem Mann. Das Getümmel am Glühweinstand rückte sie nah aneinander, in der Menge zeichnete sich der Umriss des Zuzweitseins schärfer ab. Der Rentner setzte das Glas an den Mund, der Glühwein war noch zu heiß, zum Abkühlen blies er hinein, und zwischen zwei Atemschüben erwähnte er, dass er dreimal die Woche noch etwas dazuverdiene. Gerlinde Wagner wurde fast wehmütig, als sie merkte, wie ihre Stimmung kippte, aber es war nichts mehr zu retten.

Warum? Was wäre, fragte ich Gerlinde Wagner, so schlimm an einem Mann, der ab und zu die Herrentoilette am U-Bahnhof Wannsee bewacht? Sie schaute mich mit aufgerissenen Augen an, lehnte sich mit erhobenen Armen nach hinten, als müsse sie sich von Fäkalgerüchen entfernen, die von den Bodenfliesen ihrer Küche aufstiegen. »Na, hören Sie mal, ein Kloputzer, wer bin ich denn?« Sie schrie fast. Sie sprach überhaupt zu laut und sie fuchtelte dabei zu viel herum.

Als ich ihr an der Bank am Viktoria-Luise-Platz begegnete, waren mir das Gehampel und Geschrei nicht weiter aufgefallen. Jetzt, in ihrer kleinen Küche, in der sie fuhrwerkte wie ein Orchesterdirigent, störte mich das aufgekratzte Benehmen. Wir tranken Kaffee, zwischen uns standen zwei Kerzen auf dem Tisch, und ich konnte mir nicht erklären, weshalb mein Besuch sie in solche Aufregung versetzte. Alle paar Minuten erhob sie sich. Beunruhigt, ob das Kerzenlicht den Raum auch ausreichend erhellte, schaltete sie die Deckenlampe ein und gleich wieder aus, weil das elektrische Licht zu unbehaglich war. Dann füllte sie Zucker nach, obwohl die Dose fast bis zum Rand voll war. Im nächsten Moment musste sie die Stromzufuhr der Kaffeemaschine kontrollieren. Ständig bewegten sich ihre Hände und Arme, fuhren zur Decke, kreuzten sich vor der Brust, verschwanden wie im Polizeigriff hinter ihrem Rücken. Sowenig sie es schaffte, auch nur eine Viertelstunde ruhig sitzen zu bleiben, sowenig ertrug sie es, nicht zu reden. Kaum bewegte ich die Lippen, um eine kleine Bemerkung beizutragen, baute sich in ihr die nächste Redewelle auf und entlud sich in einem resoluten Gepolter.

Kein Wunder, ging es mir durch den Kopf, dass sie keinen abgekriegt hat. Welcher Mann hat schon Lust auf eine Frau, die sich dermaßen strapaziös aufführt, die ihre Stimme und ihre Motorik, ihr ganzes Gebaren nicht im Griff hat. Sofort schämte ich mich für diesen Gedanken. Er war nicht nur boshaft, sondern auch selbstgefällig. Ich wusste nur zu gut, was mit Gerlinde Wagner los war. Ich hatte mir selbst schon zugesehen und zugehört, wie ich mich verhielt, wenn ich nach Tagen in Arbeitsklausur zum ersten Mal wieder mit einem Menschen telefonierte oder zusammentraf: überdreht, fast hysterisch mit Kommentaren und Einfällen herausplatzend, die völlig fehl am Platz waren. Wie ein Schattenwesen, das aus seiner Höhle kommt und sich, geblendet vom plötzlichen Licht, in sich selbst verheddert, und zwar nicht, weil es die Sonne nicht mag oder sie sogar ersehnt hätte, sondern, weil es der Sonne entwöhnt ist. Es zappelt – zwischen dem Wunsch, im Hellen zu sein, und dem Impuls, sich schleunigst wieder einzuhöhlen. So war es wohl auch mit Gerlinde Wagner, sie war, was den näheren Umgang mit Menschen betraf, ganz einfach aus der Übung.

Als ich an der Garderobe meinen Mantel anzog und mich verabschieden wollte, sagte sie verlegen: »Jetzt hab ich Sie aber ganz schön zugequatscht mit meinem Kram.« Ich beschwichtigte sie höflich, etwas Unbehagliches lag in der Luft. »Na ja«, sagte Gerlinde Wagner, »hier kommt ja sonst niemand her.« Ich ahnte, dass sie den Satz genauso meinte, wie sie ihn gesagt hatte, versuchte aber, ihn abmildernd zu interpretieren, und antwortete: »Die Busverbindungen hierher sind doch ziemlich gut, ich dachte, Sie wohnen viel weiter draußen.« Gerlinde Wagner reckte sich, sah mich ungehalten an und zeigte mit dem ausgestreckten Arm in den Raum. »Das hat doch mit dem Bus nichts zu tun! Ich kriege nie Besuch, hab ich doch gerade gesagt!«

Sie musste merken, wie ich erschrak. Sie musste meinem Gesicht die Frage ablesen, wieso eine Frau, die nicht gebrech-

lich und nicht ins Asoziale abgerutscht war, ohne Freundes-
nähe lebte, ohne einen Kreis von Gleichaltrigen und Gleich-
gesinnten, die zusammen radelten, zusammen ausgingen, sich
am Waldrand zum Nordic Walking verabredeten, sich an Weihnachten und Silvester zusammentaten und gegenseitig hin-
weghalfen über den Mangel an Liebesnähe. Andere machten
das doch auch, Frauen zumal. Gerlinde Wagner nicht. Ihr war,
so versuchte ich es mir zu erklären, die nackte Einsamkeit lieber als die bemäntelte. Sie wollte keinen Ersatz, sie wollte den
Platz freihalten für das Richtige, vielmehr für den Richtigen,
zumindest in den kommenden fünf Jahren. Womöglich hatte
sie auch einfach keine Lust, sich mit Menschen zu beschäftigen,
in deren Lebenssituation sich ihre eigene spiegelte, keine Lust
auf Notgemeinschaften, in denen sich das Einverständnis in
die Niederlage breitmachte.

Mein Blick folgte ihrem ausgestreckten Arm und fiel durch
die halb geöffnete Tür in das kleine Schlafgemach und auf Gerlinde Wagners Bett, das direkt neben dem Eingang stand. Am
Kopfende waren übereinandergetürmte Kissen zu erkennen,
darauf ein elektrisches Heizkissen, dessen Kabel sich über das
Laken zum Boden schlängelte und unter dem Bett verschwand.
Am Fußende lag eine Nylondecke, grau oder hellbeige. Ich
erinnere mich an eine bleiche Farbe. Ich schaute so schnell
wie möglich wieder weg, und ganz sachlich, viel sachlicher und
ruhiger, als sie mir zuvor von ihren Rendezvous erzählt hatte,
bemerkte Gerlinde Wagner: »Tja, das ist jetzt zwölf Jahre her,
dass ich zum letzten Mal mit einem Mann geschlafen habe.«

Sie sprang, obwohl weder Termine noch Pflichten sie dazu
zwangen, nach dem Aufwachen sofort aus dem Bett. Sie stand
sehr zeitig auf, im Winter um sieben, im Sommer sogar schon

um sechs. Sie mochte den frühen Morgen, die aufbrechende Helligkeit, das Versprechen des beginnenden Tages. Es waren ihre besten Stunden, voller Elan und Energie, in denen jede Tätigkeit geschmeidig in die nächste überging und ganz von allein ihren Sinn besaß. Vom Bett aus lief sie als erstes in die Küche, um die Kaffeemaschine anzuschalten, ging dann zur Toilette und zurück ins Schlafzimmer, zog ihre Sportsachen an, packte eine Trinkflasche, einen Energieriegel und, wenn es warm genug war, um im Schlachtensee oder im Grunewaldsee zu schwimmen, Handtuch und Badeanzug in eine Tasche. Dann deckte sie, nebenbei einen Schluck Kaffee trinkend, den Frühstückstisch für später.

Nichts machte sie glücklicher als der Moment, wenn sie verschwitzt und mit hohem Pulsschlag von ihrer Tour zurückkam und vom Anblick der geblümten Serviette neben dem Eierbecher und den zum Auspressen bereitgelegten Orangen empfangen wurde. Sie kam sich dann fast wie ein Hotelgast vor, für den eine andere Hand das alles so appetitlich vorbereitet hat, und sie war in diesem Moment auch vollkommen einverstanden mit der Gesellschaft, die sie sich selbst bot.

Nur versickerte dieses Gefühl, je weiter sich der Tag vom optimistischen Morgenprogramm entfernte, in der Unbestimmtheit seines Ablaufs. Vom Frühstücksjubel war nichts mehr da, sobald Gerlinde Wagner begann, über Art und Zeitpunkt der nächsten Mahlzeit nachzudenken. Sollte es ein spätes Mittagessen sein, dem abends nur noch eine Wurstschnitte folgte? Sollte sie den Mittagshunger aushalten, mit einem Joghurt und einer Obstportion überbrücken, um erst am Abend richtig zu kochen? Sie hatte einiges zu tun, hatte einen Haushalt, musste Dinge erledigen, musste zum Arzt, musste einkaufen, einmal im Monat traf sie sich mit zwei ehemaligen Postkolleginnen zum Kaffeetrinken. Manchmal ging sie montags ins Kino, weil die Karten dann billiger waren, mittwochs besuchte sie bisweilen den Botanischen Garten, zum Rentnertarif.

Aber all das, all diese Tätigkeiten und kleinen Unternehmungen genügten nicht, um sie vor dem ziellosen Verzetteln und jenem pseudogeschäftigen Leerlauf zu bewahren, der sich ins Alleinleben schleichen kann. Gerlinde Wagner fehlten nicht nur Nähe, Sicherheit, Gespräch, sondern auch der korrigierende Blick auf überflüssiges Tun und eingewöhnte Ticks. Niemand sagte zu ihr: Wenn du zum Mülleimer rausgehst, kannst du auch gleich die leeren Flaschen mitnehmen. Niemand reagierte, wenn sie einmal, zweimal, dreimal hintereinander zum Müll ging, weil sie Zeit dafür hatte und sich Handlungen schuf, um sie zu füllen. Einsamkeit spaltet das Zeitempfinden: Die Stunden und die Tage dehnen sich zu lang, die verbleibenden Jahre erscheinen zu kurz, um doch noch einen Umsturz herbeizuführen. Niemand fragte: Wann sollen wir denn essen? In welchen Film gehen wir heute Abend? Ihre hektische Umständlichkeit schien mir ein Zeichen dafür zu sein, wie normal es für sie war, sich unbeobachtet zu bewegen. Gerlinde Wagners Laptop lag auf der Arbeitsfläche ihres Einbauküchenschranks. In routinierten Abständen und so gedankenverloren, wie sie mit angefeuchteten Fingerspitzen Krümel vom Tischtuch sammelte, drückte sie auf den schwach erleuchteten Knopf über der Tastatur und schaute nach neuen Mails.

Es war schon Sommer, als ich Gerlinde Wagner wieder besuchte. Sie wollte mir von einer beunruhigenden, wenn nicht bizarren Entwicklung bei Finya.de berichten. Ich saß wieder in ihrer Küche, sie stand vor dem Laptop. »Da«, sagte sie, »schon wieder einer, hat vor zehn Minuten geschrieben. Was wollen denn diese Bubis?« Seit einiger Zeit, erzählte Gerlinde Wagner, nähmen Männer mit ihr Kontakt auf, die nicht nur ein paar Jahre jünger waren, vier, fünf oder vielleicht auch zehn, sondern gleich ein paar Jahrzehnte. Grünschnäbel, die ihre Söhne sein konnten, wenn nicht, was Gerlinde Wagner noch haarsträubender fand, sogar ihre Enkel. Immer wieder erhielt sie Anfragen von Bewerbern, deren Nabelschnur durchtrennt wurde, als sie längst Stammgast im Slumberland war. Das Interesse, das sie bei Männern ihrer eigenen Altersklasse erweckte, war mager. Sie war es, die sich bemerkbar machen musste, wenn sie einen Mann kennenlernen wollte, dessen biologische Uhrzeit der ihren entsprach. Sie war es auch, die den pensionierten Arzt und den Rentner zuerst angeschrieben hatte. Und jetzt das hier? Was hatte das zu bedeuten?

Ich war mir unsicher, worauf ihre Frage abzielte, ob Gerlinde Wagner eine grundsätzliche Stellungnahme zum Thema »Jüngerer Mann« von mir erwartete, oder gar deren Abstützung auf eigener Erfahrung. Ich hätte ihr damit nicht dienen können. Ich habe eine solche Erfahrung nie gemacht. Von meiner Jugendliebe an waren sämtliche mir geeignet erscheinenden Vertreter des anderen Geschlechts, ob ich in ihre Nähe kam oder sie aus unerreichbarer Ferne anhimmelte, älter als ich. Minimum zwei Jahre. Reiner Zufall kann das nicht sein, willentlicher Vorsatz aber auch nicht. Niemals kam ich auf die pedantische Idee, einen Mann als erstes nach seinem Geburtsdatum zu fragen oder es in seinem Personalausweis heimlich zu erschnüffeln. Es muss folglich in meinem Unterbewusstsein ein Frühwarnsystem geben, das hochsensibel auf Alterssignale reagiert und verdächtige, also jüngere Männer sofort aus meinem Wahrnehmungsfeld verschwinden lässt.

Mein erster Freund erwies sich insofern als Glücksfall, als

er zwei Jahre älter und so leicht zu erreichen war, dass meine Schüchternheit erst gar keine Gelegenheit finden konnte, eine Hürde vor mir aufzubauen. Er saß am ersten Tag des elften Schuljahrs plötzlich neben mir in der Bank. Sein Name war Erich. Er war zum dritten Mal durchgefallen. Der Klassenlehrer hielt es für sinnvoll, Erich unter die Fittiche einer Mitschülerin zu bringen, die in Latein und Altgriechisch, den schwärzesten Wissenslöchern des Faulenzers, mit guten Noten glänzte, und diese Schülerin war ich. Mein neuer Banknachbar stand in beiden Fächern auf einer glatten Sechs und hätte, da er im Jahreszeugnis noch ein paar naturwissenschaftliche Fünfen erzielt hatte, ein in der Historie der Lehranstalt bis dahin unerreichter Rekord, eigentlich von der Schule entfernt werden müssen. Aber vor Erichs Kindercharme, vor seinem Sonnenscheingemüt kapitulierten Lehrerkollegium, Schulrat und Eltern unisono.

Ich habe nie wieder einen Menschen getroffen, der so viel lachte und alles so leichtnahm. Niemand war in der Lage, dem strahlenden Hippiewesen mit den weichen, aber keineswegs konturlosen Gesichtszügen, den bunten Halsketten und den langen, bis über die Schulterblätter fallenden, schwarz glänzenden Haaren etwas übelzunehmen. Erich war unangreifbar. Seine Unbefangenheit wirkte als Abwehrzauber gegen sämtliche Erziehungsmethoden, ja selbst gegen Gedanken, die aggressive Elemente enthielten. Dabei genoss er, sogar bei den schlimmsten Lehrern, die wir im Verdacht hatten, braunes Gedankengut hinter humanistischem Werte- und Traditionsgerede zu verbergen, eine seltsame Art Respekt, der, so vermute ich, Erichs durch und durch konsequentem Charakter galt.

Er war nicht nur älter, er war auch reifer als wir alle zusammen. Seine schulische Untüchtigkeit erschien nicht als spätpubertäres Übergangsleiden, seine Liebenswürdigkeit nicht als ausweichende Verlegenheitslösung. Sie waren seine Natur, sie vermittelten auf souveräne Weise eine Lebenseinstellung, der zufolge es auf Noten so wenig ankam wie auf die Dauer der Schulzeit, sondern nur darauf, sie gut gelaunt, friedlich und allseits freundlich zu verbringen. Diese Botschaft war so einnehmend, dass Erich, sobald er Unterrichtsstunden schwänzte, was er ständig tat, nicht nur von den Schülern, sondern auch von den Lehrern wie ein Guru vermisst wurde. Ich habe einen Mathematiklehrer, der bei seinen Wutanfällen Bücher an die Wand warf, selig lächeln sehen, wenn Erich sich mitten im Unterricht Schnupftabak in die Nase zog. Wenn er zwischendurch das Klassenzimmer verließ und länger wegblieb, als ein Toilettengang es erfordert hätte, war eigentlich jedem klar, dass Erich irgendwo auf dem Schulgelände eine Haschischzigarette rauchte, um noch heiterer in die Klasse zurückzukehren, als er sie verlassen hatte. Aber niemand schritt dagegen ein. Wie auch niemand an wissenschaftlichen Versuchen arbeitet, deren Ergebnis darin bestünde, die Sonne abschalten zu können.

Ich rechne es Erich, obwohl er mir am Ende unserer Geschichte ein klein wenig unrecht tat, bis heute hoch an, dass er nicht mit Verachtung auf meine leistungsstarken Noten herabsah, sondern etwas anderes darin erkannte als begierige Streberei. Schon in der zweiten Schulwoche begann ich, eine Maßnahme, die aus einem Krisengespräch des Klassenlehrers mit seinen Eltern hervorging, Erich Nachhilfeunterricht zu erteilen, zumindest offiziell. Das Schicksal meinte es gut mit mir. Die sogenannte Nachhilfe fand in Erichs Elternhaus statt. Ich gelangte also ohne strategisches Umschleichen, ohne quälende Umwege auf kürzestem Weg an jenen Ort, der ungestörte Zweisamkeit versprach, und Erichs Eltern, die sich gegenüber dem vergötterten Einzelkind wie milde, nachgiebige Großeltern verhielten, besaßen kaum die Autorität zum störenden Eingreifen.

Sie waren tatsächlich schon Rentner, gehörten der Generation an, deren Leben noch gar nicht begonnen hatte, als sie im Erwachsenenalter aus dem Zweiten Weltkrieg taumelte. Sie hatten spät geheiratet, spät ein Kind bekommen und empfanden für dieses Geschenk der Biologie eine Dankbarkeit, die keinerlei Raum ließ für weiterreichende elterliche oder erzieherische Regungen. Es genügte ihnen, Erich, seine mädchenhafte Haarmähne, seinen samtenen Tabakbeutel, seine exotischen Räucherstäbchen mit verzauberten Blicken zu bestaunen, im Höchstfall kopfschüttelnd.

In Erichs Familie wurde nicht um Moden und Denkweisen gekämpft, in meiner dagegen schon. Auch deshalb genoss ich die Besuche in dem zweistöckigen Häuschen, das von zwei stillen Pensionisten und einem jungen zärtlichen Mann bewohnt wurde, der aus dem Interieur dieses vor Biederkeit strotzenden Eigenheims herausstach wie ein Außerirdischer. Erich belästigte seine Eltern nicht mit politischen Attacken, seine Eltern belästigten ihn nicht mit Vorwürfen, Vorschriften oder gar Strafen. Sie umhegten ihn wie Hoteliers ihren Lieblingsgast. Erich zuliebe hatten sie sogar das Kochen fremder Gerichte wie Cevapcici, Lammbraten mit Knoblauch, Nudeln in Tomatensoße oder Toast Hawai erlernt, die ich an den Tagen, die für den Nachhilfeunterricht vereinbart waren, nun ebenfalls vorgesetzt bekam.

Diese Tage verliefen wunderbar ritualisiert. Erich und ich gingen von der Schule zu ihm nach Hause, verzehrten am Wohnzimmertisch die Experimentalmenüs und verschwanden für den restlichen Nachmittag in einem Kellerraum, wo Erich sein Schlagzeug aufgebaut hatte. Sein einziges Interesse galt Percussion. Er ist, soviel ich weiß, bis heute Schlagzeuger in einer Band. Nicht eine Minute habe ich mit Erich an einer Tacitus- oder Homerübersetzung gearbeitet. Ich weihte ihn auch nicht in meine konspirative Tätigkeit in einem marxistisch-leninistischen Splittergrüppchen ein.

Das Glück dieser Geschichte lag darin, dass keinerlei Außenwelt in sie eindrang. Wir traten in der Schule auch nicht als Pärchen auf, stellten uns auf dem Pausenhof zu unterschiedlichen Gruppen, Erich zur Gammlerfraktion, ich zur antibürgerlichen Protestfraktion. In Diskotheken vermieden wir die üblichen Tanzschmusereien. Ohne uns je darüber zu verständigen, wollten wir alle auf uns gerichteten Blicke vermeiden, deren Ziel es gewesen wäre, den Stand sexueller Fortschritte zu erkunden. Wir beschränkten uns auf die Stunden im Musikkeller, in denen Erich trommelte, ich auf einer Matratze lümmelte und ihm dabei zusah. So jung und unerfahren ich war, so deutlich war mir die Kostbarkeit dieser reinen, drucklosen, unkomplizierten Momente bewusst. Mir war auch bewusst, dass wir bald getrennte Wege gehen würden. Aber bis dahin wollte ich diese Nachmittage genießen, schon um mir für späterhin zu merken, wie Glück beschaffen sein und wie ruhig ich darin schweben konnte. Damit Erich mir als Nachhilfeschüler erhalten blieb, mussten sich seine Noten in Latein und Altgriechisch wenigstens graduell verbessern. Ich erledigte Klausuren von nun an im Akkord, da ich das doppelte Pensum, meine Aufgaben und Erichs Aufgaben, zu schaffen hatte, in die ich spezifische Fehler einstreute, die ihm realistisch erscheinende Vierernoten einbrachten. Ich bin mir sicher, dass die Lehrer den Schwindel mitbekamen, aber ihre Achtung vor Erich war zu groß, um uns auffliegen zu lassen.

Am Ende des Schuljahrs packte Erich seinen Rucksack, stellte sich allein an die Autobahnauffahrt und trampte nach Griechenland, um die vollen sechs Ferienwochen auf den Kykladen zu verbringen. Furchtlosigkeit gehörte ebenfalls zu den Eigenschaften, für die er rundum bewundert wurde. Ich brauchte meine Eltern gar nicht erst zu fragen, sie hätten mir das Abenteuer niemals erlaubt. Allerdings gab Erich auch keinen, als Einladung deutbaren Mucks von sich. Wir ahnten, dass sich unser von Nachmittag zu Nachmittag geknüpftes Band ohne diesen Rhythmus auflösen würde. Besser gesagt: Ich ahnte das.

Mitten in den Ferien erreichte mich ein aufgeregter Anruf von Erichs Eltern. Es gäbe etwas Wichtiges zu besprechen, dass den Sohn, wenn auch nicht sein aktuelles Wohlergehen in Griechenland beträfe. Ich machte mich mit klammen Gefühlen auf den Weg, fürchtete mich vor dem leeren Platz am Wohnzimmertisch, an den mich die Eltern aber gar nicht erst einluden. Sie führten mich schnurstracks in die hinterste Ecke des Gartens, um mir ein großes, von Erich angelegtes Beet zu zeigen, das sie ein paar Tage zuvor radikal abgeerntet hatten. Aus dem Erdboden ragten nur noch Stümpfe grünbrauner Stengel. Sie waren das Resultat einer Rettungsaktion, deren juristische und moralische Zweifelhaftigkeit Erichs Eltern mittlerweile umtrieb.

Die Lokalzeitung, die sie allmorgendlich beim Frühstück lasen, hatte das nachrichtenarme Sommerloch mit einem ausführlichen, großformatig bebilderten Bericht zum Thema Drogen überbrückt. Eine regelrechte Rauschmittelkunde, die alles enthielt, was es über die Gefahren verbotener Substanzen zu wissen, seltsamerweise aber auch alles, was es bei der umsichtigen Behandlung dieser Substanzen zu beachten galt.

Erichs Eltern hatten den Inhalt der Zeitungsseite intensiv studiert. Unter der Überschrift »Marihuana« war ihr Blick auf die Abbildung einer Pflanze gefallen, deren fächerförmiges Blätterdach ihnen bekannt vorkam. Diese Pflanze wuchs in akkurat angelegten Reihen in Erichs Beet.

Dem Schock der Erkenntnis folgte ein schwerer Zwiespalt. Denn das Gartenmarihuana befand sich, wie Erichs Eltern dem Artikel entnahmen, im Stadium zur Ernte drängender Reife. Sollte Erich am Ende des Sommers nicht unbrauchbares Stroh vorfinden, mussten die Pflanzen schleunigst geschnitten und kopfüber zum Trocknen aufgehängt werden, möglichst in einem Raum, der, um Verschimmeln einerseits und Vertrocknen andererseits zu verhindern, Feuchtigkeit und grelles Licht abhielt. Erichs Eltern gerieten zwischen die Fronten unvereinbarer Pflichten. Ihr Verstand widersprach vehement der Marihuanapflege. Ihr Herz aber war nicht bereit, den Jungen mit einer derart bösen Überraschung zu empfangen, und so machten sie sich an die Arbeit, spannten in einem Kellerraum Schnüre entlang der Decke, schnitten sorgfältig die Marihuanastengel aus dem Beet, sortierten sie zu Bündeln und hängten diese in vorschriftsmäßigem Abstand von einer Handbreit auf.

Im gärtnerischen Erledigungseifer entging den Eltern vorübergehend der illegale Charakter der ganzen Operation. Erst als sie fertig waren, abends im Wohnzimmer über dem Keller saßen und unwillkürlich begannen, auf die Sirenen herannahender Polizeiautos zu lauschen, mussten sie sich die Verwandlung ihres Hauses in eine Drogenmanufaktur eingestehen. Was jetzt? Bis zu Erichs Rückkehr ausharren? Oder den Keller von der verteufelten Trockenware befreien und sie im Komposthaufen verschwinden lassen? In ihrem Gewissenskonflikt hatten sie beschlossen, mich ins Vertrauen zu ziehen. Offiziell als

Nachhilfelehrerin in ihren Haushalt eingeführt, trauten sie mir anscheinend alles Mögliche, auch salomonische Urteilskraft in existentiellen Grenzfragen zu und führten mich vom Garten in den Keller, zeigten auf die von der Decke hängenden Gewächse – eine der absurdesten Szenen, die ich je erlebt habe – und baten mich eindringlich um Rat. Ich kannte Erich doch! Wie würde er denn reagieren, wenn er das liebevoll Angesäte im Müll fände?

Tja, kannte ich ihn wirklich, den lachenden, trommelnden, reizenden Erich? Bummelte die Ansichtskarte, die er mir versprochen hatte, irgendwo auf dem Mittelmeer herum? Oder hatte er einfach vergessen, mir zu schreiben? Hätten fünf Wochen Griechenland nicht genügt? Hätte er die letzte Ferienwoche nicht mit mir im Freibad verbringen können? War es gerecht, dass ich nicht nur seine altphilologischen Schulnoten, sondern neuerdings auch den seelisch-moralischen Notstand seiner Eltern zu verwalten hatte?

Ich gab ihnen einen Rat; im Hinblick auf Erichs mir geltenden Gefühlen sicherlich den falschen. Ungern erinnere ich mich an die gestelzten Wichtigtuersätze, mit denen ich die bis ins Mark verunsicherten Eltern an ihre Verantwortung für die Leistungsfähigkeit von Erichs Verstand erinnerte. Sie erschraken zu Tode, als ich ihnen in voller Schärfe ausmalte, wie und in welchem Ausmaß Marihuana das Oberstübchen zersetzt, und sie begannen noch in meinem Beisein, die Büschel von den Schnüren zu reißen und in Abfallsäcke zu stopfen. Natürlich gaben sie mir die Schuld, als Erich Anfang Oktober, das zwölfte Schuljahr hatte längst begonnen, vor seinem Beet stand und nichts anderes als verwelkte Stengelreste darin vorfand. Er stellte mich nicht zur Rede. Dafür war er nicht der Typ. So sanft, wie er alles anging, so sanft, kaum spürbar entfernte er sich von mir. Er brauchte auch keine Nachhilfe mehr. Der Musiklehrer hatte ihm einen Vorstellungstermin an der Münchner Musikhochschule verschafft, die wie das Gymnasium für Erich Ausnahmeregelungen schuf und ihn noch vor dem Abitur aufnahm. Mitten ihm Schuljahr war Erich plötzlich weg. Ich kann ihn mir gut als älteren Herrn vorstellen, der nun auf die sechzig zugeht und mit ergrauten, etwas ausgedünnten, vielleicht zum Pferdeschwanz gebundenen Haaren hinter seinem Schlagzeug sitzt. Ich denke, er hat sich nicht sehr verändert, vom Alter abgesehen würden wir überhaupt nicht mehr zueinander passen.

Gerlinde Wagner rückte den Laptop zur Seite, damit ich auf den Bildschirm sehen konnte. Ich erkannte das Bild eines Mannes, der zweifellos um einiges jünger war als sie. Er hatte ein freundliches, verhalten lächelndes Durchschnittsgesicht, viel mehr ließ sich nicht sagen. Dass er sich mit einem Bild aus einem Fotoautomaten präsentierte, sprach für seine Uneitelkeit, und dafür, dass er keinen Ehrgeiz besaß, mit den Reizen der Jugend für sich Reklame zu machen. Gerlinde Wagner beugte sich zum Laptop hinunter und las mir die Daten des jungen Mannes vor. Er lebte in Berlin, er suchte eine Begleiterin für seine Freizeitaktivitäten, hatte die mittlere Reife, arbeitete bei der Polizei, war achtunddreißig Jahre alt, ungebunden, und sein Profilname war Rudi. Wenn Rudi mit diesem Namen und diesem Foto auf eine Eigenschaft seiner Person aufmerksam machen wollte, dann wohl auf deren Durchschnittlichkeit.

Seine Nachricht lautete: »Liebe Jenniferberlin, ich würde gerne Kontakt aufnehmen mit Ihnen. Vielleicht haben wir ja gemeinsame Interessen. Ich suche eine Frau, mit der ich etwas unternehmen kann, zum Beispiel ins Kino gehen oder Ausstellungen besuchen oder einfach durch die Stadt laufen. Das mache ich besonders gern, aber nicht so gern allein. Haben Sie Lust, mir zu antworten? Ich würde mich darüber freuen, Ihr Rudi.«

Gerlinde Wagner gefiel diese Nachricht ganz und gar nicht. Sie hielt sie für eine vergiftete Praline. Ein Mann, der vorgab, mit einer zweieinhalb Jahrzehnte älteren Frau durch die Stadt spazieren zu wollen, war in ihren Augen verdächtig. Dass er sich so betont harmlos und freundlich gab, machte ihn für Gerlinde Wagner nur noch verdächtiger. Auf Geld hatte er es wohl nicht abgesehen. Wer ihr Profil bei Finya.de studierte, konnte erahnen, dass es da nichts zu holen gab. Nein, der Kerl war nach Gerlinde Wagners Überzeugung auf was Schlüpfriges aus. Sie machte einen Schritt zur Seite, stellte sich in die Mitte der Küche, um möglichst viel Platz zu haben für ihre Empörungsgestik. Wie die Flügel eines startbereiten Raubvogels schlugen ihre ausgebreiteten Arme senkrecht durch die Luft, bis es aus ihr herausplatzte: »Das riecht doch nach perversem Sex! Das gibt's doch als Perversion, mit alten Frauen rummachen, ich schwör Ihnen, das steckt dahinter!«

Rudi war noch online und Gerlinde Wagner entschlossen, mir an Ort und Stelle zu beweisen, dass sie recht hatte mit ihrem Verdacht. Sie schrieb: »Hallo Rudi, nun frag ich Dich mal ganz direkt: Was möchtest Du denn wirklich von einer Frau wie mir? Spazieren gehen ja wohl eher nicht. Hast Du mal auf mein Geburtsdatum geschaut? Warum interessierst Du Dich nicht für Frauen in Deinem Alter? Jetzt bin ich aber gespannt, ob Du mir darauf eine ehrliche Antwort gibst. Jenniferberlin«.

Sie sah triumphierend auf den Bildschirm, als hätte sie einen Dieb auf frischer Tat ertappt. Eine halbe Stunde würde sie Rudi für eine Antwort geben. Die würde aber, dabei hob Gerlinde Wagner die Hand zum Schwurzeichen, garantiert nicht kommen. Blitzschnell, sagte Gerlinde Wagner, würde sich das Jüngelchen, wenn es merkte, durchschaut worden zu sein, von ihrem Profil verabschieden, sich mitsamt seinen schmierigen Gelüsten davonmachen. Sie täuschte sich. Als sie sich nach einer halben Stunde bei Finya.de einloggte, erwartete sie eine Nachricht von Rudi, die ihr die Sprache verschlug. Was er schrieb, klang gekränkt, aber weder beschämt noch defensiv. Im Gegenteil, Rudi schoss den Ball ziemlich hart zurück. Er fragte, was in Gerlinde Wagners Kopf eigentlich vor sich ginge, wenn sie hinter einer netten Anfrage nichts als üble Absichten vermute. Warum sie dann überhaupt im Internet auf Kontaktsuche sei? Gerlinde Wagner stemmte sich mit gestreckten Armen gegen den Küchenschrank und starrte auf den Bildschirm. Ich konnte nicht erkennen, was ihre Haltung ausdrückte, ob Erstaunen oder Empörung, wahrscheinlich von beidem etwas. Aber zum ersten Mal erlebte ich sie im Stillstand.

Sie hätte doch, wandte ich vorsichtig ein, bestimmt schon von Simone Thomalla gehört? Die wirke doch recht glücklich mit ihrem jungen Freund. Gerlinde Wagner drehte sich zu mir um und ahmte mit nach oben gerollten Pupillen und verzogenem Mund ein genervtes Kind nach, das zum hundertsten Mal die Mahnung über sich ergehen lässt, das Messer in der rechten und die Gabel in der linken Hand zu halten. Simone Thomalla! Du lieber Himmel! Natürlich wusste Gerlinde Wagner, dass die Kommissarin aus dem Leipzig-Tatort, vielmehr deren Darstellerin, mit dem neunzehn Jahre jüngeren Handballtorwart Silvio Heinevetter liiert war; sie Ende vierzig, er Ende zwanzig. Man musste schon sehr weit hinter dem Mond leben, um das nicht zu wissen und den Trend, den dieses Paar verkörperte, nicht mitbekommen zu haben.

Es verging kaum eine Woche ohne eine Boulevardmeldung oder eine Klatschgeschichte, die sich mit einer Lovestory befasste, deren Sensation im Altersvorsprung der weiblichen Hälfte lag. Und es gab längst einen Jargonbegriff für Frauen, die junge Männer bevorzugten. Sie hießen Cougar, zu Deutsch Puma. Nach der sozialen und der ethnischen hatte sich eben auch die Generationengrenze der Liebeswahl gelockert, wenn auch eher in der Welt der Celebrities, der Film- und Popstars als in der Welt einer Berliner Rentnerin. Für Leinwanddiven im fortgeschrittenen Alter, ob Sharon Stone, Susan Sarandon, Demi Moore oder Jennifer Lopez, und natürlich für die Popkönigin Madonna, war es mittlerweile eine regelrechte Prestigefrage, ihr Liebesleben mit sehr viel jüngeren Männern zu verbringen. Ziemlich spät, erst im Frühjahr 2014, sprang auch Heidi Klum auf den fahrenden Zug auf und ließ sich, kurz nachdem sie ihren muskulösen Bodyguard Martin Kirsten als Liebhaber abserviert hatte, mit dem dreizehn Jahre jüngeren smarten New Yorker Kunsthändler Vito Schnabel in innigen Posen ablichten. Und von der Gipfelregion der internationalen Prominenz, dieser modernen Aristokratie, bewegte sich der Trend nun allmählich zu den Ebenen der Durchschnittsfrauen herunter. Bei fast jeder fünften Hochzeit ist die Frau mittlerweile älter als der Mann.

Für Gerlinde Wagner zählte das alles nicht. Sie war nicht Madonna oder Sharon Stone, und sie war auch nicht Simone Thomalla. Mochte sie seit je von einer unkonventionellen Liebe träumen, so war sie doch himmelweit davon entfernt, die Erfüllung dieses Traums in einem jungen Mann zu sehen. Im Gegenteil, sie empfand die Idee einer solchen Liaison als Zumutung, keineswegs als Bestätigung ihrer noch immer begehrenswerten Weiblichkeit. Sie wusste, dass es Dating-Portale namens Altersvorsprung.de, Toyboy.de oder World of Cougar gab, die Frauen über fünfunddreißig und Männer über achtzehn willkommen hießen. Aber sie hätte niemals ein solches Portal aufgesucht. Für Gerlinde Wagner gehörten Frauen, die im Spiegel faltige Augenringe, erschlaffte Oberarme und wabernde Hüftpolster anstarrten und sich einbildeten, den körperlichen Verfall bremsen zu können, indem sie sich einem knackigen Mittdreißiger an den Hals warfen, zu den endgültig Verzweifelten. Nach ihrer Meinung stuften diese Frauen ihren Marktwert so niedrig ein, dass sie sich mit der billigsten Ware zufriedengaben: mit Muttersöhnchen. Natürlich baute sie auch ihre Lieblingsfloskel »ich hab doch meine Ansprüche!« in ihre Zornespredigt ein. Ein Jüngelchen, ob es Rudi, Werner oder Theobald hieß: Niemals! Nicht ums Verrecken!

Oder täuschte ich mich? Posaunte sie das alles so heraus, weil die provozierende Antwort von Rudi sie an einer schwachen Stelle erwischt und verunsichert hatte? Ruderte sie in ihrer Küche so dramatisch mit den Armen herum, weil sie etwas zu verscheuchen suchte, das sie insgeheim doch reizte, aber ihren Prinzipien widersprach? Es gäbe nun mal, keifte sie den Laptop an, einen Unterschied zwischen einem Sugardaddy, der sich ein Blondinchen fürs Bett hält, und einer alten Schabracke, die sich mit männlichem Frischfleisch verköstigt.

Ich empfand Gerlinde Wagner in diesem Moment so grob wie in keinem anderen. Ihre Wortwahl war mir zuwider, ihr unerbittliches Urteil über das weibliche Geschlecht schockierte mich. Gleichzeitig musste ich mir eingestehen, dass mir ihre Ansichten letzten Endes nicht ganz fremd waren. Vom rein rationalen Standpunkt aus fand ich es richtig, ja vollkommen selbstverständlich, dass für Frauen und Männer auf dem Spielfeld der Liebe die gleichen Regeln galten. Wenn die Gesellschaft sich nicht daran störte, dass Franz Müntefering das Glück seines Alters mit einer vier Jahrzehnte jüngeren Parteigenossin fand, und der britische Formel-1-Chef Bernie Ecclestone es sich zutraute, kurz nach dem achtzigsten Geburtstag eine sechsunddreißigjährige Brasilianerin zu ehelichen, dann standen diese freizügigen Altersspannen der Partnerwahl auch einer Frau zu. Nur sträubte sich, wenn ich ehrlich war, mein Empfinden dagegen. Ich musste Gerlinde Wagner, sowenig mir ihr Furor gefiel, doch beipflichten. Nicht einmal mit größter Anstrengung konnte ich mir eine Bundeskanzlerin ausmalen, deren Gatte in der Universitätsbibliothek für die Promotion büffelt, während sie den französischen Staatspräsidenten empfängt.

Gerlinde Wagner steigerte sich immer weiter in ihre Kampfrede, den Fall Rudi betreffend, hinein, und ich stellte im Stillen Vergleichsrechnungen an, die mich selbst betrafen. Ich war genau ein Jahrzehnt jünger als Gerlinde Wagner. Ich hätte es also, wenn ich die Zahl der Jahre, die zwischen ihr und Rudi lagen, von meinen eigenen Lebensjahren abzog, mit einem Achtundzwanzigjährigen zu tun. Absolut unmöglich. Aber warum? Woher kam das Befremden, wenn ich im Kopf einen Film ablaufen ließ, der mich beim Zeitunglesen, Einkaufen, Kochen, Diskutieren mit einem Mann zeigte, dem der dreißigste Geburtstag noch bevorstand? Es lag nicht, oder weniger, an den Unterschieden der körperlichen Konstitution. Diese kann die Liebe noch am leichtesten übersehen. Was mir nicht zu übersehen gelänge, wäre die lebensgeschichtliche Kluft. Ein solcher Mann befände sich in seiner biografischen Anfangsetappe. Ich befinde mich zwischen Mitte und Ende. Ich käme in die Rolle einer erfahrenen Gebirgswanderin, die sich an die letzte Steilwand vor dem Gipfel macht, während ihr Kompagnon noch an der Baumgrenze herumkraxelt. Wir sähen das Panorama der Landschaft nie aus gleicher Perspektive, könnten uns nur zurufen, welcher Anblick sich von weiter oben und von weiter unten bietet. Prickelnd kommt mir das nicht vor, eher ermüdend.

Das gleiche unangenehme Gefühl ergab sich aus der Additionsrechnung. An einem Zweiundachtzigjährigen würde mich weniger der schiere Tatbestand seines Greisenalters stören als die daraus resultierende Betrachtung des Daseins: vom Ende her. Er würde sich, völlig zu Recht, mit Nuancen seines Testaments befassen und mich unter dem Aspekt verlässlicher Nachlassverwaltung und Grabpflege betrachten. So weit bin ich noch nicht. Und so weit, versuchte ich Gerlinde Wagner zu beschwichtigen, sei sie doch auch noch nicht. Ja, Rudi war jünger, ziemlich viel sogar. Aber er war kein Bub, kein Jüngling, er war ein Mann, der sich im langen mittleren Kapitel des Lebensromans aufhielt, wie sie selbst doch auch. Und das, beharrte ich, sei letzten Endes entscheidend, nicht die nackte Zahl der trennenden Jahre.

Ganze zweieinhalb Jahrzehnte hatte der Professor mit den graublauen oder graubraunen Augen und der Napoleonsträhne auf der Stirn mir voraus. Aber wir waren, als wir uns trafen und verliebten, beide im reifen Erwachsenenalter. Er lernte mich nicht als naive Studentin im germanistischen Proseminar kennen, sondern als gestandene Frau um die dreißig. Und ich lernte ihn nicht als akademischen Ruheständler kennen, sondern als etwas kauzige Erscheinung, die an einem Samstagnachmittag, ein paar Monate nach dem Mauerfall, vor meiner Wohnungstür stand. Eine Münchner Kollegin hatte mich darum gebeten, einen Bekannten von ihr für zwei Wochen in meinem Gästezimmer einzuquartieren. Er wollte sich das neue Gesicht Berlins anschauen. So empfing ich einen unbekannten Herrn, der in einem rosafarbenen Hemd, einer verknautschten Bügelfaltenhose und einer voluminösen, zwischen Gelb und Ocker changierenden Kunstlederjacke aus München angereist war. Eine Mixtur aus Zirkusdirektor und Doktor Seltsam. Einen halben Kopf kleiner als ich, kurz angebunden wie ein Monteur, den der Chef verdonnert hat, nach Feierabend noch mal auszurücken, um in der Wohnung eines Kunden einen Rohrbruch zu beheben.

Seine Begrüßung schrammte nur knapp an der Unhöflichkeit vorbei. Er gab mir die Hand, sagte seinen Namen und wollte sofort Bad, Küche, Gästezimmer besichtigen. Dort stellte er einen grün-gelb karierten, an den Kanten abgewetzten Koffer ab, der farblich mit seiner Garderobe prächtig harmonierte, öffnete den Deckel, holte sein Toilettenetui heraus und trug es ins Badezimmer. Dann verkündete er mir in Kurzform sein Tagesprogramm: Besichtigung von Reichstag und Brandenburger Tor. Gemeinsames Abendessen um acht Uhr.

Ich war baff. Ich erinnerte mich an ein Buch über Franz Kafka, dessen Autor den Namen meines Besuchers trug. Aber es gelang mir beim besten Willen nicht, das Buch mit dem exzentrischen Kleinbürger in Verbindung zu bringen, der nach weniger als zehn Minuten aus meiner Wohnung verschwand und mir in der Tür noch einmal die Essenszeit einschärfte. Um sieben war er wieder da, stellte eine Einkaufstüte mit Lebensmitteln und zwei Flaschen Rotwein auf den Küchentisch und begann zu kochen. Ich saß als Gast in meiner eigenen Küche und begann, mich rundum wohl zu fühlen.

Angeblich entscheidet der Geruchssinn in den ersten zehn

Sekunden, ob ein Mensch als Liebesobjekt für uns in Frage kommt. Angeblich hat unsere Objektwahl immer mit dem Vorbild der Eltern zu tun. Ich kann beides vollauf bestätigen. An den Körpergeruch des Professors erinnere ich mich nicht, er roch wohl unspezifisch. Die Geruchstheorie erscheint mir auch nur dann plausibel, wenn man sie im übertragenen Sinn versteht. Denn ohne Zweifel war der Professor, der mit dem Rücken zu mir kleingeschnittene Zwiebeln in einer Pfanne anbriet und in einer Weise monologisierte, die zwischen Selbstgespräch und Konversation nicht im Geringsten unterschied, ein Doppelgänger meines Vaters. Es war väterlicher Charaktergeruch, der mich vom Herd her anwehte. Für diese Erkenntnis muss ich nicht im Bergwerk des Unterbewusstseins schürfen. Sie liegt auf der Hand. Sie lag schon auf der Hand, als ich seinen rosafarbenen Hemdrücken anstierte.

Äußerlich gab es zwischen dem Professor und meinem Vater nur eine einzige Übereinstimmung. Sie waren beide stark kurzsichtig und trugen Brillen mit dicken Gläsern, durch die ihre Augen verkleinert wirkten. Mein Vater war allerdings groß und schlank, der Professor ein wenig gedrungen. Aber ihre Persönlichkeit war aus der gleichen Substanz geformt: Plebejer, in denen eine ebenso überragende wie eigenwillige Intelligenz steckte. Diese Aromamischung benebelt mich wie keine andere. Es sind Männer, deren Stolz es ihnen verbietet, die Herkunft aus kleinen Verhältnissen abzustreifen und zu verleugnen, und deren Stolz sie zugleich keinen Moment daran zweifeln lässt, dass sie über besondere geistige Fähigkeiten verfügen. Ich weiß durchaus, dass ich hier gehörig idealisiere. Aber ich weiß auch, was es heißt, in der biografischen Entfaltung solcher Fähigkeiten verhindert zu sein.

Alles hätte mein Vater gegeben für ein Universitätsstudium.

Nicht als Sprungbrett für den gesellschaftlichen Aufstieg, sondern weil es seinen natürlichen Anlagen entsprochen hätte. Er war der geborene Wissenschaftler und er wurde in eine Familie hineingeboren, die empfänglich war für den Anspruch des übergescheiten Buben auf eine höhere Bildungslaufbahn, sie aber nicht bezahlen konnte. Dank seiner Kurzsichtigkeit kam mein Vater im Zweiten Weltkrieg nicht an die Front, sondern als Funker zur militärischen Nachrichtentechnik und dort in Berührung mit gebildeten, belesenen Männern. Seine Leidenschaft für Immanuel Kant ging, so paradox dies erscheinen mag, auf seine Soldatenzeit zurück.

Nach seinem Tod fand sich in einer seiner Schreibtischschubladen ein Aktenordner, der einen handschriftlichen Entwurf für ein umfassendes neues Steuersystem der Bundesrepublik enthielt, den mein Vater, ein extremer Frühaufsteher, in den Morgenstunden ausgetüftelt hatte. Für Steuergesetze konnte er sich, ein für meine Mutter, meinen Bruder und mich höchst enervierendes Gesprächsthema, haltlos begeistern. Ich verging vor Scham, wenn er in meiner Einkommenssteuererklärung, deren Bearbeitung er an sich riss wie eine Löwenmutter ihr Junges, ein winziges Detail fand, das ihm als Vorwand diente, bei meinem Finanzamt in Berlin anzurufen und die dortigen Beamten mit bohrenden Fachsimpeleien zu quälen. In einer Schublade fand sich auch, was mich am schmerzlichsten traf, ein Umschlag mit Einladungen zu den Jahrestagungen der Kant-Gesellschaft, deren Mitglied er immer geblieben war. In dieser stillen Mitgliedschaft bewahrte sich die Erinnerung an den Platz im Leben, den einzunehmen ihm nicht gestattet war.

Er unternahm einen energischen Versuch. Er brachte sich nach dem Krieg selbst das gesamte Wissen bei, das er benötigte, um als Externer zur Abiturprüfung zugelassen zu werden. An mehreren Vormittagen fuhr mein Vater mit dem Motorrad zu einem Gymnasium in der zwanzig Kilometer entfernten Universitätsstadt, setzte sich neben junge Burschen in die Schulbank und legte das Abitur ab. Für einen Moment stand die Tür zum ersehnten Studium offen. Doch kurz bevor sich mein Vater immatrikulieren wollte, fiel sie endgültig ins Schloss. Die Alliierten erließen, um den erhöhten Zustrom an deutsche Universitäten in den Nachkriegsjahren zu regulieren, eine Jahrgangsgrenze für Studienanfänger. Mein Vater war genau ein Jahr zu alt. Er übertrug den Traum auf seine Kinder, und wir, mein Bruder und ich, waren es ihm schuldig, aus der Chance, die er uns gab, etwas zu machen und sie nicht durch schlechte Schulnoten zu vertun.

Die Geschichte des Mannes, der in meiner Küche werkelte und für Punkt acht Uhr eine Mahlzeit zubereitete, konnte ich auf Anhieb erriechen. Es war die Geschichte eines Bildungsaufsteigers, der als Koryphäe in seinem Fach, der Germanistik, galt. Seine Vorlesungen an der Universität, die er in distinguierter Garderobe, einem dunklen Dreiteiler, weißem Hemd und Krawatte, abhielt, waren regelmäßig überlaufen. Er war, was mein Vater in meinen kühnsten Träumen hätte sein sollen. Beide neigten zu einer eigenbrötlerischen, mitunter skurrilen Unangepasstheit, in der sich, so vermute ich, die innere Autonomie von Menschen ausdrückt, auf deren Selbstverständnis keine soziale Kategorie zutrifft. Dass der Professor ein brillantes Buch über Franz Kafka verfasst hatte, gab nicht den Ausschlag für meine Sympathien, sondern die spezielle Kombination aus Brillanz und dickköpfiger Bodenständigkeit. Nach dem Essen entnahm er dem karierten Koffer ein Plastiksäckchen, in das er vor dem Antritt der Berlinreise Waschpulver abgefüllt hatte, und wusch das rosafarbene Hemd im Handwaschbecken meines Badezimmers aus, um es am nächsten Tag wieder anzuziehen.

Ich kann mir eine Kindheit ohne solche Kleinbürgerschrullen, deren Zwanghaftigkeit nahtlos ins Unorthodoxe übergeht, kaum vorstellen. Eines Tages machte mein Vater die Entdeckung, sich im Fahrersitz unseres Autos viel behaglicher zu fühlen als in jedem unserer Wohnzimmersessel. Da er sämtliche Samstagnachmittage damit verbrachte, vor dem Radio zu sitzen und die Übertragung von Bundesligaspielen anzuhören, ging er dazu über, dies in einem Mittelklassewagen der Marke Volkswagen zu tun. Meine Aufgabe war es, ihn während dieser Autosessions mit Essen zu versorgen. Ich baute das Servieren zu einem Butler-Slapstick aus, trug mit steifen Schritten ein Tablett zur Garage und reichte es mit einem theatralischen Bückling durch das heruntergekurbelte Fenster ins Auto, wo die Stimme des Bundesligakommentators brüllte.

Das Alter des Professors hätte mich nicht gestört. Aber es betonte die Ähnlichkeit mit meinem Vater und diese wurde mir irgendwann eben doch verdächtig. Drei Jahre nachdem er mich zum ersten Mal in meiner Küche bekocht hatte, ging ich im Hochsommer mit dem Professor im Berliner Tiergarten spazieren. Wir kamen an einem Eiswagen vorbei und er sagte zu mir: »Magst du ein Eis?« Genau den gleichen, an sich vollkommen unspektakulären Satz hatte ich in der gleichen Tonlage Jahrzehnte zuvor schon einmal gehört: an der Hand meines Vaters. Die Wiederholung hatte etwas Unheimliches, sie setzte eine selbstzweiflerische Befangenheit in Bewegung, die sich nicht mehr aufhalten ließ.

Der Verstand kämpft Konventionen leichter nieder als das Gefühl. Ich gab mein Bestes, Gerlinde Wagner ihren Rudi schmackhaft zu machen, und betrachtete zugleich Franz Münteferings Ehe mit einem Wohlwollen, das Madonnas Liebschaften in meinen Augen nicht verdienten. Und zwar nicht nur, weil Herr Müntefering ein insgesamt seriöseres Leben führte, sondern, weil seine Ehe kulturellen Gepflogenheiten entsprach. »Na, da sehen Sie's ja«, sagte Gerlinde Wagner und kam langsam zur Ruhe. Sie setzte sich mir gegenüber an den Küchentisch und schwieg. Wir begannen zu überlegen, worin der Unterschied denn nun eigentlich lag. Vielleicht darin, dass der junge Liebhaber einer älteren Frau als Erzeuger von Kindern und somit für den Fortbestand der Gattung ausfällt, die junge Geliebte eines älteren Mannes aber nicht. Vielleicht, wandte ich ein, würde der Unterschied mit der Zeit, mit dem Wandel der Sitten verschwinden. Für meine Eltern wäre es undenkbar gewesen, ein homosexuelles Paar als Wohnungsnachbarn zu haben. Für mich war das Alltag.

Ich erwartete heftigen Widerspruch von Gerlinde Wagner gegen diesen Vergleich. Aber er kam nicht. Sie stand auf, holte aus dem Küchenschrank eine Tüte und füllte die Zuckerdose nach, die neben dem Milchkännchen stand und wie immer fast voll war. Wie würde ein junger Mann auf diese eingerosteten Rituale reagieren? Ich fragte sie, was sie mit Rudi denn nun vorhabe. Noch vor einer halben Stunde wollte sie mir seine Feigheit demonstrieren, da konnte sie jetzt nicht selber kneifen. Gerlinde Wagner nickte. Erstmal würde sie ja im September verreisen und dann weitersehen.

Seit Jahren verbrachte sie, immer Mitte September, zehn Tage in einem Hotel an der Südküste Mallorcas. Sie war dort Stammgast und bekam jedes Jahr dasselbe Zimmer in einem der über die Parkanlage des Hotels verteilten Bungalows. Es lag in vorderster Reihe zum Strand hin. Wenn Gerlinde Wagner frühmorgens im Badeanzug aus der Terrassentür trat, winkte ihr der spanische Hotelangestellte zu, der mit einem kleinen Traktor den Strand auf und ab fuhr und den Sand kämmte. Strenggenommen waren diese zehn Tage die einzige Zeit im Jahr, in der Gerlinde Wagner eine Form familiärer Umhüllung genoss.

Ich weiß nicht, ob sie Rudi noch vor ihrer Urlaubsreise antwortete oder erst danach. Als wir uns das nächste Mal sahen, war es schon kurz vor Weihnachten 2013, und zum Thema Rudi gab es da bereits bedeutsamere Neuigkeiten. Sie erzählte mir nur, dass sie auf Mallorca ein Erlebnis hatte, das sie aufwühlte und verfolgte und dem sie indirekt den Sinneswandel gegenüber Rudi verdankte. Am vierten Urlaubstag wurde Gerlinde Wagner, als sie vor den Backwaren und Brötchenbergen des Frühstücksbuffets stand, von einer Männerstimme mit einem kräftigen »Guten Morgen« begrüßt. Sie drehte sich um und erkannte im Profil des älteren Herrn ergrautes, im Nacken zu einem Pferdeschwanz zusammengebundenes Haar. Ein Zeichen, das unmissverständlich einen Nichtspießer, dazu einen Nichtspießer ihres Alters verriet und ihr Herz höher schlagen ließ. Er sah fast wie ein in die Jahre gekommener Rockmusiker aus, der auf Mallorca ein paar Verschnauftage zwischen zwei Bühnentourneen einlegte. Gerlinde Wagner war nahe daran zu überlegen, wieviel Gepäck sie bräuchte, wenn sie demnächst im Tourbus seiner Band mitführe. Am Abend begegneten sie sich an der Hotelbar, kamen ins Gespräch und in dessen Verlauf auf die Idee, am nächsten Morgen einen gemeinsamen Ausflug in die Inselhauptstadt zu unternehmen. Dass Herbert kein Rockmusiker war, sondern ein pensionierter Berufsschullehrer aus Osnabrück, enttäuschte Gerlinde Wagner nicht allzu sehr. Sympathie von beiden Seiten wog die kleine Ernüchterung auf.

Der Unternehmung zuliebe ließ Gerlinde Wagner, um sich pünktlich um acht Uhr in der Hotelhalle einzufinden, sogar das morgendliche Schwimmen ausfallen. Herbert war schon da, stand mit dem Rücken zu ihr an der Rezeption, wahrscheinlich um sich nach den Abfahrtszeiten der Busse zu erkundigen.

Und dann passierte es. Er wandte sich von der Rezeption ab, ging auf eine, von der Hotelhalle abzweigende Ladengasse zu, in der sich Wechselstube, Friseurgeschäft, Andenkenshops und die Büros von Reiseveranstaltern aneinanderreihten. Die Ladengasse war mit einer hohen Glastür verschlossen, die erst um neun Uhr geöffnet wurde. Ob er dies nicht bedachte oder kurzsichtig war, ob das schräg einfallende Licht das Glas für ihn unsichtbar machte, ließ sich nicht deuten. Er steuerte ungebremsten Schritts die Scheibe an, als existierte sie überhaupt nicht. Das Geräusch des Aufpralls, in der hohen Hotelhalle zur Explosion vervielfacht, war infernalisch. Für Gerlinde Wagner hörte es sich an, als würde jeder einzelne Knochen seines Körpers zerschmettert. Sie sah, wie er vor der Scheibe in die Knie ging, mit einer Hand die Stirn stützend, und mit diesem Hinsinken brach in Gerlinde Wagner das ganze Wunschbild ein. Sie sah einen Tattergreis, dessen verbrauchte Sinnesorgane es nicht schafften, zwischen Luft und Glas zu unterscheiden und dem Gehirn das Kommando zum Stehenbleiben zu melden, um ihren Inhaber vor dieser jämmerlichen Szene zu bewahren. Bei einem Kind wäre das Ungeschick vielleicht komisch gewesen. Bei einem fast Siebzigjährigen wirkte es einfach nur tragisch.

Sie nahmen einen späteren Bus nach Palma. Aber für Gerlinde Wagner war der Tag gelaufen. Sie kam sich vor wie eine Krankenschwester, die einen geschwächten Patienten an touristischen Sehenswürdigkeiten vorbeischleppt, auf die er einen letzten Blick werfen soll, bevor es endgültig vorbei ist. Sie erfand sogar eine Ausrede, um sich die Besichtigung der berühmten, am Meer gelegenen Kathedrale zu ersparen. Nebeneinander vor dem Altar stehen, womöglich mit gefalteten Händen, diesen Vorgeschmack auf die eigene Beerdigung wollte sie nicht auch noch auskosten. Sie hatte sich einen Mann gewünscht, mit dem sich ein zweiter Lebensfrühling feiern ließe. Stattdessen hatte sie eine Zufallsbekanntschaft am Hals, die geeignet gewesen wäre, in einem Lehrfilm über die Tücken des Lebensherbstes aufzutreten.

Nein, es war nicht schön von Gerlinde Wagner, so zu denken. Es war ungerecht und unbarmherzig. Und sie gefiel sich auch keineswegs in ihrer Verachtung für den Unglücksraben. Aber es gelang ihr nun mal nicht, in der lädierten Gestalt, die mit einem Pflaster an der Stirn und einem idiotischen Haarstummel an der Rückseite des alten Schädels durch die Gassen von Palma schlich und sich zu allem Überdruss auch noch bei ihr einhakte, etwas anderes zu sehen als eine gemeine Parodie ihrer Illusionen.

»Ja klar, das hätte jedem passieren können, ich hätte auch gegen die Scheibe rennen können, bin ich aber nun mal nicht.« Sie ließ den Satz, was mir auffiel, weil es ihrer unnachgiebigen Sprechweise eigentlich nicht entsprach, verzögert in der Luft hängen. Auch die Lichtverhältnisse in Gerlinde Wagners Küche kamen mir anders vor als sonst. Der Polizeibeamte, der sich bei Finya.de Rudi nannte, in Wirklichkeit ganz einfach Rudolf hieß und offensichtlich handwerkliches Geschick besaß, hatte einen Dimmer eingebaut, mit dem sich die Helligkeit der Deckenlampe wunderbar abstufen ließ. Gerlinde Wagner stand neben der Küchentür und drehte den runden Dimmerknopf nach rechts, nach links, wieder nach rechts. Es wurde taghell, es wurde schummrig und kurz darauf wieder taghell. Sie demonstrierte mir den Dimmer wie ein Kind, das nicht aufhören kann, den Geburtstagsgästen sein neues Spielzeug vorzuführen, um sich selbst von dessen Besitz zu überzeugen.

Es machte den Anschein, als wolle sie mit dem Dimmerschauspiel auch ihren Sinneswandel in Bezug auf einen Mann verdeutlichen, der so unerhört jung und obendrein Polizist war. Nicht gerade ein Beruf mit dem Prestige des Unspießigen. Sie kam meinem Einwand zuvor. »Na ja«, sagte Gerlinde Wagner, »ich war bei der Post, sind wir mal ehrlich, so viel besser als Polizei ist das auch nicht, ich hab ja auch immer in Uniform gearbeitet.« Ich konnte mich nicht daran erinnern, dass Gerlinde Wagner je einen Mann in Schutz genommen hätte. In ein paar Wochen, dachte ich, würde Rudolf auch eine Lösung für den Zuckerdosen-Tick gefunden haben.

Gerlinde Wagners ursprünglicher Verdacht, Rudolf habe Schweinereien im Sinn, wurde kurzfristig von der Vermutung abgelöst, er sei schwul, beabsichtige aber, sich eine gelegentliche Alibibegleiterin zuzulegen, und wolle sich hierfür bei einer sexuell anspruchslosen Altersklasse bedienen. Als sie neben ihm herlief, bemusterte sie Rudolf verstohlen nach entsprechenden Anzeichen – gezupfte Augenbrauen, manikürte Fingernägel, Schmuckstücke an Ohren und Händen –, fand aber nichts. Was also wollte der Polizeiobermeister, dessen reale Erscheinung sich im Übrigen als kräftiger, markanter, auch als gereifter erwies als sein blasses Internetfoto? Wie es aussah, wollte er genau das, was in seinem Profil zu lesen war: Gesellschaft für Streifzüge durch die Stadt.

Für das erste Treffen, es fand Anfang Oktober statt, schlug er einen Spaziergang am Landwehrkanal vor, auf dem befestigten Uferweg, der sich über viele Kilometer neben dem Wasser durch die Berliner Innenstadt zieht. Sie könnten, schrieb Rudolf, in Kreuzberg starten und von da einfach Richtung Osten laufen, zum alten Hafen an der Spreemündung in Treptow. Die unmissverständlich formulierte, wenn auch eher an die Routenbeschreibung eines Wanderführers erinnernde Nachricht gab eigentlich keine Rätsel auf. Gerlinde Wagner war, als sie die Mail las, dennoch im allerersten Moment verdutzt. Wenn ich sie recht verstand, schwankte sie zwischen leiser Enttäuschung und unternehmungslustiger Zuversicht.

Sie war lange nicht mehr in Kreuzberg gewesen, zwei oder sogar drei Jahre, und je näher die Verabredung mit Rudolf rückte, desto mehr breitete sich in ihr ein Gefühl von Reisefieber aus. Sie entschied sich für feste Schnürschuhe, Jeans, eine Steppjacke mit warmem Baumwollfutter und steckte einen zusammenklappbaren Schirm ein. Das Wetter konnte sich zu dieser Jahreszeit launisch verhalten. Von ihrer Wohnung fuhr sie fast eine Stunde mit Bus und U-Bahn, bis sie an der Haltestelle Kottbusser Tor ankam. Rudolf war schon da. Er stand auf dem obersten Treppenabsatz des U-Bahnausgangs Reichenberger Straße, den er als Treffpunkt vorgeschlagen hatte, und winkte ihr zu.

Erst jetzt, im Augenblick der Begrüßung, bemerkte Gerlinde Wagner das Befreiende dieses Wanderprojekts. Sie trat hier in erster Linie als sportlich herausgeforderte, durch ihr Morgenprogramm glücklicherweise trainierte Frau an, die einen gehörigen Fußmarsch vor sich hatte, und in zweiter oder dritter Linie als gealterte Rentnerin, die diesen Marsch mit einem skandalös jungen Mann zu absolvieren gedachte. Die Begegnung mit Rudolf hatte ein geografisch festes Ziel, und dieses rückte die peinlichen Fragen nach dem emotionalen oder womöglich erotischen Ziel der Angelegenheit zunächst in den Hintergrund. Sie führten auch nicht die übliche Kennenlernkonversation, sondern überlegten noch am U-Bahnausgang, ob es nicht schön wäre, auf dem Weg zum Landwehrkanal einen Abstecher über den Türkenmarkt am Maybachufer zu machen und im Vorbeigehen schnell ein Glas türkischen Tee mit einem Zuckerwürfel darin zu trinken.

Was für eine typische Touristenidee, dachte ich. Aber gerade der touristische Aspekt bekam Gerlinde Wagner gut. Sie beide, sie und Rudolf, hätten auch zwei Singles sein könne, die einer Reisegruppe angehörten, in der das Paarprinzip herrschte, und die sich nun zusammenschlossen, um nicht als lose Fäden von der festgezurrten Gruppe herunterzubaumeln. Die Ungleichheit des Alters verschwände hinter der Gemeinsamkeit der Außenseiterposition.

Auf den ersten Metern kam Gerlinde Wagner nicht dazu, Rudolf noch eingehender zu studieren. Ihre Sinne waren vollauf mit der chaotischen Kreuzbergszenerie beschäftigt, bestürmt vom Anblick verwahrloster Jugendlicher, die zwischen Horden ebenso verwahrloster Hunde mitten auf dem Trottoir hockten und mit den Fingern Dosennahrung aufschlürften, als würden sie dafür bezahlt, im Naturkundemuseum als Eingeborene primitiver Urvölker aufzutreten. Unmittelbar danach kamen arabische, vom Scheitel bis zur Sohle in schwarze Gewänder gehüllte, bis auf den schmalen Augenschlitz unkenntliche Frauen in ihr Blickfeld. Sie führten Kinder an der Hand, deren kreischend neonfarbene Anoraks so krass von den pechschwarzen Mutterstatuen abstachen wie ihre zapplige Munterkeit. Gerlinde Wagner hatte fast vergessen, dass es in ihrer Stadt orientalisches Leben gab.

Natürlich hatte sie das alles schon zahllose Male gesehen, natürlich kannte sie türkische Supermärkte mit den Hügelketten exotisch duftender Gewürze, den Paprika- und Zwiebelbergen in der Auslage. Sie kannte Schaufenster mit Wasserpfeifen, Reisebüros mit türkischen Namen, Herrenfriseure mit altmodischen Barbierstühlen, Cafés, in denen sich nur Männer aufhielten und Karten spielten. Das alles gab es auch in anderen Berliner Stadtvierteln, aber zumeist zergliedert zwischen deutschen Geschäften, nicht in dieser kompakten Geschlossenheit, die dem Straßenstück tatsächlich den Anschein eines fremden Miniaturreichs gab. Niemals aber hatte Gerlinde Wagner eine Parade von Schaufensterpuppen gesehen wie jene, an der sie am Nachmittag ihres ersten Dates mit Rudolf entlangging. Es waren männliche Puppen, größer als Kinder, aber kleiner als ausgewachsene Männer, bekleidet mit blütenweißen Hosen, knielangen Kaftanen in Bonbonfarben. Auf ihren Köpfen saßen Diademe, die über der Stirn zu einem Dreieck aufragten. »Wissen Sie, was das war?«, sagte Gerlinde Wagner und lächelte. »Das war ein Geschäft für Beschneidungsfeste, glaube ich zumindest, unten am Schaufenster klebte nämlich ein Zettel, und auf dem stand: Alle Beschneidungs-Einzelteile können auch einzeln gekauft werden. Den Satz hab ich mir gemerkt.«

Ich hörte Gerlinde Wagners Erzählung die Freude am erregenden, ein wenig einschüchternden Abenteuer an. Allein hätte sie es wohl weniger genossen, oder gar nicht. Sie hätte sich damit begnügt, den Dschungel heil zu durchqueren. Aber im Schatten des im Grunde noch völlig unbekannten Rudolf, der im Passantengewusel ein paar Schritte vor ihr herging, die Hände in den Taschen seiner Lederjacke vergraben, fühlte sie sich sicher. Dann war er eben so alt, vielmehr so jung wie ein Sohn. Und wenn schon. Er war ein erwachsener Mensch. Und dass er sie herumführte, wie erwachsene Söhne ihre Mütter ritterlich herumführen, mochte ein wenig merkwürdig sein, aber so grundsätzlich gegen die Natur war es ja nun auch wieder nicht. Als sie das Ende der Straße erreichten, stand Gerlinde Wagner neben Rudolf an der Ampel, sah ihn von der Seite an und war einverstanden.

Sie hob mir gegenüber diesen Moment in keinerlei Weise hervor. Sie erzählte flüssig weiter von der Ankunft am Türkenmarkt, vom Tee, den sie im Stehen tranken, von der zweistündigen Wanderung bis zum Treptower Hafenbecken mit den weiß-blauen, im Wasser schaukelnden Ausflugsschiffen und dem Gekrächze der Möwen, das einen kühl-sonnigen Herbsttag an der Nordsee herbeizauberte. Aber ich glaube, nein, ich bin mir sicher, dass dort an der Ampel, an der Kreuzung Kottbusser Damm / Maybachufer, dass in diesen zwei, drei Sekunden aufmerksamer Beäugung ihres Begleiters in Gerlinde Wagner etwas Enormes geschah. Ein Schalter legte sich um, eine Entscheidung fiel. Auf längere Sicht erwies sie sich als Entscheidung für etwas, für den nächsten und den übernächsten Wandertag mit dem jungen Mann in seiner Lederjacke. Aber in ihrer Urbewegung war es eine Entscheidung, die sich gegen etwas richtete. Ganz einfach: gegen die Einsamkeit. Gerlinde Wagner hatte sie schlichtweg satt. Sie hatte den ganzen verkorksten Einsamkeitsmischmasch aus Verzweiflung, Misstrauen und Hochmut satt. Wie für eine ungeliebte Frisur oder ein überwohntes Möbelstück nach einer lang hingezogenen Phase des Bezweifelns und halbherzigen Behaltens urplötzlich der Moment ihrer Abschaffung eintritt, so vollzog sich in Gerlinde Wagner mit einem Ruck der Abschied von der Einsamkeit.

Gut möglich, dass ich mich in diese Idee verrenne, weil mir die Vorstellung vom kathartischen Ampelerlebnis so gut gefällt und es mir ebenso gut gefiel, eine frohgemute Gerlinde Wagner in ihrer Küche am neuen Dimmer herumspielen zu sehen und von den Prinzenpuppen aus Tausendundeinernacht reden zu hören. Aber jeder andere hätte wahrnehmen können, was ich wahrnahm: Das Verdrießliche, Bittere, ja sogar Böse, das von Gerlinde Wagner mitunter abstrahlte, hatte seine Kraft eingebüßt. Und ebenso wenig ließ sich bestreiten, dass Rudolf den ausschlaggebenden Anteil daran hatte, ob die Rolle, die er mittlerweile in ihrem Leben einnahm, nun die eines Wandergefährten, eines Lichttechnikers oder eines Liebhabers war.

Gerlinde Wagner äußerte sich nicht zu diesem Aspekt. Und ich saß auf meinem Stuhl an ihrem Küchentisch und fragte nicht nach. Aus Diskretion? Auch. Aber vor allem, weil mich die Hauptsensation, Gerlinde Wagners Verbindung mit einem so viel jüngeren Mann, mehr fesselte als alles andere, mehr als die intimen Belange der Beziehung. Später, auf dem Nachhauseweg, rätselte ich natürlich schon herum. Immerhin war das Band zwischen Rudolf und Gerlinde Wagner mittlerweile so gefestigt, dass sie verabredet hatten, den zweiten Weihnachtsfeiertag gemeinsam zu verbringen. Sie würde für ihn kochen, sagte sie fast ein wenig verschämt, zwei Gänsebrüste lägen schon in ihrem Gefrierfach. Und einen kleinen Baum würde sie auch mal wieder aufstellen.

Ein Genie der Gesprächsführung war Rudolf nicht. Während des zweistündigen Marsches machte er allenfalls Bemerkungen, die den Weg oder die Gebäude betrafen, an denen sie entlanggingen. Erst als sie vor einer Imbissbude am Anlegersteg der Ausflugsschiffe in Treptow Platz nahmen und Kaffee tranken, rang Rudolf sich ein paar, im Telegrammstil formulierte, persönlichere Auskünfte ab. Er war Neuberliner, lebte erst seit einem halben Jahr hier, stammte aus Münster und hatte sich in ein anderes Bundesland versetzen lassen. Aus privaten Gründen. Privat insofern, als seine Frau ihn verlassen hatte, für seinen besten Freund. Obwohl er Münster liebte, hatte er die Stadt als Schauplatz dieser Kränkung nicht mehr ertragen. Er brauchte einen Schnitt, und wenn schon Neuanfang, dann gleich in einer richtigen Großstadt. In einem Kreuzberger Polizeiabschnitt hatte es eine freie Stelle gegeben, die seinem Rang im Polizeidienst entsprach. Er hatte sich beworben und war genommen worden. Der Wunsch nach Spaziergängen diente nicht nur dem privaten Vergnügen, sondern auch beruflicher Ambition. Er wollte die Stadtviertel kennenlernen, auf die sich seine Arbeit erstreckte. Und da er in Berlin niemand kannte, die Kollegen nett waren, aber den Feierabend zumeist mit ihren Familien verbrachten, hatte er zum gängigsten Mittel der Kontaktsuche gegriffen und sich in ein Internetportal begeben.

Aus Rudolfs Darstellung ergab sich ein weiträumiges Bild der Beziehung, die er anstrebte. Es ließ sich als Freizeitbekanntschaft, als Freundschaft oder eben als Liebesverhältnis interpretieren. Diese Tatsache beunruhigte Gerlinde Wagner nicht. Sie kam nicht auf die Idee, das Vage in Rudolfs Erklärungen als Indiz einer durchtriebenen Einlullungstaktik auszudeuten, wie Heiratsschwindler sie gern anwenden, wenn sie vor der

Aufgabe stehen, eine Dame in Sicherheit zu wiegen und sich in ihr Herz zu winden. Es fehlte dem westfälischen Rudolf aber auch alles, was dieser kaltblütige Typus sonst noch mitbringt: Galanterie, Konversationsgeschick, schillernde Liebeswürdigkeit. Er nahm die Hand nur aus der Tasche seiner Lederjacke, wenn er die Kaffeetasse zum Mund führte und wieder auf dem Tisch abstellte. Er fragte Gerlinde Wagner nicht, ob es ihr zu kühl, zu windig, auf dem Plastikstuhl zu unbequem sei. Er wirkte auf sie wie einer dieser Männer, die Furcht und Vorsicht mit Verstocktheit überspielen. Und Gerlinde Wagner, dachte ich, war mit der weiblichen Variante dieses Charakterzuges ja recht gut vertraut.

Sie verabschiedeten sich am S-Bahnhof Treptower Park. Rudolf wollte zu Fuß nach Kreuzberg zurücklaufen, Gerlinde Wagner nach Hause fahren. Er begleitete sie bis zum Bahndamm, wartete, bis ihr Zug einfuhr, gab ihr etwas förmlich die Hand und sagte zum Schluss einfach und entschieden: »Bis nächste Woche.« Am Abend schrieb ihm Gerlinde Wagner bei Finya.de ihre Telefonnummer, und eine Stunde später fand sie eine Mitteilung von Rudolf mit seiner Telefonnummer. Er bedankte sich für den schönen Spaziergang, den sie unbedingt wiederholen sollten. »Bis nächste Woche«, lautete auch diesmal sein Gruß. Die drei Worte wurden ihr vertrauliches Kürzel, das Verbindlichkeit bestätigt und alles weitere Gerede erübrigt.

Die zweite Unternehmung in der folgenden Woche hatte den Anstrich einer Milieubesichtigung. Rudolf wollte einmal in Zivil den Görlitzer Park erkunden, vielmehr die kriminellen Umtriebe, für die das auf einer alten Mülldeponie errichtete Kreuzberger Grünareal so berühmt ist wie berüchtigt. Der Park, den an seiner Nordseite ein Jugendzentrum abschließt, bietet, zumal im Sommer, das Bild einer quirligen Bühne, auf der bunt durcheinander die verschiedensten Gruppen auftreten. Er ist ein Treffpunkt für Studenten, Schüler und herumlungernde Backpacker aus aller Welt, er dient türkischen Sippen als Grill- und zukünftigen Fußballchampions als Übungsplatz. Im Schatten dieser friedlichen Gemeinschaft hatte sich allerdings der Handel mit Drogen eingerichtet, ein von den städtischen Behörden kaum mehr zu kontrollierender Schwarzmarkt.

Gerlinde Wagner erinnerte sich dunkel an ein paar Zeitungsartikel und Fernsehberichte, in denen von der Verwahrlosung des Görlis, wie der Park im Stadtjargon hieß, die Rede war. Es hatte sie bis dahin kein bisschen interessiert. Warum auch? Dass Asylbewerber aus Afrika von russischen Drogenbanden dafür benutzt werden, zwischen den Büschen eines zwölf Kilometer von ihrer Wohnung entfernt gelegenen Parks zu hocken und mit leisem Zungenschnalzen Konsumenten von Heroin, Kokain, Pillen und Marihuana auf sich aufmerksam zu machen, das betraf den Kosmos der Sorgen, Sehnsüchte und Alltagsverrichtungen von Gerlinde Wagner nicht mehr und nicht weniger als eine gerissene Wäscheleine im Garten einer mexikanischen Hausfrau. Obwohl sie seit Jahren eisern die grüne Partei wählte, war ihr der Name der Kreuzberger Bezirksbürgermeisterin so unbekannt wie deren verwegener Vorschlag, am Rand des Görlis Drogenstuben nach holländischem Vorbild einzurichten. Sie wusste auch nichts zu sagen, als Rudolf sie am Telefon fragte, was sie als Altberlinerin von der Drogenstubenidee eigentlich hielte. Aber nach dem Telefonat gab sie bei Google das Stichwort »Görlitzer Park Berlin Drogen« ein und las alles, was sie dazu fand. Und sie ging mit.

Sie hatte einfach Lust, dorthin zu gehen, wo Rudolf hingehen wollte. Er musste sie gar nicht überreden. Sie begann, so kam es mir vor, in diesen Herbsttagen und Herbstwochen der dringlichsten Mahnung des Alters zu gehorchen, die Zeit nicht mit Dahinwarten zu verbringen. Rudolf holte sie wieder an der U-Bahn ab, diesmal an der Station Schlesisches Tor. Es war später Nachmittag, das Licht noch hell, aber unmerklich schon im Übergang zur Dämmerung. Sie betraten den Park nicht am Haupteingang. Da, sagte Rudolf, sei nichts los. Sie gingen an der Parkmauer entlang, bogen um zwei Straßenecken und näherten sich einem schmalen, zwischen Bäumen und Buschdickicht gezwängten Hintereingang.

Was sie dann sah, hielt Gerlinde Wagner im allerersten Moment für den Drehort zu einem reißerischen Thriller. Es fehlten nur die rot-weißen Absperrbänder der Produktionsfirma. Was auch immer sie sich unter der Abwicklung von Drogengeschäften an einem öffentlichen Ort vorgestellt hatte, fiel als harmlose Phantasie hinter die Realität zurück, hinter die drastische, brutale Deutlichkeit der Szenerie. Als würde hier mit der Autorität des Staates ganz selbstverständlich auch seine lächerliche Straßenverkehrsordnung außer Kraft gesetzt, standen auf der gesamten Straßenbreite und auf den Trottoirs quer durcheinander Autos der obersten Luxusklasse. Auf den Rücksitzen waren dunkle Gestalten zu erkennen. An den geöffneten Wagentüren lehnten, offenbar die Leibwächter und Chauffeure dieser Drogenbarone, schwergewichtige Männer mit schwarzen Lederjacken und feistem Goldschmuck um den Hals. Aus dem Park huschten Schwarze zu den Autos, drückten sich für Sekunden dicht neben die Lederjacken, hantierten mit den Händen, nahmen Ware an, lieferten Geldscheine aus und huschten zurück.

Gerlinde Wagner fürchtete sich. Sie wollte umkehren, sagte aber nichts. Sie spürte, dass Rudolf eine kleine, fast unmerkliche Armbewegung machte, die ihr galt. Er spreizte den gewinkelten Ellbogen seitlich ab, sie verstand die Aufforderung und hängte sich bei ihm ein. Es war ihre erste intime Berührung. »Die wollen von dir nichts und die wollen von mir nichts, so blöd sind die nicht«, sagte Rudolf. Sie sah sein Gesicht nicht, hörte seiner Stimme aber das Grinsen an, als er hinzufügte: »Die wundern sich höchstens, dass ich hier mit Mutti spazieren gehe.«

Gerlinde Wagner rutschte fast aus vor Lachen. Sie nahm die Hand vom Dimmer, legte sie mit der Geste des Fieberfühlens quer über die Stirn, als könne sie die Verrücktheit, in die sie da geraten war, bis heute nicht richtig fassen und mir beim besten Willen nicht erklären. »Können Sie's mir erklären?«, fragte sie und gluckste. Und da merkte ich es: Sie war nicht nur beglückt, sie war auch stolz auf ihre Courage. Wie viele Rentnerinnen gab es denn, die mit einem zweieinhalb Jahrzehnte jüngeren Polizisten Abendspaziergänge im Land der Gangster und Mafiosi unternahmen? Simone Thomalla? Spießerin, verglichen mit ihr, Gerlinde Wagner.

Rudolf zog seinen Ellbogen unter ihrer Hand weg und legte den Arm um Gerlinde Wagners Schulter. Eng aneinander schoben sie sich durch den Autokorso zum Parkeingang, schlüpften durch das Spalier der mageren, schwarzen Gesichter mit den leeren Blicken und dem kalten Ausdruck endgültiger Resignation. Sie durchquerten zügig den Park, verließen ihn am gegenüberliegenden Haupteingang, und als sie wieder auf der Straße standen, lud Rudolf Gerlinde Wagner zum Essen ein. Das Restaurant, kündigte er an, würde eine echte Überraschung sein, nur ein paar hundert Meter entfernt und in ganz Deutschland das einzige seiner Art. Er hatte es kürzlich entdeckt.

Minuten später standen sie in der Wiener Straße vor einem baufälligen Haus, dessen narbige Rohputzfassade vom Boden bis zum ersten Stockwerk in Rotorange gestrichen war. Eine Treppe führte zum Ladeneingang im Hochparterre, und als könne es für die hier Eintretenden nicht genug geben von der lebensbejahenden Leuchtfarbe, hing über der Tür ein Schild, das ein Amateurkünstler liebevoll mit einer ebenfalls orangeroten Sonne bemalt hatte. Um ihre Scheibe lag ein Kranz züngelnder Flammen, in die Mitte war der Name des Lokals, »Yellow Sunshine«, und in kleinerer Schrift darunter »Vegetarian Diner« geschrieben. Tische und Stühle standen auf dem Gehweg. Gerlinde Wagner erfasste das Publikum des sogenannten Restaurants und kam augenblicklich zu der Selbsteinschätzung, in dieses Jungvolk mit seinen Rastalocken und durchlöcherten Jeans hineinzupassen wie der Kirchenchor in die Love Parade. Dass der kreuzbrave Rudolf an einem solchen Imbiss Gefallen fand, erschien ihr nicht weniger eigenartig.

Er fing ihren Gedanken ab und stupste Gerlinde Wagner in die Seite. »Ist doch mal was Neues, schadet uns beiden nicht, da gehen auch ganz normale Leute hin.« Er stieg die Treppe hinauf, öffnete die Tür unter dem Sonnenschild, hielt sie für Gerlinde Wagner auf, und als sie eintrat, sich umschaute in der offenen Wohnküche, und mehr war das Yellow Sunshine wirklich nicht, als sie die kleine Theke sah, dahinter den Herd mit den vier Gasflammen, die Gewürzregale, den Geschirrschrank, die schlichten Holztische und Holzbänke, als sie die Gemächlichkeit wahrnahm, mit der hier alles verrichtet wurde, war ihr Fremdeln schon verschwunden. Ein Wohlgefühl erfasste sie wie lange nicht mehr. Hier war sie richtig.

Auch das, sagte Gerlinde Wagner, diese instinktive Aufgehobenheit an einem Ort, in seiner ganzen Atmosphäre, sei eigentlich nicht wirklich zu erklären. »Ich kam da rein und war zu Hause.«

Rudolf hatte recht gehabt. Das Yellow Sunshine zog die unterschiedlichsten Menschen an. Es saßen keineswegs nur Hippies an den Tischen, auch zwei ältere Paare, eine Familie mit Kleinkindern, sogar ein Anzugträger, vor dem sich ein Laptop und ein orangerotes Esstablett die Tischfläche teilten. Sie suchten sich zwei freie Plätze, blätterten in der Speisekarte und lasen sich die Namen exotischer Gerichte vor. Rudolf stand auf, um an der Theke zwei Vegan-Chicken-Burger und zwei Gläser Rotwein zu bestellen. Als er zurückkam und den Burger in Angriff nahm, ihn so waagrecht wie möglich, um das Herauslaufen der Soße zu vermeiden, zum Mund balancierte, gab sich Gerlinde Wagner einen Ruck. »Jetzt muss ich dich doch mal was fragen.«

Rudolf balancierte den Burger aufs Tablett zurück. Er hatte schon verstanden. »Ganz ehrlich, wenn ich es dir sagen könnte, würde ich es sagen. Ich hab eigentlich nichts mit älteren Frauen am Hut, also bis jetzt nicht. Ich hab als erstes deinen Namen gesehen, Jenniferberlin, und bei dem Namen hat's Klick gemacht. Wahrscheinlich, weil ich neu war in Berlin. Das hat einfach gepasst. Und dann hab ich dein Geburtsdatum gesehen, und na ja.«

Detaillierter wollte oder konnte Rudolf sich nicht erklären. Gerlinde Wagner beließ es dabei. Ihre Entscheidung gegen die Einsamkeit hatte eine Kettenreaktion ausgelöst, und ein Glied dieser Kette war der Verzicht auf das misstrauische Alleswissenwollen. Vielleicht fühlte sich Rudolf nach der Katastrophe, die er mit einer jüngeren Frau erlebt hatte, bei einer älteren in

Sicherheit. Vielleicht schätzte er ihre Verhaltenheit, weil sie seiner entsprach. Oder er hatte sich vorgenommen, ein Experiment zu wagen, und der Kontakt zu einer Frau im Rentenalter stellte eine Variante des Experimentierens dar, die ihn noch am wenigsten überforderte. Er saß ihr gegenüber und aß seinen Burger. Das war doch Klarheit genug.

Auch Gerlinde Wagners Alltag hatte sich verändert. Sie lümmelte neuerdings nach dem Aufwachen im Bett, so lange sie Lust dazu hatte. Sie machte sich im Nachthemd einen Kaffee, trank ihn im Bett, und manchmal schlief sie sogar wieder ein. Sie konnte die Bummelei genießen, weil sie nicht in ein Vakuum fiel.

Es machte ihr Spaß, durch die Stadt zu fahren, auch ohne Rudolf, irgendwo auszusteigen und loszulaufen. Sie fuhr allein zum Türkenmarkt am Maybachufer, trank Kaffee im Drehcafé auf der Spitze des Fernsehturms am Alexanderplatz, und meistens endeten ihre Ausflüge mit einem Abendessen im Yellow Sunshine. »Die kennen mich da schon«, sagte Gerlinde Wagner. Auch darauf, im tiefsten Kreuzberg als Stammgast zu gelten, war sie stolz. Wenn Rudolfs Dienstplan es ergab, kam er dazu, und irgendwann hatte er begonnen, Gerlinde Wagner in ihrer Wohnung zu besuchen, bis er eines Tages, es musste Anfang Dezember gewesen sein, den Dimmer mitbrachte.

Sie löste sich von der Küchentür und setzte sich mir gegenüber. Erst jetzt bemerkte ich, dass mit ihrem linken Bein etwas nicht stimmte. Sie streckte es neben dem Tisch aus. Offenbar hatte sie Mühe, das Knie abzuwinkeln. Ich vermied es, das Malheur der Mallorcabekanntschaft zu erwähnen und Gerlinde Wagner an ihre Ungeduld mit dem Scheibeneinrenner zu erinnern. Vor zwei Wochen war sie auf der Treppe in ihrer Wohnung gestürzt und mit dem Knie genau auf die Kante einer Stufe gefallen. Gerlinde Wagner schwieg. Es war kein endgültiges Schweigen, sie schien nur eine Form zu suchen für den Rest der Kniegeschichte, eine Spur zwischen Weglassen und Preisgeben. Ganz schlau wurde ich nicht aus den Andeutungen ihres Berichts. Auf alle Fälle war es so, dass Rudolf mit dem Auto zu ihr kam und sie zum Arzt fuhr. Anstatt sie anschließend wieder nach Hause zu bringen, nahm er sie zum Auskurieren des geschwollenen Knies in seine Wohnung mit. Und da, sagte Gerlinde Wagner, war sie ein paar Tage geblieben.

Sie umschloss die Zuckerdose mit den Händen, drehte sie auf der Tischplatte in kleinen Halbkreisen hin und her, und ich wartete darauf, dass Gerlinde Wagner zum Küchenschrank ginge, um eine Zuckertüte herauszunehmen und die Dose aufzufüllen. Aber das machte sie nicht.

Schwarze Locken

Hörte er überhaupt zu? Langweilten ihn meine Ausführungen zur Liebe im Allgemeinen und zu der meiner Vorfahren im Besonderen? Warum schaute er an mir vorbei aus dem Restaurantfenster, als warte er darauf, unter den Straßenpassanten jemanden zu entdecken, der ihm vielversprechender als ich erschiene? Oder gehörte er zu den Menschen, die sich auf die Stimme ihres Gegenübers nur dann konzentrieren können, wenn dessen Gesicht sie nicht ablenkt?

Ich überlegte, ob es in meinem Gesicht etwas geben konnte, das ihn irritierte. Ein Krümel Wimperntusche, der sich in Bewegung gesetzt und irgendwo unter den Augen niedergelassen hatte, eine Flocke Milchschaum, die, ohne dass ich es spürte, zwischen Oberlippe und Nase hing. Unauffällig wischte ich mit der Hand über die Stellen, an denen sich ein solches Störpartikelchen befinden konnte, fand aber nichts. Glücklicherweise hatte ich an diesem Tag keinen Lippenstift benutzt und musste somit auch keine Verschmierung um den Mund herum befürchten. Thomas Lüttichs eigene Erscheinung war viel zu tadellos, um einer Frau das beruhigende Gefühl zu geben, kleine Schludrigkeiten in ihrem Gesamtbild würden von ihm gnädig übersehen oder erst gar nicht bemerkt.

Er war dezent gekleidet, aber teuer. Eine sandfarbene Bügelfaltenhose und ein weiß-blau gestreiftes Hemd, denen man die Herkunft aus Markengeschäften ansah. Und man sah den straff nach hinten gelegten schwarzen Haaren an, wie aufmerksam Thomas Lüttich seine Morgentoilette erledigte, wie akkurat er die zweifellos benutzte Pomade dosierte, um die Frisur für den Tag zu befestigen und ihr zugleich den Anschein einer Speckschwarte zu ersparen.

Mit Pomade kannte ich mich nicht aus. Bestimmt war sie durch Übung so leicht zu portionieren wie Zahnpasta und ich unterstellte Thomas Lüttich einen Verfeinerungsgrad seiner Pflege, den er vielleicht gar nicht besaß. Schließlich war ich es, die ihn in diesem Moment einer kritischen Musterung unterzog, um mich gegen seine zu wappnen. Vielleicht machte ich ihn komplizierter als er war. Denn ich nahm an, dass ein Mann, der sämtliche Attribute vereinigte, deren Summe wie keine andere geeignet ist, Scharen liebeswilliger Frauen anzulocken, und der sich dennoch schwertat, die Richtige zu finden, eine verborgene Schwachstelle haben müsse, bei der es sich um nichts anderes handeln konnte als um etwas Schwieriges in seinem Wesen.

Thomas Lüttich war Ende dreißig. Er war ausgesprochen attraktiv, gutsituiert und er wirkte im ersten Moment offen und umgänglich. Als ich ihn eine Woche zuvor angerufen hatte, um ihn zu fragen, ob er Lust habe, mir von den Aktivitäten seiner Brautschau zu erzählen, willigte er sofort ein. Er lachte am Telefon: »Meine Frauensuche, die scheint ja schon richtig berühmt zu sein.«

Ich war durch Zufall auf ihn gekommen. Bei einem Abendessen im Bekanntenkreis drehte sich das Gespräch, wie so oft, um das Thema Liebe, und irgendwann fiel der Name Thomas Lüttich. Er war ein Freund der Gastgeber, die im alten Berliner Westen in einer weitläufigen Altbauwohnung lebten und zwei Häuser weiter gemeinsam eine Anwaltskanzlei unterhielten. Sie bezeichneten Thomas Lüttich als einen typischen modernen Junggesellen, der es zu Erfolg und Wohlgefühl im Leben gebracht habe, darin nur eines vermisse, nämlich eine eigene Familie. Auf etwas sportliche Weise habe er sich das Ziel gesetzt, diese Familie noch vor seinem vierzigsten Geburtstag zu gründen; also innerhalb der nächsten vier- oder fünfhundert Tage. Für einen wie Thomas Lüttich, fügte die Gastgeberin mit einem fast mahnenden Unterton hinzu, sei es wohl nicht ganz leicht, eine Frau zu finden, die seinen Wünschen entsprach. Die Anforderungen würden ja nicht weniger, aber, sie machte eine Pause, die Junggesellenmarotten auch nicht.

Wir hatten uns an einem Mittwoch um vierzehn Uhr im Sale e Tabacchi verabredet, einem italienischen Restaurant in der Rudi-Dutschke-Straße, das bei Leuten aus dem Berliner Kulturmilieu beliebt ist. Es liegt ein paar Meter von der ehemaligen Mauer und vom Checkpoint Charlie entfernt und war Thomas Lüttichs Stammlokal. In der Mittagspause las er hier Zeitungen und nahm ein kleines Tagesgericht zu sich. Er war Internist von Beruf, und die Praxisgemeinschaft, in der er arbeitete, lag um die Ecke. An Mittwochnachmittagen sei die Praxis geschlossen, hatte Thomas Lüttich am Telefon erklärt, was ich als zuvorkommenden Hinweis auf seine Bereitschaft verstand, die Dauer unserer Begegnung nicht im Vorhinein zu begrenzen.

Als ich das Sale e Tabacchi betrat, war Thomas Lüttich schon da, saß aber nicht im hinteren Raum des Restaurants mit den zum Essen eingedeckten Tischen, sondern im vorderen, an der Straßenfront gelegenen Bistrobereich, in dem die Kaffeetrinker Platz nahmen, die nur auf einen Sprung vorbeikamen. Ich erkannte ihn sofort. Er hatte mir am Telefon seine Frisur beschrieben und sie »altmodisch« genannt. »Denken Sie einfach an einen argentinischen Tangotänzer aus den dreißiger Jahren, dann können Sie mich nicht verfehlen.«

Es war eine der Bemerkungen, bei denen ich nicht so recht wusste, ob er sie ernst meinte oder ironisch. Mir blieb vieles an ihm unverständlich. Warum er mich ausfragte, dann aber, wenn ich zu einer ergiebigen Antwort ausholte, so zerstreut zum Fenster hinausstarrte, als wäre ich ein Radiogerät, das im Nebenzimmer vor sich hin dudelt. Oder warum er in regelmäßigen Abständen einen Brummton von sich gab, ein nichtssagendes »Hmm«, das alles Mögliche bedeuten konnte.

Und letzten Endes erschloss sich mir auch nicht, ob die Systematik seiner Frauensuche tatsächlich einem energischen Ehewunsch geschuldet war oder nicht eher einem Experiment, mit dem er lediglich die pessimistische Hypothese, auf diesem Erdball gäbe es nun mal keine geeignete Frau Lüttich, belegen wollte, um in Frieden sein Junggesellendasein fortzuführen. Thomas Lüttich war Mitglied bei den zwei deutschen Marktführern der digitalen Paarvermittlung, bei Parship.de und bei Elitepartner.de, und zwar gleichzeitig. Er trieb folglich einen gehörigen Aufwand, um die zweite Hauptrolle in seinem Leben zu besetzen. Vielleicht entsprach dieser Aufwand dem Ausmaß seiner Sehnsucht, vielleicht dem seiner Abgeklärtheit. Ich hielt beides für möglich.

Wenn ich heute überlege, mit welchem Wesenszug sich Thomas Lüttich am deutlichsten beschreiben ließe, dann ist dies nichts anderes als sein beständiges Manövrieren gegen die Eindeutigkeit. Er beherrschte es meisterhaft, die Wirkung seines Bildes so zu steuern, dass es sich nie verlässlich erkennen ließ. Er kam mir erkaltet und von sich selbst gesättigt vor, gleichzeitig aber auf fast kindliche Weise bemüht um Verbindlichkeit. Er legte eine förmliche Höflichkeit an den Tag, stand sofort auf, um mich zu begrüßen, ging sogar um den Tisch herum und rückte den Stuhl nach hinten, bevor ich mich setzte. Kaum hatte ich mich gesetzt, überfiel er mich mit einer Frage, die so ungehobelt daherkam, wie ich es nur von Betrunkenen kenne, die alles ausquatschen, was ihnen gerade durch die Birne rauscht.

Thomas Lüttich wollte wissen, ob ich auf einen Männertypus festgelegt sei und wenn ja, auf welchen. »Welche Männer kommen denn für Frau März normalerweise in Frage?« Es war, nachdem er sein braves Begrüßungsritual beendet hatte, der erste vollständige Satz, den er an mich richtete. Er fragte nicht, ob ich mit dem Auto hergekommen sei, ohne Mühe einen Parkplatz gefunden, ob ich schon zu Mittag gegessen hätte. Er langte einfach plump in die untere Schublade meines Seelenhaushalts.

Ich ließ ihm die Frechheit durchgehen. Ich sagte mir, dass Thomas Lüttich einen missglückten Versuch unternommen hatte, die Situation aufzulockern. Zugleich schwang echtes Interesse in der Frage mit. Der distanzierte Ton, in dem er sie stellte, gab diesem Interesse allerdings etwas Allgemeines, fast Akademisches, als stünde Thomas Lüttich im Dienst eines Meinungsforschungsinstituts und sammelte Informationen zum Liebesleben erwachsener Frauen. Blitzschnell begann ich, nach einer befriedigenden Antwort zu suchen. Ich reagierte wie eine Abiturientin in der mündlichen Prüfung. Aber das war es nicht allein. Hinter dem Prüfungsdruck regte sich auch unvermutet die Lust, ihm, gerade weil er mir fremd war, etwas Intimes zu offenbaren. Und da es mich, auf die Geschichte meiner Liebeswahl zurückblickend, immer wieder verblüffte, mit welch radikaler Einseitigkeit ich von meinem neunten bis zu meinem dreißigsten Lebensjahr ausschließlich Männer mit tiefschwarzen Haaren verehrt hatte, konnte ich auf der Stelle diesen, wie mir vorkam, beeindruckenden biografischen Tatbestand präsentieren. Ich war sogar ein wenig stolz auf meine Einserantwort.

Thomas Lüttich gab sich unbeeindruckt. »Und wieso ausgerechnet von neun bis dreißig?«, fragte er in seinem Meinungsforscherton. »Sind Sie sich da sicher?« Ich nickte energisch. »Ganz sicher«, sagte ich, »es fing mit neun an und hörte mit dreißig auf.« Thomas Lüttich schaute zum Fenster hinaus und bewegte misstrauisch den Kopf hin und her. »Also einundzwanzig Jahre lang ist der dunkle Typus angesagt und danach Gemischtwarenladen? Na ja, geben kann's ja alles.«

Gemischtwarenladen war natürlich die nächste Frechheit. Ich unterdrückte einen Kommentar. Er drehte den Kopf in meine Richtung und lächelte mich versöhnlich an. »Mit neun wird das ja wohl nichts Ernstes gewesen sein.« Warum denn nicht? Kinderlieben können so ernst sein wie jede spätere Liebe. Als ich mit neun Jahren zum ersten Mal begann, von einem männlichen Wesen zu träumen, besaßen diese Träume Züge einer Besessenheit, deren ungesunde Auswüchse mir schon damals keineswegs entgingen. Das Wort »ungesund« benutzte ich absichtlich. Es musste jeden normalen Arzt aus der Reserve locken. Thomas Lüttich grinste und sah wieder zum Fenster hinaus auf die Touristenkarawane, die zum Checkpoint Charlie trottete.

Ich verbrachte, ohne mir nach außen etwas anmerken zu lassen, ganze Stunden in meinen Tagträumen, deren Geschichten ich bis in jedes Detail hinein ausfeilte. Noch heute könnte ich über das Wetter Auskunft geben, das in diesen Phantasiewelten herrschte, und über die Kleidungsstücke, die ich jeweils trug, unter anderem eine rote Lacklederjacke, die sich in modischer Hinsicht erheblich von dem dunkelblauen Reißverschlussanorak unterschied, mit dem ich in Wahrheit herumlief. Mein Phantommann begleitete mich fast immer. Er leistete mir Gesellschaft, wenn ich am Spätnachmittag bei der Nachbarin unseres Mietshauses klingelte, deren abgestandene Wohnungsgerüche ich nur ertrug, weil sie der einzige Mensch weit und breit mit einem Fernseher war. Er schaute im Freibad zu, wenn ich vom Einmeterbrett ins Wasser hechtete. Er plauderte mit mir, wenn ich frühmorgens zum Bahnhof ging, mit dem Zug in die zwanzig Kilometer entfernte Großstadt fuhr und dort noch einmal einen langen Fußweg zum Gymnasium zurücklegte. Ich war die Einzige aus meiner Klasse einer katholischen Mädchenvolksschule, die von den Eltern auf eine höhere Schule geschickt wurde. Ein Privileg, für das ich, zumindest in den ersten Jahren am Gymnasium, mit einem Gefühl der Ausgegrenztheit, der Isolation bezahlte. Mein Begleiter half mir auch darüber hinweg.

Wenn ich befürchtete, durch seine eingebildete Anwesenheit in den Trichter der ernsthaften Verrücktheit hinunterzukreiseln, veranlasste ich ihn, sich kurzfristig zu Filmdreharbeiten oder nach Paris zu begeben. Im Skript meiner Tagträume hatte er dort nämlich seinen Wohnsitz. Irgendwann, ich war zwölf oder dreizehn, verschwand er ganz und ich begann, mich für einen drei Jahre älteren Mitschüler zu interessieren. Er spielte Bratsche im Schulorchester, las marxistische Bücher, hatte selbstredend lange, tiefschwarze Haare und war der Anlass eines Eifersuchtsdramas, das durchaus in der Realität stattfand.

Thomas Lüttich machte: »Hmm«, ich schwieg und schaute mich nach einem Kellner um, ich hatte noch nichts bestellt. Thomas Lüttich erschrak und entschuldigte sich überschwenglich: »Du lieber Himmel, Sie haben ja gar nichts zu trinken und ich sitze hier und lasse Sie reden, das geht ja nun wirklich nicht!« Im Handumdrehen entpuppte er sich als Kavalier, der es für seine Pflicht hält, sich um die Getränkewünsche einer Dame zu kümmern. Er schnipste einen Kellner heran und deutete auf mich. Als ein Glas Latte macciato vor mir stand, lehnte sich Thomas Lüttich nach vorn über den Tisch und sagte mit einem süffisanten Lächeln: »Also, wer war denn jetzt der große Geheimnisvolle?«

Gut möglich, dass er es längst ahnte. Denn so verzehrend meine Tagtraumliebe auch gewesen sein mag, originell war sie wirklich nicht. Mit mir schwärmten damals Abertausende deutscher Teenies und Frauen für den Schauspieler Pierre Brice. Er war mit der Filmrolle des Apachenhäuptlings Winnetou so verschmolzen, dass sich rückblickend nicht mehr sagen lässt, ob die ganzen Frauenherzen für den schönen Franzosen oder den edlen Indianer schlugen, den Pierre Brice spielte.

»Pierre Brice!«, jaulte Thomas Lüttich und klatschte die Hände so laut zusammen, dass sich die Tischnachbarn zu uns umdrehten. Sein Temperamentsausbruch kam mir affektiert vor. »Reitet der nicht heute noch in Bad Segeberg herum? Pierre Brice! Wie niedlich! Aber Chancen hätten Sie ja gehabt. Sie wissen schon, dass Pierre Brice eine deutsche Frau geheiratet hat, so eine nette Blonde, die müsste ungefähr in Ihrem Alter sein.« Natürlich wusste ich das. Und ich wusste so gut wie Thomas Lüttich, dass die deutsche Ehefrau von Pierre Brice mindestens ein Jahrzehnt älter war als ich. »Pierre Brice«, sagte ich gedehnt, »war Junggeselle, als die Winnetou-Filme ins Kino kamen.« Die Bemerkung passte überhaupt nicht in den Zusammenhang, ich wollte nur eine kleine Gegenattacke starten und das Wort Junggeselle unterbringen, um Thomas Lüttich daran zu erinnern, dass er es im Unterschied zu Pierre Brice nicht zu einer Frau gebracht hatte. Er ließ sich nichts anmerken. »Wann war das noch mal?«, fragte er sachlich.

Es war kurz vor Weihnachten 1962, als mit »Der Schatz im Silbersee« der erste Film ins Kino kam, in dem Pierre Brice den schweigsamen Apachenhäuptling mit langen, schwarzen Haaren verkörperte. Ich habe den »Schatz im Silbersee« nicht gesehen, ich war zu jung, um überhaupt ins Kino zu dürfen. Da Pierre Brice jedoch in insgesamt elf Filmen als Winnetou auftrat, hatte ich später ausreichend Gelegenheit, ihn im Kinosessel anzuschmachten. Nur meine Mutter mochte Pierre Brice nicht, was zur Beharrlichkeit meiner Gefühle beigetragen haben dürfte. Sie bevorzugte den Ägypter Omar Sharif, den Hauptdarsteller in dem Film »Doktor Schiwago«, vor dessen abgründiger Melancholie es mich wiederum grauste.

Ich ignorierte Thomas Lüttichs verschwommenes Gebrumm und machte mir auch keine Gedanken, wo er gerade wieder hinsah. Bis heute spüre ich, wie sehr es mich damals, im Alter von neun, zehn, elf Jahren wurmte, dass ich keineswegs allein für Pierre Brice schwärmte, sondern nichts anderes war als ein Dutzendmitglied in einem riesigen Club von Schwärmerinnen. Es war mir vollkommen bewusst, so bewusst wie die kränkende Banalisierung meiner Liebe, die sich aus dem Mangel ihrer Exklusivität ergab. Unbedingt wollte ich mich herausheben aus der Masse. Ich phantasierte deshalb nach einem strengen Drehbuch, von dem ich annahm, es sei einzigartig. Während der Rest der Konkurrentinnen eine amouröse Affäre mit dem Franzosen ersehnte, erlaubte ich meinem Kopf ausschließlich platonische Episoden. Wenn Pierre Brice mich in meinen Tagträumen nachmittags für ein paar Stunden nach Paris einlud, ging er mit mir zuerst in ein Schreibwarengeschäft und kaufte mir neue Schulhefte. Es handelte sich in meiner Phantasie um anthrazitfarbene, sehr elegante Hefte, die es in Deutschland nirgendwo zu erwerben gab. Mit diesen Heften lernten sich Lateinvokabeln nun wie im Märchen quasi von allein. Anschließend kaufte mir Pierre Brice ein Baguette. Woher ich dieses Wort kannte, woher ich überhaupt wusste, dass in Frankreich langes, dünnes Weißbrot gegessen wird, kann ich mir im Rückblick nicht erklären. Es war immer warm, frühsommerlich warm in Paris, etwa zweiundzwanzig Grad Celsius. Ich weiß, dass ich beim Austüfteln meiner Geschichten darauf achtete, sowohl winterliche Kälte als auch schweißtreibende Hochsommerhitze und somit das Ablegen meiner roten Lacklederjacke zu vermeiden.

Seltsam ist sie, diese verliebte Schwärmerei, die einen Punkt unserer Seele betrifft, von dem wir uns gern einbilden, es sei unser individuellster. Wir reden uns auch gern ein, in der Liebeswahl vollkommen autonom zu sein. Das aber, sagte ich, ist ein Missverständnis. In Wahrheit folgt die Liebeswahl einem unbewussten Plan, sie folgt Prägungen, die wir viel weniger steuern können, als uns recht ist. Meine Winnetounarretei hatte mehrere Ursachen. Eine war schlichtweg die Populärkultur, unter deren Einfluss ich aufwuchs. Aber das erklärt nicht alles. Der Einfluss der Populärkultur hätte mich auch zu einem Fan von Winnetous Blutsbruder Old Shatterhand machen können, der von dem etwas hünenhaften blonden amerikanischen Schauspieler Lex Barker dargestellt wurde. Ich verachtete ihn aber. Ich sah in Lex Barker nichts anderes als ein Trampeltier, dem der geschmeidige Indianerhäuptling Winnetou regelmäßig zeigen musste, wie man sich im Wilden Westen beim nächtlichen Anschleichen an Feinde geräuschlos bewegt. Ich war vernarrt in schwarze Haare – und hier kommt ein anderer Einfluss ins Spiel. Denn der Hang zu Männern mit schwarzen Haaren hat in meiner Familie eine durch drei Generationen reichende Tradition, ich habe ihn sozusagen geerbt.

»Haben Sie eigentlich Hunger?« Es klang so fürsorglich, als mache sich der Internist Dr. Lüttich Sorgen um den Blutzuckerspiegel einer Patientin. Anscheinend hatte er selbst noch nicht zu Mittag gegessen. Er schaute, als hätte er meine Gedanken erraten, auf die Uhr und winkte aus dem Handgelenk heraus lässig ab. Eine Geste, die wohl andeuten sollte, dass ihn kein Termin erwarte und keine Verpflichtung dränge.

Ohne meine Antwort abzuwarten, teilte er einem Kellner unseren Umzug in den hinteren Teil des Restaurants mit. Er stand auf, ging wieder um den Tisch, rückte meinen Stuhl nach hinten, eine umständliche Choreografie, die mich beim Aufstehen eher behinderte. Wir gingen den Korridor neben dem langen Tresen entlang und ließen uns einen Platz im Speisesaal zuweisen. Die Pasta mit Lachs, sagte Thomas Lüttich, sei empfehlenswert, ein verlässliches Gericht im Sale e Tabacchi. Er bestellte zwei Gläser trockenen Weißwein, eine große Flasche Mineralwasser medium und zweimal Pasta di Salmone. Die Rolle des gewandten Gastgebers befriedigte ihn auf eine Weise, die mir ein wenig übertrieben vorkam. Ich merkte, dass er den nächsten Schachzug vorbereitete. Der Ausdruck in seinem Blick hatte die Siegesgewissheit eines Spielers, der ein taktisches Manöver plant, von dem er weiß, dass der Gegner es nicht auf der Rechnung hat.

»Ich zeig Ihnen mal was«, sagte Thomas Lüttich und holte ein iPhone aus der Hosentasche. Sein Daumen wischte auf dem Display herum, bremste ab und ließ mit minimalen Ruckbewegungen Fotos hintereinander weghuschen. Ich musste mich nach vorne beugen, um sie erkennen zu können. Sie zeigten Bücher, tatsächlich Bücher. Anscheinend Thomas Lüttichs Wohnzimmerbibliothek. Klassiker wie »Die Wörter« von Jean-Paul Sartre, »Homo faber« von Max Frisch und »Die Blechtrommel« von Günter Grass, die jeder Durchschnittsgebildete im Schrank hat. Dem Schriftbild der Titel nach handelte es sich um ältere oder sogar um Originalausgaben. Sie standen wie Könige, denen ein erhabener Abstand zum einfachen Volk der Neu- und Taschenbuchausgaben gebührt, mit dem Cover zum Betrachter und seitlich abgerückt in einem Wandregal aus dunklem Holz.

Ich finde so etwas lächerlich. Ich sehe keinen Sinn darin, Bücher wie Trophäen zu behandeln und wie Museumsstücke auszustellen. Bücher müssen, wenn sie gelesen werden wollen, den normalen Alltagsumgang, den Kontakt mit Kugelschreiber, Zigarettenasche, Kaffee- und Rotweinspritzern vertragen. Sie müssen sich, sobald sie mein Leben betreten, darauf einstellen, dass dieses nicht im Louvre, sondern in einer Vierzimmerwohnung stattfindet. Wenn Thomas Lüttich glaubte, mich mit bibliophilen Schätzen beeindrucken zu können, lag er gründlich daneben.

Er gab dem Daumen einen kräftigen Schwung, und auf dem iPhone erschien, ich hatte es fast erwartet, »Zettels Traum«, Arno Schmidts allseits verehrter und kaum gelesener Riesenschinken, in natura fast einen halben Meter hoch und fast genauso breit. Wahrscheinlich eine Faksimileausgabe, teurer als ein Kühlschrank und eine Espressomaschine zusammen. Das Trumm war auf einer Holzstellage senkrecht aufgebahrt. Entweder trug Thomas Lüttich die Bildchen seines Buchtabernakels immer mit sich herum, oder er hatte sie extra für mich aufgenommen, weil er wusste, dass ich Literaturkritikerin war.

Beides kam mir irre vor. Es konnte natürlich auch sein, dass er sich über die Trivialität meiner Winnetouliebe lustig machen wollte, indem er mir literarische Werke vorführte, die der seriösen Hochkultur entstammten. Meinetwegen. Sollte er seinen Spaß haben. Ich sagte nichts zu der bizarren Büchervorführung. Thomas Lüttich legte das iPhone an den Rand des Tischs, stützte die Ellbogen auf und legte das Kinn in die Hände.

Er lächelte ein wenig verlegen, fast entschuldigend, und zum ersten Mal sah ich in ihm einen Mann, der es durchaus erlaubte, sich in seiner Gesellschaft wohl zu fühlen. Als ich die Stoffserviette entfaltete und neben das Besteck legte, fiel mir auf, dass ich die Geschichte meiner Haarobsession noch nie vollständig erzählt hatte. Sie ergab sich aus einer Summe teils gehörter, teils erlebter Episoden, die logisch ineinandergriffen.

Die Urepisode geht auf das Jahr 1892 zurück. Ich kenne sie also tatsächlich nur vom Hörensagen. Aber ich habe sie, dank der immer wieder von mir erbettelten Erzählung, so plastisch vor mir, als wäre ich dabeigewesen. Sie beschreibt die Szene, wie meine Großmutter als Achtjährige ihren zukünftigen Gatten wählte, man könnte auch sagen: in Beschlag nahm. Diese Szene gehört zum festen Anekdotenbestand meiner Familie und spielte sich folgendermaßen ab: Meine Großeltern mütterlicherseits wuchsen nah der Grenze zu Lothringen in zwei pfälzischen Dörfern auf, die fünf Kilometer voneinander entfernt auf zwei Hügeln lagen. In jedem Dorf gab es eine Zwergschule. Der Religionsunterricht für die Kinder der Umgebung fand jedoch in der katholischen Pfarrei des Gemeindedorfes statt. Zweimal in der Woche wanderten die Kinder dorthin, setzten sich hinter Schulpulte und warteten auf den Pfarrer, der sie unterrichtete. An einem Tag öffnete sich die Tür, der Pfarrer trat ein, und hinter ihm stand ein Junge mit prächtigen schwarzen Locken, der die Mappe des Pfarrers trug. »Des do is de Walter«, sagte der Pfarrer, »der lernt Latein, der werdamol a Paschtor.« Meine Großmutter schaute auf, warf einen Blick auf die Locken und den Bub darunter und verkündete laut und deutlich vor der versammelten Kindergemeinde: »Der do wird ke Paschtor. Den heirot isch amol.« Mein Großvater war, als diese Lebensentscheidung auf ihn niederfuhr, elf Jahre alt. Richtig gefunkt hat es ein paar Jahre später, aber am selben Ort, in der Gemeindekirche bei einer Kindstaufe. Meine Großeltern waren Paten, hielten den Täufling gemeinsam über das Taufbecken, gingen hinterher ins Gasthaus und gehörten ab diesem Moment zusammen.

Genaugenommen spielte sich in der Pfarrhausszene ein Coup de foudre ab. Nur stellt man sich den Schauplatz und die Protagonisten eines Coup de foudre wahrscheinlich nicht als katholische Dorfpfarrei mit zwei Dorfkindern vor. Man denkt eher an fiebrige Großstädter, deren Blicke sich im anonymen Gedränge einer Straßenkreuzung oder einer Nachtbar schicksalhaft kreuzen. Schicksal aber war es. Es war eine unumstößliche Wahl. Niemals, da bin ich mir vollkommen sicher, dachten meine Großeltern darüber nach, ob ein anderer für sie in Frage gekommen wäre oder sie glücklicher gemacht hätte. Nur deshalb schafften sie es, so viele Jahre aufeinander zu warten. Denn bis zu ihrer Hochzeit dauerte es bis zum Jahr 1919.

»Kennen Sie eigentlich Simone de Beauvoir?« Ich hatte mich nicht verhört. Der Geisterfahrer Lüttich rammte mit der Frage, ob ich die Diva der Frauenemanzipation kenne, mitten in meine Erzählung. Er zuckte mit den Achseln. »Fiel mir nur gerade ein. Ist ja historisch ungefähr die gleiche Zeit. Sie interessieren sich doch für Kuppelgeschichten. Wissen Sie eigentlich, wie die Eltern von Simone de Beauvoir verkuppelt wurden?« Ich erinnerte mich dunkel, es irgendwann gelesen zu haben.

Im Grunde, sagte Thomas Lüttich, der klassische Fall einer Ehe, die nichts mit Liebe auf den ersten oder zweiten oder dritten Blick, die überhaupt nichts mit Gefühlen zu tun hat, sondern vom Familienclan so strategisch eingefädelt wurde wie jeder andere Geschäftsabschluss auch. Simone de Beauvoir wäre als junge Frau wohl lieber in die Seine gesprungen, als sich an einen wildfremden Mann verheiraten zu lassen, dem sie eines Nachmittags beim Teetrinken präsentiert wurde wie Gebäck auf dem Silberteller. Aber genau so erging es ihrem Vater, für den es im Jahr 1905 allerhöchste Zeit war, in bürgerliche Eheverhältnisse zu gelangen.

Georges de Beauvoir, sagte Thomas Lüttich, war fast dreißig, lebte in Paris, arbeitete tagsüber ziemlich lustlos als Anwalt in einer Kanzlei und trieb sich nachts in Varietés, Salons und Theatern herum. Sein Vater, seine Schwester und ein paar Tanten machten es sich nun zur Aufgabe, für den Hallodri eine geeignete, das heißt, eine der gehobenen Gesellschaft entstammende und auf ein möglichst dickes Mitgiftpolster gebettete Gattin zu finden. Die Suche nach der Zukünftigen vollzog sich in den Jahren 1905 und 1906 in den inoffiziellen Heiratsvermittlungskanälen der französischen Bourgeoisie, in die nur Einblick gewann, wer dieser Klasse selbst angehörte. Es fand sich eine junge Frau aus Nordfrankreich, Françoise Brasseur. Sie war fast zwanzig und sollte ebenfalls verheiratet werden. Die Familien nahmen Verhandlungen auf. Sie vereinbarten ein erstes Zusammentreffen des Brautpaars, das nach der Bestimmung seiner Anverwandten bereits als solches galt, im Badeort Houlgate, auf gewissermaßen neutralem Gebiet.

Diese Erstbegegnung unterlag einem strengen Protokoll. Der Ehemann in spe sollte seine zukünftige Ehefrau inmitten einer Runde gleichaltriger Mädchen erblicken. Ganz so, als hätte es der Zufall gewollt, dass er in eine kichernde Jungfrauenrunde hineinplatzt und unter den unbekannten Geschöpfen sofort diejenige erkennt, die von höheren Mächten als die seine bestimmt ist. Ein simulierter Coup de foudre sozusagen. Françoise Brasseur saß also eines Nachmittags in einem Salon im Badeort Houlgate in einem Sessel brav über ein Strickzeug gebeugt, um sie herum hockten ein paar Schulkameradinnen aus dem Kloster als Statistinnen. Erdrückt von Schüchternheit wagte sie kaum aufzuschauen.

»Und?«, fragte ich. Ich war ungeduldig, im nächsten Moment würde es zum eigentlichen Höhepunkt der Kuppelstory kommen. Thomas Lüttich schob die Unterlippe vor und schüttelte leicht den Kopf. Nichts Dramatisches, sagte er. Der erste Eindruck war gar nicht so übel. Er war sogar recht gut. Und auch die Ehe erwies sich als weniger enttäuschend, als ihr nüchternes Arrangement hätte erwarten lassen. Sie soll in sexueller Hinsicht sogar recht temperamentvoll verlaufen sein.

Thomas Lüttich lehnte sich zurück, um dem Kellner Platz zu machen, der die Pasta de Salmone brachte. Mir fiel auf, wie zügig er aß. Er war kein hektischer Schlinger, aber doch so konzentriert und mit zum Teller gesenktem Blick bei der Sache, dass ich mich auf eine bis zur letzten Gabel während Gesprächsunterbrechung einstellte. Ich täuschte mich. Seine Portion war erst zur Hälfte erledigt, als er plötzlich das Besteck weglegte und eine seiner Überfallfragen stellte: »Wann ist Ihr Großvater denn ergraut?« Dabei strich er, eine Geste, die ihm keinesfalls bewusst war, mit der Hand über seine glatt pomadisierten Haare. »Schwarze Haare«, setzte er hinterher, »ergrauen doch viel schneller als blonde.«

Ich lag schon eine Weile auf der Lauer, um den eigentlichen Clou der Lockengeschichte anzubringen. Denn niemand aus meiner Familie hat die schwarzen Locken meines Großvaters je gesehen, außer meiner Großmutter natürlich. Weder seine drei Töchter, die in den zwanziger Jahren geboren wurden, noch seine Enkel. Ich kannte ihn nur mit einer Vollglatze. Es gibt nicht einmal ein Foto von den Prachtlocken. Sie überlebten lediglich als Legende. Denn mein Großvater verlor sämtliche Haare als junger Mann in Afrika, wo er im Jahr 1912 der Schutztruppe in der Kolonie Deutsch-Südwestafrika, dem heutigen Namibia, beitrat. Er tat dies vor allem, um den Eltern meiner Großmutter, die sich der Ehe feindselig in den Weg stellten und ihn als Schwächling verunglimpften, seine vitale Männlichkeit zu beweisen, wofür ihm der Afrika-Einsatz eine ideale Gelegenheit zu sein schien. Er wollte zwei, höchstens drei Jahre in Afrika bleiben. Dieser Plan wurde vom Ausbruch des Ersten Weltkriegs durchkreuzt. Mein Großvater kam in englische Kriegsgefangenschaft und erst 1919 nach Deutschland zurück. Ohne eine einzige Locke auf dem Kopf.

Eine geheimnisvolle Aura umgab die verschwundenen Locken meines Großvaters auch deshalb, weil sich der Grund, weshalb er sie so früh eingebüßt hatte, unserer Kenntnis entzog. Vielleicht erfand ich dieses Geheimnis nur. Aber aus meiner Sicht gab es hier einen blinden Fleck im Sippenepos, eine Leerstelle, die mit Vermutungen und Spekulationen gefüllt wurde. Ich erinnere mich an drei variierende Versionen, mit denen der Haarverlust meines Großvaters erklärt wurde. Erstens: Erkrankung an Malaria. Zweitens: Unterernährung im Gefangenenlager. Drittens: beständiges Schwitzen der Kopfhaut unter dem Tropenhelm. Als Kind beeindruckte und begeisterte mich die Schwitzversion am stärksten. Die Vorstellung, dass Haare unter dem Schmortopf eines Helms buchstäblich den Halt verlieren, sich nach und nach von der Kopfhaut lösen, zu Boden fallen und in der Steppe Afrikas liegen bleiben, um von Löwen, Affen, Elefanten, Giraffen beschnuppert oder gar verzehrt zu werden, diese Vorstellung versetzte mich in außerordentliche Erregung.

Unwissentlich wurde sie von meinem Großvater noch gefördert. Die Gespräche, die er mit seinen Enkeln führte, bestanden im Wesentlichen darin, dass er auf Zuruf die Laute dieser exotischen Tiere nachahmte, die wir allenfalls aus dem Zoo kannten, die er aber, wie er mit spürbarem Stolz suggerierte, Auge in Auge erlebt hatte. Wir, mein Bruder, meine Cousine und ich, standen um ihn herum und riefen »Löwe«, »Elefant«, »Affe«, und er fauchte oder trompetete los. Gelegentlich dieser Tierhörspiele durften wir seine Afrikaglatze befühlen. Wenn ich über die nackte Schädelhaut strich, stellte ich mir vor, wie es wäre, stattdessen mit den Fingern in dichten schwarzen Locken zu wühlen. Und es könnte sein, dass ich damals begann, die Phantasie schwarzer Männerhaare mit jener Art Liebe zu verknüpfen, die nicht in der Realität, sondern in der Illusion stattfindet.

Sieben Jahre wartete meine Großmutter auf einen Mann, ohne zu wissen, ob er noch lebte und sie ihn je wiedersehen würde. Sie verbrachte die besten Jahre ihres jungen Frauenlebens mit einem Abwesenden. Als sie ihn an einem Augusttag 1919 im Park einer pfälzischen Kleinstadt traf, erkannte sie ihn zuerst nicht. Das Klappergestell, das zu ihr hinstarrte, war ein Fremder. Er ging auf sie zu, stellte sich vor, und meine Großmutter zögerte keine Sekunde. Dann eben mit Glatze. Sie hatte

sich vor langer Zeit für diesen Mann entschieden, so unbeug-
sam, so kompromisslos, wie man sich für einen Lebensbeglei-
ter nur entscheiden kann.

Auch meine Mutter machte die Erfahrung, einen Abwesenden
mit schwarzen Haaren zu lieben. Aber ihre Geschichte hat einen tragischeren Schatten. Sie war neunzehn, als sie den Mann
traf, der ihr alles bedeutete. Er beendete gerade sein Medizinstudium, sie machte eine Ausbildung zur Volksschullehrerin.
Sie heirateten Anfang 1944. Eine junge, bildschöne Frau in
einem bodenlangen weißen Kleid und einem weißen Schleier
im Haar, und ein junger Mann in Wehrmachtsuniform. Zwei
Wochen nach der Hochzeit kam er als Arzt an die Front, ein
Jahr später war sie Witwe. Sie hatte ihn nur noch ein einziges
Mal gesehen, zu Weihnachten 1944, für ein paar Tage Front-
urlaub. Er starb im Frühjahr 1945 in Norditalien bei einem
Bombenangriff der Alliierten auf ein Rotkreuz-Lazarett. Meine
Mutter war einundzwanzig Jahre alt, als sie den Liebsten und
einen Teil ihrer selbst verlor.

Ich glaube nicht, dass sie darüber je wirklich hinwegkam.
Sie heiratete noch einmal, sie bekam zwei Kinder, sie besaß
den Humor und die Phantasie ihres Tierlaute nachahmenden
Vaters. Aber das tiefe, umfassende Glück kehrte nicht mehr
zurück. Sie verbrachte viel Zeit mit melancholischen Erinne-
rungen, mit dem Ausmalen eines Lebens, das es hätte geben
können, aber nicht gegeben hatte, und sie führte mir auf diese
Weise vor, wie man aus der Realität in Tagträume verschwindet.

Ein Foto ihres ersten Ehemannes hing an der Wand unseres
Wohnzimmers, eine Handbreit über dem Lichtschalter an der
Tür. Wenn ich die Tür öffnete, mich zur Seite drehte, um die
Deckenlampe anzuschalten, sah ich im aufscheinenden Licht

den Mann in Uniform. Er saß mit übereinandergeschlagenen Beinen auf einem Baumstumpf. In einem Anfall zorneswütiger Rebellion gegen das Mitleben, das Mitdabeisein dieses Toten, der gar nicht hierher, nicht in unsere Familie gehörte, habe ich als Kind das Foto einmal abgehängt, um es heimlich verschwinden zu lassen. Das blasse Tapetenrechteck, das unter dem Bildrahmen zum Vorschein kam, war noch gespenstischer als das Foto selbst und ich hängte es schnell wieder auf. Ich übte mich darin, so zu tun, als sei es ein beliebiges Foto mit einem beliebigen Mann darauf, das rein zufällig in unser Wohnzimmer geraten war und keinerlei magische Kraft besaß, meinem Vater von der Wand herunter Konkurrenz zu machen. Natürlich war es ein aussichtsloser Versuch der Verleugnung. Schon deshalb, weil ich für die Faszination schwarzhaariger Phantome längst empfänglich war.

Sämtliche Mitglieder meiner Familie, ob väterlicherseits oder mütterlicherseits, haben außerordentlich dickes, volles und gesundes Haar; ob hellblond, mittelblond, dunkelblond, aschblond oder rotblond. In Krisenzeiten könnten wir, um mit der Perückenindustrie ins Geschäft zu kommen, ohne weiteres die Hälfte abgeben und sähen immer noch passabel aus. Wie alle Familien hatte auch meine den Drang, physiognomische Merkmale zu vergleichen, in denen sich ihr gemeinsames Erbgut erkennen ließ. Wo kamen meine Sommersprossen her? Welchem Vorfahren verdankte mein Bruder den von mir stark beneideten Wellenschwung seiner Haare? All das wurde bei Verwandtschaftstreffen ausgiebig erörtert. Ich kann mich nicht erinnern, dass dabei je eine Bemerkung über die ideologische Bedeutung der Haarfarbe fiel, zumindest keine Bemerkung, die eine rassistische Abwertung dunkelhaariger Menschen enthalten hätte. Aber ich erinnere mich sehr wohl daran, dass eine ganz spezielle Stimmung in der Luft lag, eine Mischung aus Verdrucktheit und Theatralik, wenn von typologischen Eigenheiten die Rede war, die Menschen aus unserer Umgebung oder uns selbst eigneten. Wie hätte es zwei oder drei Jahrzehnte nach dem Ende des Nationalsozialismus auch anders sein können. Die Rassetheorien des NS-Systems waren offiziell nicht mehr in Gebrauch, in meiner Familie wohl auch nicht inoffiziell. Aber das Echo ihrer Bedeutung hallte nach, und in diesem Echo wuchs ich auf. Ich wuchs, ohne es deuten zu können, mit dem Gefühl auf, dass die Frage der Haarfarbe mehr war als eine persönliche Geschmacksentscheidung, dass in ihr etwas Wichtiges, ja Weltanschauliches mitschwang und dass ich, um überhaupt das Land der Liebe zu betreten, eine prinzipielle Wahl treffen musste zwischen hell und dunkel.

Hatte ich zu viel, zu ausschweifend erzählt, mich von der Begeisterung am Reden vom Hölzchen zum Stöckchen tragen lassen, ohne darauf zu achten, ob Thomas Lüttich das alles überhaupt interessierte? Wir saßen inzwischen fast eineinhalb Stunden im Sale e Tabacchi, aber der eigentliche Anlass unseres Treffens war in den Hintergrund getreten. Ich suchte nach einem diplomatischen Übergang zu der Frage, auf welchen Frauentyp Thomas Lüttich denn nun eigentlich aus sei, dünn, kurvig, scheu, draufgängerisch, was auch immer. Aber bevor ich die Frage gestellt hatte, kam er mir mit einer stummen Antwort zuvor. Er nahm das iPhone in die Hand, wischte ein paar Mal mit dem Daumen und zeigte mir das Porträt einer hübschen blonden Frau, schätzungsweise um die dreißig. Sie schob sich auf dem Display nach rechts, und von links tauchte eine andere blonde Frau auf.

So ging es weiter. Blondine um Blondine. Die meisten hatten

lange oder zumindest bis zu den Schultern reichende Haare. Einige Brillenträgerinnen waren darunter, eine imitierte mit gesenktem Kopf und nach oben gerollten Pupillen den Diana-Blick, eine machte Faxen, schielte und zog dabei mit dem Zeigefinger die Nasenspitze zum Himmel. Die übernächste leckte sich mit der Zungenspitze über die Lippen, eine Andeutung von Frivolität, die mich, da ein Schlafzimmer als Örtlichkeit des Schnappschusses nicht auszuschließen war, etwas peinlich berührte. Aber die meisten beschränkten sich mimisch auf das verhaltene Standardlächeln, das man von Bewerbungsfotos kennt.

Der reinste Blondinenkatalog. Ich kam mit dem Zählen nicht nach, aber zwei, drei Dutzend Blondinen dürften es schon gewesen sein. Nach ein paar Schrecksekunden konnte ich mir das Damenballett in Thomas Lüttichs iPhone erklären. Er war seit zwei Jahren Mitglied bei zwei Partnerbörsen. Mit seinen Daten – männlich, Akademiker, 38 Jahre alt – gehörte er zu den absoluten Favoriten unter den männlichen Börsenmitgliedern. Ein Mann, dem der Algorithmus die Frauen nur so hinschaufelte. Bei jeder der zwei Börsen erhielt er schätzungsweise fünf Kontaktanfragen pro Woche, also insgesamt zehn. Vierzig im Monat. Rund vierhundert im Jahr. In zwei Jahren waren es dann mittlerweile achthundert Frauen, die an Thomas Lüttich ein Zeichen gesandt hatten. Wenn er auch nur einem Zehntel geantwortet und davon wiederum nur die Hälfte von Angesicht zu Angesicht getroffen hatte, dann lag hinter Thomas Lüttich die Absolvierung eines Dating-Pensums, bei dem es ohne Zweifel nicht ganz einfach war, den Überblick zu behalten. Vierzig Frauen, das sind nun mal vierzig Gesichter, Namen, Persönlichkeiten, Stimmen. Rund gerechnet zwei Schulklassen.

Je länger ich nachdachte, desto plausibler erschien es mir, dass Thomas Lüttich dem Blondinenansturm mit irgendeiner Form der Buchhaltung Herr werden musste. Unverständlich ist mir heute allerdings, weshalb ich Thomas Lüttich weder fragte, ob meine Statistik überhaupt der Realität entsprach, noch, wie er es schaffte, dass sich erwachsene Frauen während eines Dates von ihm fotografieren ließen. Es musste so sein, dass seine geizige Selbstpreisgabe Frauen dazu verleitete, das Defizit mit einem Überschuss eigener Freizügigkeit auszugleichen.

Dabei hatte ich in meine Rechnung nur die Frauen einbezogen, die sich bei Thomas Lüttich meldeten. Sicherlich suchte er bei Parship.de und Elitepartner.de auch selbst. Die Summe seiner Kontakte erhöhte sich dadurch zu einer Zahl, die mein Vorstellungsvermögen und, anders konnte es gar nicht sein, zweifellos auch die Gedächtniskapazität von Thomas Lüttich überstieg. Was lag näher, als von der einen oder anderen Frau, die in die engere Auswahl kam und blonde Haare hatte – ganz offensichtlich der Schlüsselreiz seines Interesses –, ein Foto zu machen, um sich nach Tagen oder Wochen, in denen der Wundertüte des Internets neue Blondinen entstiegen waren, an sie zu erinnern.

Trotzdem war ich verblüfft, mehr noch: schockiert. Von der Blondinenserie ging etwas Unheimliches aus, es lag schon im Wort »Serie«. Wie Thomas Lüttich mir gegenübersaß und den Teller beiseiteschob, hätte er im Auge eines leicht paranoiden Betrachters auch ein Serienkiller sein können, ein auf blonde Dreißigjährige spezialisierter Jack the Ripper aus Berlin-Mitte, der die Gelegenheit nutzte, seine Beute einer fremden Person vorzuführen, die ihm nichts anhaben konnte. Oder ein Perverser, der im Internet nach Frauen angelte, um mit ihnen etwas anzustellen, das mit Familiengründung rein gar nichts zu tun hatte, und deren argloses Lächeln er noch schnell fotografierte, bevor es an die unsaubere Aktion ging. Bekanntlich haben sich im Internet schon Kannibalen verabredet.

Natürlich merkte ich, dass die Phantasie mit mir durchging, und ich merkte auch, dass es Thomas Lüttich amüsierte, mir dabei zuzuschauen. Er war kein Serienkiller, aber ein komplizierter Zeitgenosse war er schon, ein Mann mit Verhaltensweisen, die als Marotten zu bezeichnen bestimmt nicht ganz falsch war. Thomas Lüttich lehnte den Oberkörper zurück, streckte die Arme weit nach vorn aus und legte sie in theatralischer Weise auf dem Tisch ab. Es konnte eine ironische Rednerpose im Politikerstil sein, ich verstand sie als Einstimmung auf einen kleinen Vortrag.

Das Restaurant hatte sich geleert, nur an einem Tisch saß eine Männergruppe, die anscheinend Geschäftliches besprach. Es war bereits Nachmittag, die Journalisten, Architekten, Verlagslektoren oder Fernsehleute, die das Mittagessen für berufliche Verabredungen nutzten, waren wieder in ihren Büros, und bis zu ihrer Rückkehr am Abend würde es noch drei, vier Stunden dauern. Die Kellner räumten das restliche Geschirr ab, rissen mit einem Ruck die weißen Decken von den Tischen und knüllten sie wie schmutzige Bettwäsche zusammen. Die Stimmung erinnerte mich an einen Wartesaal im Bahnhof. Rundherum herrscht rasche, fließende Bewegung, und am Rand sitzen ein paar Unbewegte.

Wahrscheinlich, sagte Thomas Lüttich mit einem leichten Beben in der Stimme, gehöre er zu den Menschen, die mit dem Einzelgänger-Gen auf die Welt kommen. Drei Wochen allein in Urlaub fahren: für ihn der reinste Genuss. Ein Scherz mit dem

Hotelportier am Morgen, ein bisschen Smalltalk mit den Kellnern am Abend würde seinen Kontaktbedarf vollauf befriedigen. Er machte eine kleine Pause. Er schaute mich nicht direkt an, aber ich ahnte, dass er den unsichtbaren Vorgang in meinem Kopf belauerte, durch den er, wie er annahm, just in diesem Moment in eine Charakterschublade eingeordnet wurde. Es war ihm wichtig, nicht bei den verkorksten, sozial unzurechnungsfähigen Autisten zu landen, den Abziehbildern typischer Großstadtsingles, über die sich jedes Jahr ein neuer Soziologe mit hochgezogenen Augenbrauen äußert. »Ich hab ja als Arzt«, sagte er, »ständig mit Menschen zu tun.«

Ich hielt mich zurück und fragte nicht nach der Haarfarbe seiner Mutter, als Thomas Lüttich begann, von Kindheit und Jugend zu erzählen, die er ohne Geschwister und ohne Vater, den es wohl nur als Erzeuger gegeben hatte, in einer Kleinstadt im Rheinland verbrachte. Nach den Kriterien der Küchenpsychologie gab es ja nur zwei Möglichkeiten: Entweder war Thomas Lüttichs Mutter blond und er suchte eine Imitation. Oder sie war dunkelhaarig und er suchte ihr Gegenbild.

Auf alle Fälle, das betonte er, war sie keine, den Sohn selbstsüchtig an sich bindende, als Liebesplacebo missbrauchende Frau. Um einen solchen ödipalen Schaden anzurichten, sagte Thomas Lüttich, sei sie viel zu beschäftigt gewesen. Sie war die rechte Hand eines Verlegers, der in den Nachkriegsjahrzehnten mit Groschenromanen ein Geschäftsimperium aufbaute. In einer Person diente sie als Privatsekretärin, Personalchefin, Gastgeberin bei offiziellen Anlässen, Begleiterin auf Geschäftsreisen, dazu noch als Seelentrösterin für sämtliche Sorgen der Verlegerfamilie. Selbst Weihnachten, Silvester und Geburtstage feierte sie wie selbstverständlich in der Verlegervilla. Die Ordnung in den dortigen Küchenschubladen kannte sie fast besser als die in ihren eigenen. Der gesteigerte Wohlstand, an dem sie in der Villa teilhatte, der zehn Meter lange Swimmingpool, die Terrasse mit Außenkamin, die Garage mit drei Stellplätzen und dem ihr, wenn auch nur als Leihgabe, zur Verfügung stehenden Mercedes Cabrio, all das schien sie stärker anzusprechen als das Durchschnittsambiente ihrer eigenen Wohnung, die ihr Sohn bewirtschaftete, als wäre er tatsächlich ihr einziger Bewohner.

Mit elf konnte er kochen, mit vierzehn so lange ausgehen, wie er wollte. Als er zum ersten Mal ein Mädchen mit nach Hause brachte und einen Zettel mit der Aufschrift »Nicht stören!« an die Außenseite seiner Zimmertür heftete, bekam die Mutter den Grund für das Zutrittsverbot gar nicht mit. Sie las, abends um neun von der Arbeit heimkehrend, den Zettel und freute sich über die Vernunft des Sohnes, der ihrer Ansicht nach besonders zeitig schlafen gegangen war, um am nächsten Morgen für eine Schulklausur ausgeruht zu sein. Seine Zeugnisse, die immer gut waren, belohnte sie mit kleinen, den Noten entsprechend gestaffelten Geldbeträgen.

Sie war keine Rabenmutter, wie man sich Rabenmütter vorstellt. Sie trank nicht, ging nicht in Bars, fuhr nicht allein in Urlaub und hatte keine Männergeschichten. Sie meldete sich sofort im Verlag ab, wenn ihr Sohn krank war. Sie wusste genau, welche Sportschuhe er fürs Fußballtraining benötigte, und nach dem Schuheinkauf bummelten sie noch durch die Stadt, gingen im Sommer Eis essen, im Winter Kakao trinken. Aber ihr Leben und das ihres Sohnes besaßen den Charakter einer Kolonie, die vom monarchistischen Mutterland aus regiert wird, wobei die Rolle des Monarchen dem Verleger zukam. Später, als junger Mann, fragte sich Thomas Lüttich bisweilen, ob es hinter der Übernähe der Mutter zu ihrem Arbeitgeber vielleicht ein streng gehütetes Geheimnis gegeben habe,

eine Beziehung delikater Art. Er hielt es für keineswegs unwahrscheinlich, ein Halbbruder der offiziellen Verlegerkinder
zu sein. Aber er konnte seine Mutter nicht mehr danach fragen,
sie starb ganz plötzlich an einem Herzinfarkt, zwei Jahre nach
der immer wieder hinausgeschobenen Pensionierung.

»Da habe ich aber schon studiert«, sagte Thomas Lüttich. Er
schaute sich nach einem Kellner um, drehte sich kurz zurück
in meine Richtung und fügte mit einem süffisanten Grinsen
an: »Auf Verlegerkosten, wie Sie sich denken können. Ein Jahr
Wien, ein Semester Rom, zwei Semester Berkeley, was so dazu-
gehört.« Thomas Lüttich bestellte, wiederum ohne mich zu
fragen, zwei Espressi.

Das Jahr in Kalifornien sei vielleicht seine schönste Lebenszeit
gewesen, das Campusleben für einen Einzelgänger wie ihn im
Grunde ideal. Eingepackt in eine Gemeinschaft, so groß, dass
nicht jeder von jedem alles weiß, so klein wiederum, dass niemand unbemerkt verschwindet in der Anonymität. In Berkeley
lernte Thomas Lüttich auch seine erste große Liebe kennen
und eignete sich die seelische Technik der Trennung an. Ein
halbes Jahr war er liiert mit einer Sprachwissenschaftlerin, die
gerade ihr Studium beendete und sich auf eine Stelle an der
Universität von Irvine bewarb. Thomas Lüttich ging dorthin
nicht mit. Die Gründe, die er dafür aufzählte, erschienen mir so
wenig überzeugend, dass ich den Hauptgrund in der Unbeug-
samkeit des Prinzips vermutete, unkalkulierbare Liebesgefühle
niemals über einen bereits gefassten Lebensplan zu stellen,
und Thomas Lüttich war entschlossen, zu promovieren und
in Deutschland Arzt zu werden. Das tat er. Der Kontakt nach
Irvine tröpfelte ein, zwei Jahre dahin, dann trocknete er aus. Es
kam für Thomas Lüttich die Zeit der schnell wechselnden Af-

fären und erotischen Abenteuer, die ihren Spaß auch aus der Vorausschau auf das Ende dieser Vagabundenphase beziehen, welches häufig mit dem dreißigsten Geburtstag erreicht ist.

Seinen dreißigsten Geburtstag feierte Thomas Lüttich mit einer Reise durch Ägypten, selbstverständlich ohne Anhang. In einem Taxi ließ er sich den Nil entlang von Kairo südwärts nach Luxor fahren. Er saß auf dem Beifahrersitz, rauchte mit dem ägyptischen Taxifahrer zahlreiche Schachteln Zigaretten leer, drehte das Autoradio auf volle Lautstärke, die Fenster waren heruntergekurbelt, der Wind flog aus der flachen Flusslandschaft durchs Auto. »Der ganze Kitsch mit Freiheitsrausch und so, wenn Sie wissen, was ich meine.« Ich wusste es. Ich hatte mir zu meinem dreißigsten Geburtstag einen ähnlichen Ausflug spendiert, einen langen Aufenthalt auf einer italienischen Insel.

»Na ja«, sagte Thomas Lüttich, »ich zog dann nach Berlin, war fünf Jahre mit einer Frau zusammen, das passte eigentlich ganz gut. Sie hatte ihren Antiquitätenladen, ich hab die Praxis aufgebaut, Familie war da kein Thema, vielleicht war es auch mehr Freundschaft als Liebe, zumindest in den letzten zwei Jahren, keine Ahnung. Dann kamen noch so kurze Sachen mit ein paar Krankenschwestern und Sprechstundenhilfen, der Klassiker bei Ärzten, aber das hat ja auch keinen Sinn. Was soll ich denn mit einer Krankenschwester?«

Fast noch mehr als der Medizinerdünkel verstörte mich das Mürrische dieser Sätze, das Bittere, geradezu kindisch Beleidigte, die Thomas Lüttichs Erzählung plötzlich eintrübten. Gerade noch hatte die Sonne Ägyptens einen Mann beschienen, der im Panzerwagen seiner Autonomie ins vierte Lebensjahrzehnt braust. Ein paar Sätze später hörte sich derselbe Mann so an, als sei er, der eine Sprachwissenschaftlerin und eine Antiquitätenhändlerin abserviert, Sprechstundenhilfen je nach Appetit vernascht hatte, um den Sechser im Lotto betrogen worden. Ich saß, so simpel war die Sache, einem Durchschnittstypen gegenüber, der allenfalls in der Bewirtschaftung erheblicher Narzissmusvorräte als nicht ganz durchschnittlich gelten durfte. An seinem Wesen gab es nichts Kompliziertes zu berätseln. Er litt lediglich an der Junggesellenkrankheit Nummer eins: Selbstherrlichkeit.

Dem Mann fehlte nichts. Keine Blondine und noch weniger die mit der Blondine fabrizierten Kinder. Das Einzige, was ihm nicht passte, war der Umstand, dass er sich in Annäherung an sein vierzigstes Lebensjahr auf die Rolle des Sonderlings, oder schlimmer: des Versagers hinbewegte, weil in seiner Altersklasse rundherum geheiratet, gezeugt, geboren, über Kindertagesstätten und Impfungen geredet wurde und er stattdessen Bücher von Max Frisch und Jean-Paul Sartre in seinem Wohnzimmerregal positionierte. Er hatte ganz einfach keine Lust, beim biografischen Hürdenlauf hinten hängenzubleiben. Das war alles. Er war beleidigt wie die sprichwörtliche Leberwurst, weil die Mehrheit der Menschen es für erstrebenswert hält, zu zweit zu sein, und er sich, um nicht aus der Reihe zu tanzen, genötigt sah, dieser Mehrheit zu folgen.

Als Dauergast im Sale e Tabacchi hätte er dort jede Woche eine Frau kennenlernen können, garantiert auch eine Blondine, deren gesellschaftliches Prestige das einer Krankenschwester überstieg. Er hätte nur die Augen aufhalten, dem Zufall vertrauen, sich in Flirtlaune bringen müssen. Dazu reichte bei Herrn Lüttich wohl der Antrieb nicht, und diese Antriebsarmut glich er aus, indem er gleich zwei Internetbörsen mit seinem Fall beschäftigte. Er ähnelte den Bewegungsfaulen, die für jeden Kilometer das Auto aus der Garage holen und dann, wenn sie im Spiegel ihren Bauch als Speckkaskade erblicken, sich als erstes einen Personal Trainer mieten.

Der Tag, an dem ich mit Thomas Lüttich im Sale e Tabacchi saß, fiel in die Zeit, in der die Erschöpfung zum großen Modethema aufstieg. Überall war von Burnout die Rede, vom Kräftekollaps des spätmodernen Menschen, den nichts anderes auslaugt als die Anstrengung, er selbst zu sein und unaufhörlich Entscheidungen über sein Ich zu treffen, ob sie Kleidungsstil, Umgangsformen, Kindererziehung oder eben die Partnerwahl betrafen. Für jede noch so persönliche oder private Angelegenheit hatte sich die sogenannte Stressgesellschaft eine Dienstleistungssparte erfunden. Es gab Mediatoren für den lächerlichsten Nachbarschaftsstreit und Therapeuten, die Managern zeigen, wie man sich auf den Rücken legt, die Augen schließt und an Meeresrauschen denkt. Und es gab Parship.de und ElitePartner.de für Leute wie Thomas Lüttich, die ihre Wünsche von einem Computerprogramm erledigen ließen. Es war ja wohl kein Zufall, dass sich der Aufschwung der Entspannungs- und der Kuppelindustrie zur gleichen Zeit vollzogen hatte.

Mir war nicht wohl in meiner Gereiztheit. Sie kam mir dumm vor. Als läse ich die verstaubten Argumente eines übellaunigen, jede Neuerung misstrauisch beobachtenden Kulturkritikers ab. Es war Unfug, Thomas Lüttich eine Form der Partnersuche anzulasten, die auf der ganzen Welt als selbstverständlich galt. Von den sechzehn Millionen Singles, die es allein in Deutschland gibt, befindet sich schätzungsweise die Hälfte auf dem Markt des Online-Datings. Ein gutes Dutzend, meinen erfolglosen Ausflug auf OkCupid eingeschlossen, kannte ich persönlich. Die internationale Kontaktbörse Match.com schaffte es mit neun Millionen registrierten Mitgliedern ins Guinnessbuch der Rekorde. In China ging 2003 Jiayuan.com ans Netz. Der Erfolg erwies sich als so durchschlagend, dass die Betreiber ihre Aktivitäten im Dienst der Liebe erweiterten und seit 2010 auch Hochzeitsplanungen anbieten. Im Iran beschlossen die Mullahs, das Verkuppeln via Bildschirm selbst in die Hand zu nehmen. Die Regierung kündigte im Jahr 2012 an, eine offizielle, also überwachte Online-Partnerbörse einrichten zu wollen. Und in den USA lernt sich mittlerweile jedes fünfte Ehepaar im Internet kennen. Thomas Lüttich war nichts anderes als ein unauffälliger Fisch in der Masse eines Riesenschwarms.

Ich wusste nicht recht weiter und überlegte, mich zu verabschieden. Besser gesagt: Ich tat so, als würde ich darüber nachdenken, mich zu verabschieden. Ich nahm meine Handtasche von der Stuhllehne und kramte darin herum, um Thomas Lüttich zu verdeutlichen, dass ich durchaus meinen Geldbeutel herausnehmen, meinen Teil der Rechnung bezahlen und zur Tür des Sale e Tabacchi hinausspazieren könnte. Er grinste gar nicht, als er mir beim Vorführkramen zusah. »Wissen Sie was?«, sagte er. »Ich hätte jetzt Lust auf ein Glas Champagner. Sie auch?« Ich holte mein Handy aus der Handtasche, warf einen Blick darauf und nickte.

Als Thomas Lüttich von der Champagnerbestellung am Tresen zurückkam, drehte er eine Runde um die Nachbartische und blieb hinter mir stehen. Dann geschah etwas Seltsames. Er schlug plötzlich mit der Hand auf meine rechte Schulter; ein kräftiger, unverkennbar kumpelhafter Schlag. Er haute, um mir klarzumachen, dass er jetzt sozusagen von Mann zu Mann zu sprechen gedenke, gleich noch einmal ordentlich zu und begann zu lachen. »Soll ich Ihnen mal sagen, was mein erster Profilname bei Parship war? Ich darf gar nicht daran denken, so peinlich war das. Also ich sag's Ihnen, aber Sie werden umkippen vor Lachen. Mein Profilname war Flaubert.«

Ich kippte, wie auf Kommando, von schallendem Gelächter gekrümmt nach vorn. Ich war eigentlich gar nicht so belustigt, eher verblüfft über die Anmaßung eines Bücherregalbesitzers, sich den Namen eines Giganten der Weltliteratur zuzulegen. Aber ich wollte Thomas Lüttich nicht mit einer Reaktion verstimmen, durch die er sich möglicherweise blamiert gefühlt hätte.

Als Neuankömmling bei Parship.de erhielt Thomas Lüttich allein in der ersten Woche seiner Mitgliedschaft dreißig Kontaktanfragen von Frauen, die seinen Vorgaben entsprachen oder dies zumindest vortäuschten und sich auf Flaubert stürzten wie auf frische Ware im durchprobierten Sortiment. Mehr als die Hälfte machten in ihren Mails eine Anspielung auf literarische Interessen, bezeichneten Lesen als ihre liebste Freizeitbeschäftigung oder malten abendliche Szenen aus, in denen der eine Partner dem anderen bei einem Glas Rotwein aus Romanen vorliest. Thomas Lüttich begriff seinen Fehler und nannte sich ab der zweiten Woche Charlie Brown. Er wünschte sich eine solid gebildete Frau, die wusste, wer Umberto Eco, Kofi Annan und Quentin Tarantino waren. Eine romantische Kerzenlichtschwärmerin wünschte er sich keinesfalls.

Wen in Gottes Namen suchte er denn nun überhaupt? Um den Algorithmus von Parship.de in Kuppelaktivität zu setzen, müssen die Suchenden den erwünschten Partner entlang eines festgelegten Fragekatalogs definieren. Für das Ausfüllen dieses

Katalogs, sagte Thomas Lüttich, habe er keine zehn Minuten gebraucht. Der Kellner brachte den Champagner, wir erhoben vor dem ersten Schluck andeutungsweise die Gläser und lächelten uns zurückhaltend an.

Thomas Lüttichs Wunschfrau sollte zwischen 28 und 35 Jahre alt, nicht kleiner als 165 und nicht größer als 177 Zentimeter sein. Sie sollte Abitur, noch besser ein Hochschulstudium haben und keine Kinder. Bei der Rubrik »Äußere Erscheinung« schrieb er: »blond, schlank, feminin«. Er hoffte, dies genüge, um die allzu Flachbrüstigen zu verscheuchen. Sie durfte Gelegenheitsraucherin sein, das heißt, nach einem opulenten Mahl oder auf einer Party eine Genusszigarette rauchen. Thomas Lüttich schrieb bei der Raucherfrage in Klammern: »drei oder vier Zigaretten pro Woche«. Sie sollte sich gemeinsame Kinder wünschen, am allgemeinen Weltgeschehen interessiert sein und einen sie ernährenden Beruf ausüben. Nur bei der Frage, welches Monatseinkommen auf Seiten der Partnerin nicht zu unter- und nicht zu überschreiten sei, zögerte Thomas Lüttich. Über diesen Aspekt hatte er sich, da Geld in keiner seiner bisherigen Beziehungen eine ausschlaggebende Rolle gespielt hatte, bis dahin keine Gedanken gemacht. Die Antiquitätenhändlerin hatte dreimal so viel verdient wie er. Aber damals stand er beruflich am Anfang, war noch Assistenzarzt an der Charité, fuhr an den Wochenenden Nachtschichten als Notarzt. Es gab keinen Grund, das Gefälle zwischen seinem Kontostand und dem einer Geschäftsfrau als Problem und sich selbst als Schmarotzer zu empfinden. Thomas Lüttich schrieb schließlich: »ab 2000 brutto aufwärts«.

Dem Katalog schloss sich ein leeres Textfeld an, in dem die Börsenmitglieder ihre individuellen Wünsche zum Ausdruck bringen konnten. Thomas Lüttich schrieb in dieses Feld, er bevorzuge Frauen, die Erfahrung mit längeren Auslandsaufenthalten besäßen, und Frauen vom angelsächsischen Typus. Er könne mit Mimosen ebenso wenig anfangen wie mit herrschsüchtigen Emanzen. Und er suche eine Frau, für die nicht gleich die Welt zusammenbräche, wenn er ein Wochenende allein bleiben oder allein in Urlaub fahren wolle. Auch möge er Haustiere und Tattoos nicht. Er erwarte Stilsicherheit.

Den psychologischen, aus rund fünf Dutzend Multiple-Choice-Fragen bestehenden Persönlichkeitstest von Parship.de fand Thomas Lüttich durchschaubar bis zur Lächerlichkeit. Er sollte sich zwischen Grafiken mit geschwungenen und geraden Linien, zwischen den Bildern eines Bungalows im Bauhausstil, einer reetgedeckten Nordseekate und einer Gründerzeitvilla entscheiden, und er sollte für den Fall, seine Partnerin begänne bei einer Party einen Flirt mit einem anderen Mann, unter drei angebotenen Reaktionen diejenige wählen, die seinem Verhalten am ehesten entspräche. Thomas Lüttich klickte auf »ich verlasse unauffällig die Party«. Er wählte die Gründerzeitvilla und die geraden Linien, weil er annahm, aus der Schnittmenge ergäbe sich das Bild eines gut ausbalancierten, Seelentiefe und Sachlichkeit vereinenden Charakters. Zwei Wochen später fand er im Briefkasten einen Umschlag mit der Auswertung des Tests, eine stattliche, zehn Seiten umfassende Expertise. Thomas Lüttich blätterte darin herum, erfuhr, dass er introvertierter sei als extrovertiert, und warf die Blätter zum Papiermüll, den seine Putzfrau einmal in der Woche leerte.

Dann aber riss es ihn ganz unerwartet aus der Nüchternheit. Er hatte nicht damit gerechnet, dass er sich in dem Moment, als er den Rechner einschaltete, Kontaktanfragen las, Kontaktanfragen losschickte, wie auf ein Rendezvous freute, dem Prickeln und Verliebtheitsstimmung vorausgehen. Er war in keine der Frauen verliebt, die ihm auf dem Bildschirm in Mengen entgegenkamen. Aber er gelangte in einen virtuellen Raum, in dem jeder Satz, jedes Signal, jede Mailbotschaft, noch die allerblödeste, auf das Versprechen von Liebe zulief. Der Computer selbst schien es zu verströmen. Nach den ersten Treffen mit Parship-Kandidatinnen flaute diese Hochstimmung allerdings ab. Thomas Lüttich wischte mit der Hand durch die Luft, als vertreibe er Fliegen. Diese Dates und, wie ich vermutete, zahlreiche ihnen folgende waren keiner genaueren Schilderung wert. Wahrscheinlich konnte sich Thomas Lüttich nach zwei Jahren auch gar nicht mehr genau daran erinnern. Je länger er im Heuhaufen nach der Stecknadel wühlte, desto schneller und intuitiver erkannte er die Details im Profil einer Frau, die sich hochrechnen ließen zum abschreckenden Ganzen.

Frauen, die Wochenenden in Wellness-Hotels mochten, Frauen, die mit der Standardfloskel ankamen, sie fühlten sich auf High Heels so wohl wie in Turnschuhen, Frauen, die einer alten Beziehung nachzutrauern schienen, Frauen, die sexuelle Könnerschaft durchblicken ließen, Frauen, die übermäßiges Popcornknabbern im Kino als ihr schlimmstes Laster bezeichneten, Frauen, die in irgendeiner, egal, ob in bewundernder oder in ablehnender Weise, Alice Schwarzer, Heidi Klum, Angela Merkel und Michelle Obama erwähnten, Frauen, die betonten, anders als die meisten anderen Frauen zu sein, Frauen, die von einem Nine-to-five-Job oder von Life-work-balance sprachen, Frauen, die eine heimliche Schwäche für Ärzte und Architekten beichteten – allesamt nichts für Charlie Brown.

Im dritten Monat seiner Mitgliedschaft bei Parship.de lernte Thomas Lüttich Nina kennen. Als er den Vornamen aussprach, fiel mir plötzlich auf, dass er bis dahin noch keine einzige Frau bei ihrem Namen genannt hatte. Nina war dreiunddreißig Jahre alt und ein Meter siebzig groß. Sie lebte in Berlin und arbeitete als Freelancer für eine Kultursendung des ZDF. Die Auslands-erfahrung, die sie zu bieten hatte, ein Praktikum beim deutsch-französischen Sender arte in Straßburg, entsprach nicht ganz Thomas Lüttichs Ansprüchen. Aber es war ein schwacher Wer-mutstropfen, der nicht ausreichte, ihm den Rest der Person zu verleiden.

Und warum nun ausgerechnet sie? Warum diese Nina? Welche Funken sprangen aus dem Bildschirm und entzün-deten das Aufmerksamkeitsflämmchen im Kopf von Thomas Lüttich? Ich hielt es für ziemlich unwahrscheinlich, dass ein Skeptiker wie Thomas Lüttich, vielleicht sogar ein echter Mis-anthrop, aus dem Häuschen gerät, nur weil er die Personalien einer blonden, ein Meter siebzig großen Frau zur Kenntnis nimmt, die ein paar Monate in Straßburg verbracht hatte, sich gelegentlich in den Redaktionsräumen einer gegen Mitternacht im Fernsehen ausgestrahlten Kultursendung aufhielt und von Glück reden konnte, wenn sie jeden Monat 2000 Euro brutto zusammenbrachte.

Ich wollte wissen, ob es unwillkürliche, letzten Endes uner-klärbare Anziehung im Virtuellen ebenso geben kann wie in der Realität. Ob man lernen kann, von ein paar schriftlichen Signalen verzaubert zu sein wie von einem Wesen aus Fleisch und Blut. In früheren Zeiten, als Verliebte und Verlobte kaum Zeit zu zweit verbringen konnten und sich ersatzweise endlos Briefe schrieben, musste es diese Fähigkeit ja schon einmal ge-geben haben. So gedacht wäre die Kuppelmaschinerie des Internets keineswegs die Guillotine der romantischen Liebe, sondern vielmehr die hohe Schule der romantischen Phantasie.

»Der Kick?« Thomas Lüttich schaute schräg an mir vorbei in die Luft. Wenn ich ihn richtig verstand, waren es zwei Mitteilungen von Nina, an denen sein Auge hängenblieb. Die eine war ihr Profilname Miss Marple. Die andere der einzige Satz im leeren Feld der persönlichen Wünsche. »Ich habe nichts gegen schnarchende Männer, ich bevorzuge ohnehin getrennte Schlafzimmer«, stand da kurz und lapidar.

Ob er Schnarcher war oder nicht, dieser Satz musste einen Mann, der für seinen Fall sogar das Einzelgänger-Gen erfunden hatte, ins Herz treffen. Er verriet ihm einen Wesenszug, besser gesagt den angenehmen Mangel eines solchen: weibliches Klammern am Liebesobjekt. Thomas Lüttich gefiel auch der Eindruck einer gewissen Schnodderigkeit in Ninas Profil. Der Frau, die sich nach der englischen Detektivmatrone Miss Marple nannte, war es offensichtlich egal, welche Assoziationen sich daraus ergeben konnten. Sie hatte, schlussfolgerte Thomas Lüttich, nicht lange gerätselt und getüftelt, sondern den nächstbesten halboriginellen Namen eingetippt, der ihr gerade einfiel und der so viel oder wenig aussagte wie Charlie Brown. Sie führte keine angestrengte Werbeveranstaltung in eigener Sache durch, und das war es, was Thomas Lüttich das Gefühl gab, einer Gesinnungsgenossin zu begegnen. Sie hatte auch ihr Foto in der Ecke links oben in ihrem Profil nicht freigeschaltet, anders als viele Frauen, die ihre optische Attraktivität einsetzten. Über ihrem Porträt lag ein Grauschleier, durch den hindurch nur der ovale Umriss eines Kopfes und glatt herunterfallende Haare zu erkennen waren.

Es war, daran erinnerte er sich, an einem Sonntag, am späten Nachmittag, als Thomas Lüttich eine Kontaktanfrage an

Nina schickte. Sie antwortete ein paar Stunden später. Auf diese Antwort hatte er wohl mit Ungeduld gewartet. Denn er erinnerte sich auch, dass er »Tatort« anschaute und die Festnahme des Mörders verpasste, weil er zwischendurch zum Computer ging.

Zwei Tage später telefonierten sie zum ersten Mal. Es stellte sich heraus, dass sie fast um die Ecke wohnten, beide in Straßen, die auf den Kollwitzplatz am Prenzlauer Berg zuliefen. Thomas Lüttich riss sich zusammen und ließ sich nicht anmerken, wie sehr er erschrak, wie unangenehm, ja unheimlich er diese Nachbarschaft im Grunde fand. Sie würde, egal wie der Kontakt sich entwickelte, den Zufall zwingen, Nina ab nun tagtäglich seinen Weg kreuzen und genau dann beim Zeitungshändler an der Ecke auftauchen zu lassen, wenn er dort Zigaretten kaufte. Noch Monate später würde sie ihn auf der Straße als den Parship-Doktor erkennen, mit dem es leider nichts geworden war, und ihm schlimmstenfalls »Viel Glück!« zurufen. Immerhin brach sie am Telefon nicht in Jubel aus, redete keinen Unsinn von wegen Wink des Schicksals, sie sagte nur: »Na so was, ein Prenzelbergmann.«

Sie verabredeten sich zum Abendessen in einem russischen Restaurant am Kollwitzplatz. Es war keine fünf Fußminuten von ihren Wohnungen entfernt und ihnen aus ihrem jeweiligen Alltag so vertraut, dass sie annehmen durften, sich schon einmal gleichzeitig dort befunden zu haben, wenn auch nicht am selben Tisch und nicht mit der Absicht, sich als mögliche Liebespartner zu beschnuppern. Es wäre albern gewesen, sich extra in einem anderen Stadtviertel zu treffen, nur um die Anreise zu simulieren, die üblicherweise zur Dramaturgie eines Dates zweier Unbekannter gehört.

Sie waren sich unbekannt und fremd, Nina und Thomas Lüttich, trotz Mail-Kontakt, trotz Telefonat. Aber räumlich waren sie sich nun mal ausgesprochen nah, und es könnte sein, dass Thomas Lüttich über diese Bildstörung, über diese Unstimmigkeit der Ausgangsbedingungen nicht richtig hinwegkam. Der Irrwitz, im Internet einer Frau zu begegnen, der er auch am Zebrastreifen an der nächsten Straßenecke hätte begegnen können, muss der Liebe, zumindest auf seiner Seite, von Beginn an einen Zug ins Irreale gegeben haben.

Bevor er das Haus verließ, um zum Kollwitzplatz zu gehen, loggte sich Thomas Lüttich noch einmal bei Parship.de ein. Nina hatte kurz zuvor ihr Bild für ihn freigeschaltet, damit er sie im russischen Restaurant erkennen konnte. Er sagte es nicht, aber ich vermutete, dass er von ihrem Anblick eingenommen oder sogar entzückt war. Ob er Zeit brauchte für Gefühle, ob er je die Naivität besessen hatte, aus dem Stand heraus durch die Decke zu gehen vor Verliebtheit, auch dies gehörte zu den Dingen, die mir an Thomas Lüttich unklar blieben. Er erzählte nicht, wie der Abend verlief, ob ihm die erste gemeinsame Nacht folgte, wie und in welchem Tempo es mit ihm und Nina nun weiterging.

Er stützte stattdessen den Unterarm senkrecht auf den Tisch und ließ ihn eine Weile um die eigene Achse kreisen. Wie ein Kettenkarussell schwang die gelockerte Hand in den Kreisen mit. Es war eine wunderschöne Bewegung. Ich deutete dieses Kreisen als Thomas Lüttichs Zusammenfassung einer ganz normal entstehenden, sich weiterschwingenden, sich beschleunigenden Liebesgeschichte. Eineinhalb Jahre, nicht länger, musste sie zurückliegen. Aber der Mann, der sich damals drehen ließ, schien mir ein anderer zu sein als der, der im Sale e Tabacchi vor mir saß. Auch ein anderer als der pedantische Blondinenarchivar.

Der Arm stoppte, Thomas Lüttichs Zeigefinger fuhr wie ein Beute machender Raubvogel senkrecht nach unten und stieß ins Tischtuch. »Es war mein Fehler«, sagte er, »ganz klar, ich habe Mist gebaut, und ich kann Ihnen noch nicht mal sagen warum, ehrlich, ich habe keine Ahnung.«

Das Verhältnis mit Nina endete nach vier Monaten in einem Fiasko. Der Begriff stimmt nicht ganz. Ein Fiasko lässt ein theatralisches, turbulentes Geschehen erwarten, und der Vorfall, der Nina und Thomas Lüttich auseinanderbrachte, vollzog sich auf gespenstische Weise vollkommen geräuschlos. Ihr Verhältnis löste sich einfach in Luft auf. Es verdampfte wie Wasser in der Sonne. Thomas Lüttich war zu einer Party bei dem Anwaltspaar eingeladen, das mir von ihm und seiner Frauensuche erzählt hatte. Ich erinnerte mich, dass ich zu dieser Party auch eingeladen war, aber nicht hingehen konnte. Er kündigte an, zu zweit zu erscheinen. Es sollte sein Debütauftritt als liierter Mann werden und er war entsprechend nervös. Um sich zu beruhigen, trank Thomas Lüttich schon zu Hause zwei Gläser Rotwein, schnell hintereinander und auf nüchternen Magen, zuviel, um noch mit dem eigenen Auto vom Prenzlauer Berg nach Charlottenburg zu fahren. Er rief Nina an und verabredete sich mit ihr am Taxistand um die Ecke. Die Fahrt, diese halbe Stunde, die sie ohne sich zu berühren, verzweifelt um ein Gesprächsthema bemüht, auf dem Rücksitz des Taxis verbrachten, wirkte sich auf das seelische Befinden wohl fatal aus, zumindest bei Thomas Lüttich.

Wie es Nina erging, konnte er mir nicht sagen. Er erfuhr es nie. Am Wohnungseingang wurden sie von einer Bediensteten in Empfang genommen. Sie half ihnen aus den Mänteln, deutete mit einem kleinen Kopfnicken eine Verbeugung an und zeigte mit der Hand zu den vom Flur abzweigenden Räumen. Sie waren bereits voll mit Menschen, die Wellen redender, lachender Stimmen schwappten in den Flur und Thomas Lüttich überkam ein ungutes Gefühl. Er zögerte wie vor dem Eintauchen in eine Brandung, deren Wucht sich nicht abschätzen lässt. Er hatte mit einer viel kleineren, überschaubaren Anzahl an Gästen, mit einer privaten Atmosphäre gerechnet, nicht mit einer Salongesellschaft, deren anonyme Größe dem Abend einen offiziösen, fast herrschaftlichen Rahmen gab.

Was wäre gewesen, wenn er seinem Impuls gefolgt wäre und sich einfach wieder umgedreht hätte? Wenn er zu Nina gesagt hätte: Komm, wir gehen was essen, ich hab eigentlich gar keine Lust auf so ein Riesenevent. Thomas Lüttich schaute mich an, gab aber keine Antwort. Ein Rest der ratlosen Starre, die ihn vor eineinhalb Jahren eine Dummheit nach der anderen machen ließ, lag in seinem Blick.

Er gab sich einen Ruck, ging flott auf das am Kopfende des Flurs gelegene Zimmer zu, schob sich durch plaudernde, um kleine Stehtische gedrängte Grüppchen, nahm im Vorbeigehen ein Glas Rotwein vom Getränkebuffet, lief schnurstracks weiter durch ein Zimmer, in dem ringsum das Essbuffet aufgebaut war, öffnete die Balkontür und stellte sich zu den Rauchern. Von Nina war nichts mehr zu sehen. Thomas Lüttich hatte sie auf dem Weg verloren. Er war aus der Spur gekommen, aus der vernünftigen Reihenfolge vernünftiger Handlungen. Er hatte es verpasst, Nina an die Hand zu nehmen, das Gastgeberpaar in dem Gewimmel aufzutreiben, ihnen seine neue Freundin mit ein paar liebenswürdigen Worten vorzustellen, um dann in Ruhe durchzuatmen und fortan ein Mann mit einer Frau an seiner Seite zu sein wie Dutzende andere Männer an diesem Abend auch. Stattdessen klebte er auf dem Balkon, rauchte die nächste und die übernächste Zigarette, mischte sich hierhin und dorthin in die Gespräche des Rauchervolks, und je länger er da klebte, nur so kann ich es mir erklären, desto mehr wurde das Verpasste zur unangenehmen Pflichtaufgabe, die bei Thomas Lüttich den bockigen Schulbubenreflex auslöste, ihre Erledigung immer weiter hinauszuschieben. So weit, bis er irre genug war, mit der Pflicht auch die Person abzuschütteln, der er sein missliches Verhalten zu verdanken glaubte.

Wie in einem Anfall von Amnesie war er in die Rolle des Mannes zurückgefallen, der er vier Monate zuvor gewesen war. Ich habe mir oft den Kopf zerbrochen, ob Thomas Lüttichs Aussetzer in irgendeiner Weise damit zu tun hatte, dass Nina der Scheinwelt des Internets entstammte. Ob diese Geschichte wie ein zerplatzter Luftballon endete, weil sie im Land der Luftschlösser begonnen hatte, nicht in der Realität. Aber das war, so denke ich, wohl nicht der eigentliche Grund. Warum sollten Menschen, wenn sie erst einmal ihre Körper fühlen, ihre Stimmen hören, ihre Gerüche und Geräusche erleben, nicht darüber hinwegkommen, dass sie zuallererst nichts als digitale Zeichen füreinander gewesen waren? Ich denke allerdings auch, dass Melancholiker, der verlässlichen Konsistenz des Realen ohnehin misstrauend, anfällig dafür sind, die Realität aus den Augen zu verlieren. Und das Wort »Melancholie« kam mir immer wieder in den Sinn, wenn ich mich an Thomas Lüttich erinnerte.

Er wirkte plötzlich zornig. Vielleicht auf Nina, die ihm im Partygewühl nicht einfach hinterhergespurtet war, vielleicht auf sich oder auf mich. Er saß schmallippig vor mir und fauchte: »Sie brauchen das jetzt nicht zu kommentieren, das war nicht mein bester Moment, weiß ich selbst.« Er meinte nicht den Balkonaufenthalt. Er meinte die Tollheit, die er sich danach leistete. Bis dahin wäre die Situation vielleicht noch zu retten gewesen. Als Thomas Lüttich aber nach einer halben, vielleicht auch einer ganzen Stunde den Balkon verließ, sich ans Ende der Essbuffetschlange stellte und mit der Frau vor ihm zu schäkern und zu flirten begann, sich dann mit dem gefüllten Teller und der Buffetbekanntschaft in eine Sitzecke zurückzog, war nichts mehr zu retten. Es kam ihm so vor, als sähe er kurz darauf Nina in den Flur gehen. Aber er unternahm nichts. Er blieb sitzen, aß und schwatzte weiter mit der Nachbarin.

Sie waren, als sie schon im Kettenkarussell kreisten und ein Paar wurden, nach wie vor Mitglieder bei Parship.de. Sie ließen ihre Profile bestehen. Es war ein Vertrauensbeweis. Nina hätte überprüfen können, ob und wann Thomas Lüttich sich einloggte, um hinter ihrem Rücken weiter nach Frauen zu suchen, und Thomas Lüttich hätte das Gleiche auf Ninas Profil überprüfen können. Sie sprachen nicht darüber. Aber sie hatten beide auf ihren Profilen die Statusmitteilung »Ich suche derzeit nicht« geschaltet. Als sich Thomas Lüttich am Morgen nach der Party einloggte, sah er, dass Nina ihr Profil noch in dieser Nacht für ihn gesperrt hatte. Auf dem Bildschirm erschien der für diesen Fall gebräuchliche Standardsatz von Parship: »Das Mitglied hat sich von Ihnen verabschiedet.«

Die bürokratische Formulierung, die Thomas Lüttich, so sah er es zumindest, mit einem Fußtritt zum Anonymus degradierte, ließ ihm nicht den geringsten Spielraum für eine Entschuldigung oder eine Erklärung, für irgendetwas. »Ist doch klar, wenn jemand so reagiert, ist doch absolut nichts mehr zu machen.« Ich sah das anders. Ich verstand nicht, warum er nicht aus dem Haus gelaufen war, um bei Nina Sturm zu klingeln. Warum er sie nicht wenigstens angerufen hatte, zehnmal, zwanzigmal, hundertmal, bis sie vor Erschöpfung den Anruf annehmen musste. Aber für Thomas Lüttich war die Sache erledigt. Etwa ein halbes Jahr später meldete er sich bei ElitePartner.de an, um seinen Suchradius zu erweitern. Entgegen seiner Befürchtung traf er Nina kein einziges Mal auf der Straße, nicht beim Zeitungshändler, nicht im türkischen Lebensmittelgeschäft, und als er irgendwann ihren Namen googelte, erfuhr er auch, warum. Sie gehörte inzwischen der Redaktion der Sendung Kulturzeit auf 3sat an, und Thomas Lüttich vermutete, dass sie Berlin verlassen und sich in Mainz oder Frankfurt einquartiert hatte.

Wir verstummten. Ich hielt die Anspannung nicht aus und stellte ins Schweigen hinein die idiotische Frage, ob Nina blond gewesen sei. Thomas Lüttich warf mir einen düsteren, fast angewiderten Blick zu, als klebten auf meinem Gesicht nicht nur Milchschaumflocken und Wimperntuschekrümel, sondern auch ein paar Reste der Pasta de Salmone. Er schaute über mich hinweg und malte, als er einen Kellner sah, mit dem Zeigefinger ein Gekritzel in die Luft. Als die Rechnung kam, nahm er sie sofort an sich und legte eine Visa Card in die kleine Ledermappe. Ich machte mich bereit für eine förmliche Abschiedszeremonie, aber Thomas Lüttich stand auf und ging einfach weg. Er ging an der Bar entlang zum Ausgang, nahm seinen Mantel vom Garderobenständer, nickte mir aus der Entfernung kurz zu und verschwand.

Ich konnte mich nicht entschließen, auch zu gehen, und bestellte noch ein Glas Rotwein. Als es vor mir stand, war ich plötzlich erleichtert, allein zu sein, allein am Tisch zu sitzen und zuzuschauen, wie sich nach und nach die Tische um mich herum mit Gläsern, Gedecken und Speisen füllten und der Restaurantabend mit neuen Gästen begann. Vor allem aber war ich erleichtert, dass Thomas Lüttich keine Gelegenheit mehr hatte, mich nach der zweiten Hälfte meiner Geschichte, nach dem Ende meiner Leidenschaft für schwarzhaarige Männer zu fragen. Es ist ohne Zweifel die unangenehmere Hälfte. Einen glatzköpfigen Großvater zu haben ist so wenig peinlich wie eine Kinderliebe zu einem Kinoindianer. Aber sich als erwachsene Frau von einem verkrachten Neapolitaner einwickeln und ausnehmen zu lassen, nur weil seine Haare einer fixen Idee entsprechen, das ist schon eher peinlich.

Genauso aber war es. Zu meinem dreißigsten Geburtstag schenkte ich mir einen langen Sommeraufenthalt auf der italienischen Vulkaninsel Stromboli. Sie liegt zwischen Sizilien und dem Golf von Neapel und gehört zur Gruppe der Äolischen Inseln. Kaum ein anderer Ort hat mich je so gepackt wie dieser roh aus dem Meer gestemmte schwarze Kegel. Aus seiner Stirn steigt zu allen Tageszeiten ein grauer Rauchfaden auf, von seiner Ostflanke donnern Lawinen rotglühender Lava ins Meer. Mystisch, bedrohlich, majestätisch zeichnet sich die Inselsilhouette aus der Ferne ab, als nähere man sich dem Urzustand der Welt, in dem sie aus nichts als Feuer, Wasser und Gestein besteht.

Für den großen Tourismus ist Stromboli zu exzentrisch, auch zu unbehaglich. Es gibt nur einen einzigen Strand, der sich vom Hafen aus an den zwei Küstendörfern entlangzieht und mit schwarzem körnigem Lavasand bedeckt ist. Man muss, was ich ja vorhatte, einige Zeit auf Stromboli bleiben, um zu entdecken, dass sich hinter der spröden Kulisse ein munteres Gesellschaftsleben abspielt.

Kurz nach Ostern flatterte aus sämtlichen Himmelsrichtungen eine Mischung aus Künstlern, Bohemiens, Außenseitern aller Art und jener Sorte vagabundierender Schnorrer ein, deren Existenz sich als kostenloser, von Schlafplatz zu Schlafplatz, von Mahlzeit zu Mahlzeit improvisierter Dauerurlaub gestaltet. Man trank am späten Vormittag einen Espresso auf der Piazza des Hauptdorfes, verbrachte den Nachmittag am Meer und vereinte sich am Abend in irgendeinem Haus zum großen Pastaessen.

Ich machte da nur gelegentlich mit, war eher Zaungast als festes Mitglied. Ich wahrte zum Treiben der Kleinkolonie auch deshalb einen gewissen Abstand, weil ich ihrer erotischen Turbulenzen und beständig wechselnden Konstellationen nach ein paar Wochen überdrüssig war. Mir fiel zudem auf, dass einige der Touristinnen weniger die Naturgewalt der Insel schätzten als die Naturschönheit junger Italiener. Diese wiederum zog es zu Saisonbeginn auf die Insel, weil sie erwarten durften, dort liebeshungrige Damen anzutreffen, die bereit waren, eine kleine Ferienromanze materiell zu honorieren, auf jene beiläufige, in Geschenke und unregelmäßige Geldzuwendungen gehüllte Weise, für die das Wort Sextourismus zu brachial wirkt.

Was ich allerdings nicht bemerkte, war die Heroinsucht einiger der Latin Lovers. Diese jungen Neapolitaner und Sizilianer hätten allesamt als Model in Mailand arbeiten können. Nicht im Geringsten glichen sie dem Bild abgewrackter Junkies. Keines der typischen Suchtmerkmale verunstaltete ihre Erscheinung, weder schwarze Augenringe noch angefaulte Zähne oder verräterische Aknenarben. Sie rauchten Heroin oder spritzten es sich in die Fußsohlen, was ich erst ganz am Ende meines Aufenthalts herausfand, und lagen mit makellosen, tief gebräunten Armen und Beinen am Strand oder auf den Planken eines Segelbootes, das ihnen selbstverständlich nicht gehörte. Körperlich waren sie in einem hervorragenden

Zustand, den sie reichlichem Schlaf, Faulenzerei, der guten italienischen Kost und nicht zuletzt der mineralreichen Vulkanluft verdankten. Sie ist für ihre homöopathische Wirkung bekannt, angeblich auch für ihre aphrodisierende.

An einem Abend saß ich mit einem Glas Weißwein auf der Piazza. Es war noch hell, aber die Linie der Sonnenscheibe zeichnete sich bereits scharf ab. Im Gegenlicht sah ich eine Gestalt auf mich zukommen. Ich konnte nur ihren Umriss erkennen. Dieser aber genügte, um mich in ein Kaninchen zu verwandeln, das bibbernd vor der Schlange hockt. Die Schlange hatte tiefschwarze, lange, zu einem Pferdeschwanz gebundene Haare, begrüßte mich lässig, setzte sich, ohne mich zu fragen, an meinen Tisch, behielt die Sonnenbrille auf, vermutlich um die vergrößerten Pupillen zu verbergen, und ich war wehrlos meinem Spleen ausgeliefert. Der Mann schien meinen Tagträumen aus Kinderzeiten entstiegen. Mir war durchaus bewusst, dass ich auf dem besten Weg war, einer Illusion zu erliegen. Aber ich konnte den Blick nicht abwenden von diesen Haaren und dem muskulös-geschmeidigen Indianerkörper. Ich war in meiner Verwirrung nicht einmal in der Lage, zu entscheiden, was ich eigentlich von dem Mann wollte: ihn nur anschauen oder mich verführen lassen. Meine Angst, eine einmalige Gelegenheit zu verpassen, hielt sich mit der Angst, die größte Dummheit meines Lebens zu begehen, ziemlich genau die Waage. Ich gab die Zügel aus der Hand und willigte ein, im kleinen Restaurant am Hafen gemeinsam zu Abend zu essen.

Schon nach einer Stunde wurde die Situation schwierig. Ich bastelte aus italienischen Fertigbausätzen alle möglichen Fragen und Konversationsbrücken zusammen, erhielt aber nur mürrische Antworten. Er gab sich nicht die geringste Mühe, zu verbergen, wie ihn das gequälte Herumreden mit einer nervösen Ausländerin langweilte, die nicht umstandslos zum eigentlichen Thema kam. Wäre er eine Spur geduldiger gewesen, eine Spur weniger verächtlich, weniger darauf erpicht, den kaltblütigen Verhandlungspartner herauszukehren, hätte ich wahrscheinlich noch in derselben Nacht eine Affäre mit ihm begonnen. Aber ich war ihm einfach zu schwierig. Heute weiß ich, dass ich insgeheim froh war, ihm auf die Nerven zu gehen, weil ich so um eine Entscheidung herumkam.

Als der Kellner mir die Rechnung hinlegte, stand er sofort auf. Bevor er auf seine Vespa stieg, fragte er noch nach meiner Adresse und meiner Telefonnummer in Deutschland. Die Frage hatte einen so sachlichen, fast befehlenden Ton, dass mein Kaninchenreflex auf der Stelle reagierte und ich gehorsam beides auf einen Zettel schrieb. In den darauffolgenden Tagen und Wochen sahen wir uns gelegentlich, was sich auf einer kleinen Insel nicht vermeiden lässt. Wir nickten uns von fern zu, er grinste siegessicher, so deutete ich seine Mimik, und mir brach der Schweiß aus.

Fast ein halbes Jahr später, ich war längst wieder zu Hause in Berlin, war er eines Abends am Telefon. Mir war schnell klar, auf was das Märchen hinauslief, das er in meinen Gehörgang flötete. Angeblich hatte man ihm in Neapel eine Stelle als Koch versprochen. Aber der Restaurantbesitzer war ein Mafioso und hatte ihn hereingelegt. Außerdem sei seine Mutter krank und habe kein Geld für die lebensrettende medizinische Behandlung. Und zu allem Übel seien Diebe in seine Wohnung in Neapel eingebrochen. Sogar den Fernseher hätten die Hunde, wiederum Mafiosi, gestohlen. Das Einzige, worum er nun bäte, sei ein klein wenig Geld für einen ganz kleinen Fernseher, damit ihm in dieser umfassenden Misere wenigstens etwas Ablenkung vergönnt sei.

Ich habe ihm tatsächlich Geld geschickt, per Postanweisung nach Stromboli. Natürlich war er nicht in Neapel. Er war auf der Insel hängengeblieben, um sich den Winter über zu verkriechen und von den Drogenhändlern, die Stromboli als Posten auf der Schmuggelroute von Nordafrika nach Europa nutzten, mit Stoff versorgen zu lassen. Ich hörte durchs Telefon das Pfeifkonzert der äolischen Winde und das Krachen der Meereswellen. Er stand an der offenen Telefonzelle am Hafen, an der ich im Sommer selbst oft gestanden und nach Deutschland telefoniert hatte, um zu erklären, warum ich immer noch nicht zurückkam. Ich glaube, es waren ungefähr dreihundert Mark, die ich ihm schickte. Nicht, weil ich noch etwas mit ihm zu tun haben wollte. Im Gegenteil, ich schickte das Geld, um etwas loszuwerden. Ich zahlte es an die Götter als Ablass für meinen Spleen. Denn es war vorbei, ein für allemal vorbei mit schwarzen Haaren.

In meinem dreißigsten Lebensjahr, so könnte man sagen, vollzog sich in meinem Blick auf das Männergeschlecht eine Kurskorrektur. Er wandte sich von den dunkelhaarigen Phantomen ab und den intelligenten Plebejern zu. Bei diesen war die Haarfarbe egal. Und wenn ich ehrlich bin: Natürlich stach mir, als ich den Mann, der später der Vater meiner Tochter wurde, auf einer Strandterrasse der Nordseeinsel sah, als erstes ins Auge, dass er vor einem Schachspiel saß und Bier trank. Ersteres spricht für Intelligenz, Letzteres für etwas Plebejisches. Meine Tochter hat das Hellblond seiner Haare geerbt. Fülle und Festigkeit ihrer Haarpracht verdankt sie allerdings den Genen meiner Familie.

149

Ohne Gegenleistung

Als ich um die Treppenkurve bog, musste ich plötzlich an Manfred Hügel vom Karlsruher Flughafen denken, den Mann mit dem Faible für wildkatzenhafte Frauen. Vor mir ragte ein Bilderbuchexemplar dieses Typus auf.

Genau so, da war ich mir sicher, sähe Manfred Hügels Idealfrau aus. Auch das Gewicht hätte gestimmt. Maja Feldkirch, im Hausflur zu mir herunterwinkend, wog keinesfalls mehr als sechzig Kilogramm, eher etwas weniger. Etwas Feuriges ging von ihr aus. Sie war schmal, zartgliedrig, zugleich sportlich gestrafft, sie hatte eine weit über die Schultern fallende Lockenmähne, einen nussfarbenen Teint und tiefschwarze Augen. Ich spürte einen vor Erwartung hellwachen Blick, der mich nach oben zog. Wäre ich ihr anonym begegnet, hätte ich sie vielleicht für eine Südländerin hispanischer Herkunft gehalten. Dies alles zusammen entsprach ja zu hundert Prozent Manfred Hügels Vorlieben. Und umgekehrt? Wäre der Maschinenbauingenieur nach Maja Feldkirchs Geschmack gewesen? Wohl kaum.

Mich wunderte, dass sie in ihren hochhackigen, an den Zehen offenen Pumps keine Strümpfe trug. Nachdem der Winter im Dezember und Januar ein eher vorfrühlingshaftes Wetter geboten hatte, wollte er nun, bevor es wirklich Frühling wurde, im Februar 2014 noch einmal zeigen, zu welch klirrenden Minusgraden er im Ernstfall fähig war. Ich stieg mit Winterstiefeln, Mütze, Schal und Wollmantel die Treppe des Hamburger Mietshauses hinauf und kam mir wie eine Abgesandte Sibi-

riens vor, die von einer Einwohnerin der südlichen Erdhalb-
kugel empfangen wird. Es war eiskalt im Hausflur. Maja Feldkirch schien in ihrer dünnen Seidenbluse, unter der sich die
Schlüsselbeine und die Wölbung fester Oberarmmuskulatur
abzeichneten, dennoch kein bisschen zu frieren. Sie fror auch
auf dem Balkon ihrer Wohnung nicht, den sie im Verlauf meines Besuches ein paar Mal aufsuchte, um eine Zigarette zu rauchen. Sie warf sich nur ein magentafarbenes dünnes Wolltuch
um die Schultern, und ich stand in meiner Sibirienverpackung
daneben.

Der Name Maja Feldkirch war mir seit vielen Jahren geläufig,
obwohl ich sie persönlich nicht kannte. Wenn er in meinem
Bekanntenkreis fiel, umgab ihn immer ein Raunen, das jeden
aufmerksam machte. Ihr eilte der Ruf außerordentlicher Schönheit und übermütiger Lebenslust voraus. Selbst wer, wie ich,
Nachrichten über Maja Feldkirch und ihr wendungsreiches Leben nur aus zweiter Hand vernahm, war auf diese Nachrichten
so neugierig wie auf die nächste Folge einer fesselnden Fort-
setzungsgeschichte. Was machte, wo befand sie sich gerade?
War sie in Grenada, um ihr Spanisch zu verbessern und als Mu-
seumsführerin für deutsche Touristen zu jobben? Oder hielt sie
sich noch in Brüssel bei dem Konferenzdolmetscher auf, der in
der Freizeit Krimis schrieb? Wovon lebte sie überhaupt? Konnten die bunt wechselnden Tätigkeiten, die sie ausübte, unter
anderem eine Ausbildung zur Tangolehrerin in Buenos Aires,
der Museumsjob in Grenada, eine Assistenz am Bremer Theater und, ebenfalls in Bremen, eine Anstellung in der kommuna-
len Sozialbehörde, eine Frau um die fünfzig nach bürgerlichen
Maßstäben ausreichend ernähren? Wo nahm sie all diese Ideen,
Pläne, Abenteuer immerzu her?

Es kam mir nicht so vor, als sei von einem Mensch die Rede, der nur wahllos am Buffet herumnaschte, um von allem zu probieren, aber sich für nichts richtig entscheiden konnte. Vielmehr schien sich diese Maja Feldkirch in jedes neue Kapitel, jeden neuen Beruf, jede neue Liebe mit einer derart heftigen Intensität zu stürzen, dass nach fünf oder zehn Jahren das Potential des Neuen verbraucht, bis auf den letzten Krümel verzehrt war. Ihr Temperament, so hörte es sich in meinen Ohren an, war einfach zu gewaltig für moderate Kontinuität. Sie hatte ihr Medizinstudium auch nicht aus Faulheit oder wegen schlechter Noten abgebrochen, sondern in der Überzeugung, sowieso niemals als Ärztin arbeiten zu wollen. Also weg damit und auf nach Unbekannt.

Die Nachricht, Maja Feldkirch habe auf Kuba mit einem jungen Einheimischen angebändelt, wurde im Bekanntenkreis, der uns verband, nicht als besondere Sensation vermerkt. Erstens war ihr das zuzutrauen. Zweitens waren Geschichten von Frauen, die aus einem Urlaub in exotischen Gefilden mit erwecktem Eros zurückkehrten, weder selten noch besonders spektakulär. Der Tonfall änderte sich und nahm einen bedenklichen Klang an, als bekannt wurde, Maja Feldkirch sei entschlossen, diesen Kubaner nach Hamburg zu holen, wo sie seit einiger Zeit lebte und in der Presseabteilung des Kampnagel-Theaters arbeitete. Noch ernster wurde das Gespräch durch die Information, Maja Feldkirch habe nun geheiratet. Ich erinnere mich nicht, ob es ausgesprochen wurde, aber das Wort Riesendummheit stand im Raum. Wie kam Maja Feldkirch dazu, sich standesamtlich an einen Habenichts aus der Karibik zu fesseln? Doch wohl nur, um ihn in Deutschland einzubürgern. Aber warum? War sie einem amourösen Folkloreirrsinn verfallen? Hatte sie das nötig? Denn wenn es irgendeine Frau gab, die es nicht nötig hatte, im Ausland einen Mann zu finden, der morgens und abends mit ihr am Tisch sitzt und nachts neben ihr atmet, dann ja wohl Maja Feldkirch.

Sie war wirklich atemberaubend attraktiv. Ein einziger Blick aus meiner Froschperspektive genügte, um zu wissen, dass sie nicht nur zu den Wildkatzen gehörte, sondern auch zu jenen von der Natur bevorzugten weiblichen Geschöpfen, die allenfalls kurze Engpässe in ihrem Liebesleben erdulden und ansonsten mit Komplimenten, Avancen und Annäherungsversuchen seitens des männlichen Geschlechts bestens versorgt sind. Dass sie nicht im Filmgeschäft oder beim Fernsehen gelandet war, konnte nur damit zu tun haben, dass es sie zu solchen Show-Branchen nicht hinzog. Die Branchen selbst hätten die Arme für sie ausgebreitet. Da bin ich mir ziemlich sicher.

Sie wirkte selbstbewusst, aber nicht übermäßig selbstverliebt. Sie war keine jener Diven, die darauf warten, als gerahmte Meisterwerke von der Welt bewundert zu werden. Maja Feldkirch sprang aus dem Rahmen auf die Welt zu, kam mir treppabwärts ein paar Schritte entgegen, begrüßte mich stürmisch, beteuerte, wie phantastisch sie es fände, dass wir uns endlich kennenlernten, betrachtete mich mit offener Neugier, die ich ihr gegenüber mindestens so stark empfand, aber zurückhielt. Sie vermittelte eine Überschwenglichkeit, die ein klein wenig lähmend auf mich wirkte. Ich würde mich nicht als langsam bezeichnen. Aber bei diesem Tempo Schritt zu halten war keineswegs einfach.

Ich war mit dem ersten Morgenzug von Berlin nach Hamburg gefahren, Maja Feldkirch hatte mit dem Frühstück auf mich gewartet, sowohl Tee als auch Kaffee vorbereitet, den

Küchentisch gedeckt, Marmelade, Schinken, Käse bereitgelegt, Baguettescheiben aufgeschnitten, die nur noch geröstet werden mussten. »Sie schmecken sonst nicht«, konstatierte sie, als wir uns an den Tisch setzten. Sie legte die Scheiben auf einen Toaster und drückte den seitlichen Hebel nach unten. Aus dem CD-Player, der auf der Anrichte des Küchenschranks neben dem Toaster stand, war leise Jazzmusik zu hören. Aus dem Flur drang das Aroma einer Duftkerze durch die Wohnung. Ich konnte es nicht wirklich begründen, aber mich beschlich das Gefühl, all diese gastgeberische Bemühung vollzöge sich auf der schmalen Grenze zur Vereinnahmung. Ich erinnerte mich, dass ihre erste E-Mail bereits einen ähnlichen Eindruck bei mir hinterlassen hatte.

Durch die Kanäle, die mir sporadisch Neuigkeiten über sie zutrugen, hatte sie in der Gegenrichtung von meinem Interesse an Dating- und Liebesgeschichten erfahren und mir eines Tages geschrieben, sie habe Lust, mir ihre sicherlich nicht ganz alltägliche Geschichte zu erzählen. Ich war begeistert von diesem Angebot, zugleich ein wenig irritiert durch die unverzüglich mitgelieferte, konkrete Planung eines Treffens. Ich könne mir doch, schrieb sie, ein paar Tage freinehmen und sie in Lissabon besuchen, wo sie die erste Januarhälfte verbringen würde. Lissabon sei eine so wundervoll verträumte und für ausgiebiges Reden bestens geeignete Stadt. Sie schickte mir sogar die Websiteadresse einer Fluglinie mit günstigen Lissabontarifen.

Es war weniger Dominanz, die mich aus ihren Zeilen anwehte, denn ein Überschuss an Erregbarkeit und Wagnisfreude. Und vielleicht, überlegte ich, hatte gerade dieser Überschuss sie zu einer Liebe geführt, die auf der Skala widriger, ja halsbrecherischer Liebesumstände ziemlich weit oben stand.

Mit Daumen und Zeigefinger nahm sie die heißen Baguette-scheiben vom Toaster und warf sie auf meinen Teller. Sie habe, sagte Maja Feldkirch, noch gar keinen Hunger und würde später essen.

Sie bückte sich zu einem Hocker, zog zwischen Aktenordnern und Schnellheftern einen Stapel Papier heraus, schob ihren Teller zur Seite und fächerte die Papiere vor sich auf. Sie waren mit der Hand und sehr eng beschrieben. Ich erkannte sowohl durchlaufende Zeilen als auch freistehende, dick unterstrichene oder mit Richtungspfeilen verbundene Wörter. Es sah aus, als hätte sich Maja Feldkirch auf unser Gespräch wie auf einen Vortrag oder eine Art Plädoyer vorbereitet, bei dem kein Detail vergessen werden durfte. Erst als ich am Abend wieder im Zug saß und nach Berlin zurückfuhr, verstand ich den Sinn dieser Notizen. Sie mussten damit zu tun haben, dass Maja Feldkirch es tatsächlich gewohnt war, als Anwältin ihrer eigenen Liebesgeschichte aufzutreten.

Seit sie sich mit einem zwei Jahrzehnte jüngeren Musiker eingelassen hatte, dessen Leben sich in einer verarmten sozialistischen Diktatur vollzog, war sie es wohl gewohnt, sich zu rechtfertigen; vor Beamten, Behörden, Freunden und nicht zuletzt auch vor sich selbst. Sie war es gewohnt, skeptische Kommentare – »na, da haben Sie sich ja auf was eingelassen« – zu kassieren und für ihre Herzenssache Überzeugungsarbeit zu leisten. Sie rechnete mit Vorbehalten, auch bei mir, und sie hatte damit keineswegs unrecht. Ich kenne nicht eine, der ihren ähnelnde Geschichte, die nicht schiefgegangen wäre.

Natürlich sind Ehen, die über nationale und kulturelle Grenzen oder über große räumliche Entfernungen hinweg geschlossen werden, im Zeitalter der Globalisierung nichts Ungewöhnliches. Sie sind an der Tagesordnung, sie mögen so haltbar oder krisenanfällig sein wie jede andere Ehe auch. Ein dänischer Amerikakorrespondent, der in Washington eine chilenische Berufskollegin kennenlernt, wird vernünftig und weltmännisch genug sein, ein paar Differenzen zu verschmerzen, die Äußerlichkeiten des Alltags betreffen. Er braucht ein üppiges Frühstück, ihr reichen vielleicht zwei Kekse. Aber sein Tag beginnt und endet wie ihrer auch, mit einem Blick in den Nachrichtenkanal von CNN. Die Restaurants, die er besucht, kann sie sich leisten, ihre Ausbildung ist seiner ebenbürtig. Natürlich erlernten sie das Alphabet in verschiedenen Sprachen. Für ihre Beziehung muss daraus nichts Nachteiliges folgen. Denn sie leben, und darauf kommt es an, in wirtschaftlich ausgeglichenen und soziokulturell vergleichbaren Verhältnissen. Nicht anders wird es dem indischen IT-Unternehmer gehen, der eine britische Juristin heiratet. Sie müssen entscheiden, in welcher Religion ihre Kinder erzogen werden sollen und in welchem Land sie sich niederlassen. Aber in der Klassenhierarchie der Weltbevölkerung begegnen sie sich auf Augenhöhe. Sie treffen sich nicht auf jenem internationalen Liebes- und Heiratsmarkt, der dem Dunstkreis der Prostitution nie so ganz entkommt, weil er auf einen Tauschhandel hinausläuft, der, bei allem Händchenhalten, bei aller echt gefühlten Sehnsucht, erotische mit finanziellen Defiziten abgleicht.

Man sieht sie ja vor sich: den Bierbauchdeutschen, der sich im Katalog von AsienDating.com, ChinesKisses.com oder OrientMatch.com eine schmächtige Asiatin aussucht und für ein paar tausend Euro herbestellt, den bleichen Kanadier, der einmal im Jahr seine jamaikanische Geliebte und das gemeinsame Kind besucht, von denen in Kanada selbstverständlich niemand weiß. Und nicht zu vergessen die Schar der Frauen aus Europa oder Nordamerika, die das Jahr über auf einen Urlaub an westafrikanischen und karibischen Küsten sparen, wohl wissend, dass sie dort von Männern dunkler Hautfarbe und sexueller Bereitschaft erwartet werden, welche mit dem Liebesdienst, den sie an solchen Touristinnen erbringen, ganze Familien ernähren. Ich verurteile diesen Handel nicht. Aber ich kann ihn auch nicht anders nennen. Denn um die Wahrheit, dass ohne Geld, ob es verstohlen den Besitzer wechselt oder offen auf dem Nachttisch liegt, keine dieser Liaisons zustande käme, kommt niemand herum.

Was, wenn nicht Geld, hatte denn den Neapolitaner, der seine Tage auf Stromboli verhockte, an mir interessiert? Ein Flugticket nach Berlin hätte ihm vielleicht auch gefallen. Er hätte sich in meiner Wohnung breitgemacht und spätestens nach zwei Tagen verlangt, dass ich ihn zwecks Drogenerwerb zum Görlitzer Park chauffiere. Ich konnte von Glück reden, dass ich dem Gauner viel zu sehr auf die Nerven gegangen war, um als Winterquartier in Betracht gezogen zu werden.

Das alles sah Maja Feldkirch, anders konnte es gar nicht sein, genauso vor sich. Warum sonst betonte sie, während ich meine Baguettescheiben mit Schinken und Käse belegte, so ausdrücklich, dass sie sich von ihrer ersten Kubareise im März 2010 manches erhofft habe, eine Liebelei in tropischer Umgebung aber sicher nicht. Nicht im Geringsten sei sie auf eine Affäre oder gar eine neue Beziehung aus gewesen, vielmehr damit beschäftigt, das plötzliche Ende einer solchen zu verkraften. Ihr damaliger Freund – ich weiß nicht, ob es der Konferenzdolmetscher war – hatte ihr ausgerechnet am Abend ihres fünfzigsten Geburtstages das Hinschwinden seiner Gefühle gebeichtet. Ein Tapetenwechsel und ein dreiwöchiger Tanzkurs in Havanna schienen ihr das beste Mittel zu sein, den Kopf von wehmütigen Grübeleien freizubekommen.

Sie buchte, obwohl sie sonst auf eigene Faust in die Welt zog, diesen Urlaub ausnahmsweise bei einem Reiseveranstalter, der ein Kubapaket aus Flug, Hotel, Salsakurs in Havanna sowie einem zweitägigen Trip nach Trinidad anbot. Sie reiste, auch das machte sie sonst nicht, in einer Gruppe von fünfzig deutschen Salsadebütanten, die in der Altstadt von Havanna auf mehrere, nah beieinanderliegende Hotels verteilt wurden. »Warten Sie«, sagte Maja Feldkirch und blätterte in den Papieren, »ich kann Ihnen den Namen von meinem Hotel genau sagen, es war das Conde de Villanueva.« Ein zweistöckiges Haus im Kolonialstil mit nur neun Zimmern. Es befand sich an einer für Havanna untypisch stillen Fußgängergasse, nur zehn Minuten vom Centro Culturale Havana Dance entfernt. Am Abend wurde das Kulturzentrum für Konzerte genutzt, tagsüber verwandelte es sich in einen Bienenstock, in dem jede, auch die kleinste Wabe für Salsakurse Verwendung fand. Alle Touristen hatten für die Dauer der Kurse einen festen Tanzpartner an ihrer Seite. Mitglieder des kubanischen Fernsehballetts stockten so ihre Gehälter auf, Studenten der Ballettakademie oder einfach Amateure von der Straße legten sich ins Zeug, europäische Hüften aus ihrer Steifheit zu befreien.

Als Tangokönnerin stand Maja Feldkirch von kubanischer Seite ein Salsaprofi zu. Ich merkte, dass ihr der nächste Satz besonders wichtig war. »Mein Tanzpartner war schwul«, sagte sie, »Enrico war ein echter Schatz, ein phantastischer Tänzer.« Ich verstand schon, was sie mit dieser Bemerkung beweisen wollte. Ein schwuler Tanzpartner fiel, leicht zu schlussfolgern, als Urlaubsliebhaber ja wohl aus. Aber das Bestreben hinter der Beweisführung machte mich ein wenig verlegen. Mir lag ein banaler Kommentar auf der Zunge, Schwule seien ja oft die besseren Tänzer, etwas in der Art, aber ich konnte ihn gerade noch zurückhalten. Ich wunderte mich, dass Maja Feldkirch nicht nur nichts aß, sondern auch nichts trank. Sie hatte sich eine Tasse Kaffee und ein Glas Mineralwasser eingegossen und noch keinen einzigen Schluck davon genommen.

Alles war in Havanna, wie sie es sich vorgestellt hatte. Sie tanzte morgens im Unterricht, abends in Bars, ging nur zum Schlafen und zum Umziehen ins Hotel, schwang sich in den Rhythmus der Stadt, in der es keine Ecke, keine Hotelhalle, kein Restaurant ohne die Musik einer Lifeband gibt, zu jeder Tageszeit und die halbe Nacht. Die Euphorie, die hochgestimmte Lebenszuversicht, die Maja Feldkirchs Wesen so entsprach, kehrte zurück.

Der Gruppenausflug nach Trinidad war für die letzte Urlaubswoche eingeplant. Am Abend zuvor ging sie mit ein paar anderen Deutschen in die Bar Corazón, in der Ernest Hemingway hin und wieder zu Gast gewesen sein soll, wenn es ihm an seinem Stammplatz im El Floridita zu eng wurde. Sie musste den Namen nicht in den Papieren auf dem Küchentisch suchen. Die Straße, an der die alte, bis auf die Bestuhlung und die üblichen Fidel-Castro-Fotos seit dem 19. Jahrhundert original erhaltene Bar mit dem vergilbten Deckenstuck und den holzvertäfelten Wänden lag, hatte den gleichen Namen: Calle Corazón. Das war die Überschrift des Lebenskapitels, welches sie an diesem Abend aufschlug.

Eine kleine Treppe führte zur überdachten Holzveranda hinauf, schon am Eingang drängten sich die Besucher. Nur renommierte Bands, das wusste Maja Feldkirch, spielten in der Bar Corazón. »Ich kann mich nicht erinnern, was ich getrunken habe«, sagte sie, »einen Cocktail oder ein Bier, ich wollte nur von der vollen Theke weg.« Sie drängte sich durch die Menge zur Stirnseite des Raums, bis sie einen freien Platz erreichte und sich nur ein paar Schritte von den Musikern entfernt an die Holzvertäfelung der Wand lehnen konnte. Waren sie zu acht oder zu neunt? Sie trugen, daran erinnerte sie sich genau, alle weiße Hosen mit weißen, offen herunterhängenden Hemden und weißen Slippern an den Füßen. Nur der Sänger, ein älterer Mann, hatte eine Schirmmütze auf dem Kopf. Den Zufall, dass sie ausgerechnet für diesen Abend ebenfalls weiße Kleidungsstücke gewählt hatte, eine luftige Leinenhose und ein armfreies Shirt, konnte Maja Feldkirch später nicht anders verstehen denn als schicksalhaftes Zeichen.

Er war der Bongocero. Er saß hinter zwei Bongotrommeln und fiel ihr sofort auf. Es war vor allem sein Gesicht, das sie betörte, ein sehr schmales, sehr zartes, nach innen gerichtetes, aber nicht abweisendes Gesicht. Sie verstummte für einen Atemzug, wartete auf meine Reaktion, offensichtlich auf die Bestätigung, dass ich mir unter einem poetischen Männergesicht etwas vorstellen konnte. Aber ja, natürlich, sagte ich und dachte an den so vollkommen unpoetisch aussehenden Manfred Hügel. Er hätte hier wirklich keine Chancen gehabt.

Zwischen zwei Musikstücken wandte er sich in ihre Richtung und schaute sie an. Maja Feldkirch erfasste innerhalb von Sekunden, intuitiv, dass sie diesen Blickwechsel verlängern und nichts von dem, was in ihm lag, verpassen wollte. Sie erlebte einen klassischen Coup de foudre, dessen plötzliche Gefühlsentflammung als mysteriös und unerklärlich gilt. Ich bin mir nicht sicher, ob es tatsächlich keine Erklärung gibt. Maja Feldkirch sah ja nicht einfach in die schönen Augen eines schönen Mannes, wie sie ihr noch nie untergekommen wären. Sie sah etwas Bestimmtes, eine bestimmte Geschichte in diesem Gesicht, ein Versprechen auf die Erfüllung eines Wunsches. Ich maße mir an, zu erahnen, was ihr Blick suchte: einen Seelenkomplizen, einen Mann, der ihre handfeste Kraft und zugleich ihren sinnlichen Schmelz besaß, und beides verkörperte ein Bongocero. Dass er tatsächlich ein optischer Doppelgänger von Maja Feldkirch war, ihr männliches Ebenbild, das begriff ich erst zwei Stunden später.

Sie war keine, wie man so sagt, kopflose Frau. Sie war nur ein Mensch, dem Zögern unbekannt, wahrscheinlich sogar regelrecht unangenehm ist. Mehr als der Vorzug ihrer Schönheit, so denke ich heute, mehr als ihre Abenteuerlust und ihre Euphoriegabe bestimmte dieses Nichtzögern ihr Verhältnis zum Leben, und sie aß und trank an diesem Morgen vielleicht auch deshalb nichts, weil es ihre Geschichte verzögert hätte.

Erkannte er sie sofort als Ausländerin? Hätte er Maja Feldkirch, immerhin eine schwarzhaarige Frau mit getönter Haut, nicht genauso gut für eine Landsmännin halten können? Was spielte sich im Kopf des jungen Kubaners ab, als er hinter den Bongos saß und sich vornahm, die Frau, die schräg vor ihm an der Wand lehnte und ihn fixierte, in der Konzertpause anzusprechen? Zog ihn nur ihre weibliche Erscheinung an? Oder sah er noch etwas anderes in ihr? Die Spur einer Möglichkeit, aus der zermürbenden Gegenwart Kubas in die freie, wohlhabende Welt zu entkommen? Ich kenne kein Liebespaar, dem es nicht Freude macht, sich an seine allererste Begegnung zu erinnern, sie in Zeitlupe ablaufen, jede Geste, jedes Wort aufleben zu lassen. Hättest du mich auf der Straße auch bemerkt, wenn aus meiner Tasche nicht Milch getröpfelt wäre? Und was schoss dir als erstes durch den Kopf, als du dich umdrehtest und den Mann sahst, der hinter dir herrief, in deiner Tasche sei wohl eine Milchtüte geplatzt? Jedes Paar sucht nach dem Trick, mit dem der Zauberer der Liebe das Kaninchen einst aus dem Hut hervorholte.

Genauso sah sich auch Maja Feldkirch den Abend in der Bar Corazón immer wieder im Zeitlupendurchlauf an. Aber sie tat es nicht nur, um den Beginn einer Liebe zu feiern. Sie tat es auch, um zu erforschen, wie sich die Chemie dieser Liebe eigentlich zusammensetzte, welcher Anteil Kalkül sich möglicherweise in das Interesse des Bongocero mischte, ob ein klein wenig Berechnung in seinem Blick lag und wenn ja, wieviel sie wog. Sie zögerte auch jetzt nicht und kam mir mit einem unerschrockenen Gedankensprung zuvor. »Wenn Sie mich fragen, ob ich nicht misstrauisch war, muss ich Ihnen sagen, natürlich war ich misstrauisch. Eine Fünfzigjährige, die von einem dreißigjährigen Kubaner beflirtet wird, muss doch misstrauisch sein, alles andere wäre ja kindisch. Um ehrlich zu sein, ich bin es bis heute manchmal, aber ich kann damit leben.«

Ich könnte es nicht. Ich hätte nicht die Kraft, mich nach außen hin für eine Liebesgeschichte zu rechtfertigen, deren Wahrheitsgehalt ich insgeheim selbst bezweifle, als wäre ich Verteidigung und Anklage zugleich. Und in diese, nicht gerade unkomplizierte Doppelrolle war Maja Feldkirch offensichtlich in der Bar Corazón geraten. Nur saß mir keine zermürbte Grüblerin gegenüber, sondern eine feurige Schönheit. Wollte sie wirklich auf nüchternen Magen eine Zigarette rauchen? Bei sieben Grad minus auf dem Balkon? Sie ging mir durch den Flur voraus in ein studentisch sparsam eingerichtetes Zimmer mit einem aus Backsteinen und Brettern improvisierten Bücherregal und einem Kissenlager als Couchersatz in einer

Ecke, nahm vom obersten Regalbrett eine Packung Zigaretten, schlang sich das magentafarbene Wolltuch um die Schultern und öffnete die Balkontür. Mir wurde fast übel vom Schock der Kälte und noch übler beim ersten Zug. Ich riss mich zusammen, drückte die Zigarette im Aschenbecher aus, der auf der Balkonbrüstung stand, und gab mir Mühe, mich in eine warme Havannanacht hineinzuversetzen.

Die Band spielte noch, als sich zwei blonde, als Touristinnen sofort erkennbare Frauen zu Maja Feldkirch stellten und mit ihr zu plaudern anfingen. Ab diesem Moment konnte es für den fremden Bongocero keinen Zweifel mehr geben, dass sie Ausländerin und ihre Nationalität, welche auch immer, nicht seine war. Dass sie ausgezeichnet Spanisch sprach, wusste er natürlich nicht. Als die Band eine Pause machte, die Musiker ihre Instrumente hinlegten und sich zwischen den Tischen zerstreuten, verschwand er für einige Minuten aus ihrem Blickfeld. Sie vermied es, suchend um sich zu schauen. Sie legte sich den Weg zurecht, auf dem sie an der Wand entlang unauffällig aus der Bar Corazón verschwinden konnte. Bevor sie auch nur ein einziges Wort mit dem Bongocero gesprochen hatte, begann Maja Feldkirch, sich gegen die Rolle der liebeshungrigen Touristin zu stemmen, der ihre Würde so egal ist, dass sie vor aller Augen einem schönen jungen Kubaner hinterherläuft und sich ihm an den Hals wirft.

Da stand er plötzlich vor ihr, ein Mann, dem augenscheinlich das Lampenfieber zusetzte. Ohne die Andeutung eines Lächelns, ohne die geringste Darbietung von Charme oder verführerischer Nonchalance sagte er in gebrochenem Deutsch: »Du bist eine sehr schöne Frau.« Er hatte sich den Satz vom Barkeeper, der über langjährige Erfahrung in der nationalen

Zuordnung seiner Gäste und über Rudimentärkenntnisse verschiedener Sprachen verfügte, mehrmals vorsagen lassen, bevor er Maja Feldkirch seine halb bubenhafte, halb formelle Aufwartung machte. Die Botschaft des Satzes zwang sie nicht in die Knie. Sie hatte solche Sätze schon zahllose Male in ihrem Leben gehört. Aber die Art des Auftritts, den der Bongocero bot, gab ihr das beruhigende Gefühl, es nicht mit einem routinierten Touristinnenaufreißer zu tun zu haben.

Der Satz, den sie erwiderte, hätte Maja Feldkirchs Geistesgegenwart nicht besser abbilden können. »Ich bin keine Frau für eine Nacht«, sagte sie auf Spanisch. Er fragte, ob er sie wiedersehen könne. Ja, antwortete Maja Feldkirch, aber sie ließ offen, wann und wo. Sie traf keine Verabredung, sie verriet nicht einmal, dass sie am nächsten Morgen für zwei Tage nach Trinidad aufbrechen und einen Tag nach der Rückkehr die Insel endgültig verlassen würde. Wenn das Schicksal hier tatsächlich eine Begegnung herbeigeführt hatte, die als unausweichlich gelten durfte, dann musste die Kraft der Unausweichlichkeit genügen, den Weg für alles Weitere von allein zu ebnen. Sie verabschiedete sich und verließ die Bar Corazón, bevor er zur Band und seinen Bongos zurückkehrte.

Vor etlichen Jahren wohnte ich im Berliner Stadtteil Friedenau, einem stillen, etwas ereignisarmen, von Rentnern bevorzugten Viertel, unter den Räumen einer deutschen Auslandskorrespondentin. Eines Tages kehrte sie aus Peking mit einem chinesischen Studenten zurück, den sie dort, wohl seiner Aufenthaltsgenehmigung zuliebe, ziemlich überstürzt geheiratet hatte. Er hieß Li. Das Drama mit Li begann schon in der ersten Nacht. Ich hörte aus der Wohnung über mir ungeheures Gerumpel und Geschrei. Ich wollte nicht hinaufgehen und die spießige

Nachbarin abgeben, die mit besorgten Erkundigungen ihre Vorurteile gegen ein Paar, das ihr von Grund auf verdächtig ist, erkennen lässt. Mich beunruhigte auch weniger der Radau als mein Klischee vom höflichen, zurückhaltenden Asiaten. Li war das eine so wenig wie das andere, er war cholerisch. Er flippte in der Friedenauer Drei-Zimmer-Altbauwohnung komplett aus. Er riss Tischbeine aus der Verankerung, donnerte Stühle gegen die Wand, randalierte in Küche und Badezimmer, wurde von Tag zu Tag unberechenbarer. Nach einer Woche trug die Auslandskorrespondentin eine Tasche zu mir herunter, in die sie Messer, Scheren und sämtliche Haushaltsgegenstände gepackt hatte, die einem aggressiven Irren als Mordwerkzeuge dienen konnten. Ich sollte die Tasche verwahren, mich außerdem bereithalten, den chinesischen Studenten im Notfall, also einem für sie lebensbedrohlichen Wutanfall, gemeinsam zu bezwingen. Ich hatte keine große Lust auf diesen Nachbarschaftsdienst. Bei einem deutschen Mann, dessen Verhalten es erzwingt, Kartoffelschäler aus seiner Reichweite zu entfernen, hätte ich ruckzuck die Polizei alarmiert. Für die Abschiebung eines Ausländers wollte ich nicht geradestehen. Ich begriff auch nicht, weshalb es meiner Nachbarin, die bestes Mandarin sprach, nicht gelungen war, den Gatten auf die Verhältnisse, die ihn in Deutschland erwarteten, ausreichend vorzubereiten.

Denn nichts anderes als das in seinen Augen erbärmliche Ambiente des Friedenauer Gründerzeithauses mit seinen altbackenen Stuckschnörkeln im Hausflur und den abgetretenen Holzdielen machte ihn so zornig. Er kannte die Welt außerhalb Chinas vor allem aus amerikanischen Filmen. Eine Welt, in der hochklassig bekleidete Menschen in futuristischen Penthousewohnungen und kalifornischen Strandvillen lebten und, wenn sie nicht gerade in Pools lagen oder Limousinen aus Garagen fuhren, bunte Cocktails konsumierten. Sicherlich hatte er in diesen Filmen auch bescheidenere Behausungen zu Gesicht bekommen, sie aber nicht als realistisch oder repräsentativ erachtet. Für ihn zählte nur die Schlaraffenlandvariante des Kapitalismus. Er hielt es für ausgeschlossen, dass eine westliche Journalistin nicht der Millionärsliga angehörte, und fühlte sich, verschleppt in ein Berliner Armenviertel, um den Preis betrogen, den er gewonnen zu haben glaubte.

Natürlich war er schon als höchst reizbarer Mensch nach Deutschland gekommen, der auch auf chinesischem Staatsgebiet schnell aus der Haut fuhr. Aber mit seinem kindischen Toben reagierte er zugleich auf die Ohnmacht seiner infantilen Position. Er kannte niemand in Berlin, sprach kein Wort Englisch oder Deutsch, konnte in der Stadt mit den fremden Schriftzeichen keinen Schritt alleine tun. Er war aus einem repressiven Staat in die Abhängigkeit einer Frau geraten, die ihm, wie er mit ungezügelter Brutalität nun kundtat, zu alt und zu unattraktiv war. Ich erinnere mich nicht an die juristischen Kniffe, die ein zügiges Ende des Dramas, die Scheidung von Li und Lis Heimreise herbeiführten. Ich erinnere mich nur, dass die Nachbarin eines Nachmittags klingelte und mir erlöst in die Arme sank, nachdem sie den chinesischen Exmann zum Flughafen Tegel gebracht und sichergestellt hatte, dass er mit Pass, Bordkarte und etwas Taschengeld ein Flugzeug Richtung Peking bestieg. Es dauerte nicht lang, bis sich das Drama zur gern zitierten Anekdote mit allgemeinem Belustigungseffekt umfärbte.

Nur vom Hörensagen kenne ich die, gleichfalls großes Amüsement erregende Geschichte einer schweizerischen Psychotherapeutin, die ihren kenianischen Geliebten einlud, bei ihr in Zürich zu leben. Er hatte als Gärtner in dem Resort gearbeitet, in dem sie mehrere Jahre hintereinander Urlaub machte, vordringlich dem Wunsch folgend, an die Ferienromanze vom Vorjahr anzuknüpfen. Mit dieser sporadischen Erfüllung der Sehnsucht konnte und wollte sie sich nicht abfinden. Der Kenianer kam also nach Zürich. Nach einigen Wochen musste sich die Psychotherapeutin eingestehen, dass ihre Toleranz, auf die sie sich viel zugutehielt, von speziellen Verhaltensweisen des Mannes übermäßig strapaziert wurde. Er ließ sich nicht davon abbringen, tagsüber, vermutlich aus quälender Langeweile, von den oberen Stockwerken der Zürcher Villa in die Praxisräume im Erdgeschoss hinunterzugehen, mit den Therapieklienten im Wartezimmer zu plaudern und zur Steigerung kommunikativer Behaglichkeit freiheraus Zigaretten anzubieten. Mit Vorliebe tat er dies in langen, buntbedruckten Gewändern.

Irgendwann entfuhr der Schweizerin der fatale Satz, der zum Streitrepertoire von Paaren gehört, die wirtschaftlich und sozial am jeweils anderen Ende der Leiter stehen. »Dann mach doch wenigstens den Haushalt!«, schrie sie den Kenianer an, der sich daraufhin bereitwillig an die Behebung eines Schadens machte, der ihn seit seinem Einzug an eben diesem Haushalt störte. Er nahm einen Hammer und eine Handvoll langer Eisennägel und begann, sämtliche Teppiche, ob handgeknüpfte Kelims oder Perserteppiche aus dem Familienbesitz, in sämtlichen Zimmern rundum ins Parkett zu nageln. Die Gefahr, auf den lose ausgebreiteten Teppichen auszurutschen und sich die Beine zu brechen, bestand nun nicht mehr.

Auch ich habe schallend gelacht, als ich die Geschichte hörte, und ich habe sie weitererzählt – mit dem mulmigen Gefühl, dass sich in ihr der verfaulte Kern kolonialistischer Herablassung verbirgt. Ohne die Figur des naiven Schwarzen wäre ihre

Pointe wohl nur halb so wirksam. Ich wage zu bezweifeln, dass er für die Psychotherapeutin, die ihn in ihre Zürcher Heimat holte, dort noch die gleiche Anziehungskraft besaß, die er in der Fremde Afrikas für sie besessen haben musste. Denn ich bezweifle, dass sich dauerhaftes Begehren von der Persönlichkeit des Begehrten trennen lässt, zu der nicht zuletzt seine kulturelle Aura gehört. Nie erlebte ich das Verblassen eines Menschen, der aus seiner Kulisse entfernt wurde, so deutlich und so erschreckend wie bei einer Wochenendreise nach Paris, die ich im Winter nach meinem Stromboliaufenthalt unternahm. Mirielle, eine Französin, die während der einen Hälfte des Jahres in Paris, während der anderen auf der italienischen Insel lebte und dort fast schon als Einheimische galt, hatte mich zu einer Vernissage ihrer Zeichnungen und Kunstobjekte nach Paris eingeladen.

Sie war eine fleischfressende Pflanze. Sie führte auf Stromboli, krass gesagt, das Leben einer Nymphomanin. Ob sie es auch in Paris tat, weiß ich nicht. Aber für den Appetit, den sie unter der Mittelmeersonne entwickelte und den zu stillen ihr die lockere Lebensweise der Sommergesellschaft leichtmachte, gibt es eigentlich kein anderes Wort. Sie bewohnte nah am Strand das Häuschen neben meinem und ich fürchtete mich vor ihr. Zum kleineren Teil galt meine Furcht der Aussicht, eines Nachts, sollte Mirielle keine Lust haben, sich zur erotischen Nahrungssuche in die Cafés der Dorfpiazza zu begeben, in ihr Visier zu geraten und als Nothappen verputzt zu werden. Diese Furcht erwies sich jedoch als unbegründet. Die Direktheit, mit der mir Mirielle ohne den geringsten Anlass eines Tages mitteilte, dass sie sexuell an mir keinerlei Gefallen fände, war die Haupteigenschaft ihres Charakters und der Hauptgrund für meine Furcht. Nicht nur ihr muskulös kompakter,

dabei weiblich üppiger Körper, sondern ihr ganzes Wesen ver-
strömte die Dominanz hemmungsloser Direktheit, wie ich sie
kaum je bei einem Menschen erlebt habe. Wenn ihr beim Essen
eine in ihren Augen etwas übergewichtige Person gegenübersaß, deutete sie auf deren Teller und sagte im Kasernenhofton:
»Du bist fett, hör auf zu essen.« Wenn ich in Gesellschaft über
einen Witz mitlachte, dessen Sinn an meinem wackeligen Ita-
lienisch abgeglitten war, bemerkte sie höhnisch in die Runde:
»Die Deutsche lacht und weiß nicht worüber.« Sie kannte keine
Scham und besaß daher auch keinerlei Empfinden für die Beschämung anderer.

Die Hälfte, so würde ich schätzen, ihrer Liebhaber und Lieb-
haberinnen unterwarf sich ihren Attacken, um von ihr nicht als
prüde oder verklemmt bloßgestellt zu werden. Sie hatte nichts
von einer umschmeichelnden Verführerin, nichts von einer
geheimnisvollen Femme fatale an sich. Sie agierte vielmehr
wie eine hormonell hungrige und zugleich rationale Jägerin,
die ihrer Beute mit ein paar Blicken zu verstehen gab, dass sie
gerade erbeutet wurde. Um Mirielle herum brodelte immer die
Gerüchteküche. Mal hieß es, sie sei auf dem italienischen Festland wegen Verführung Minderjähriger vor Gericht gestellt
worden. Mal hatte sie angeblich den Inselpolizisten in sexuelle
Hörigkeit gebracht. Irgendwann im Juli kam ein besonders
abwegiges Gerücht auf. Mirielle, so hieß es, habe sich verliebt,
richtiggehend verliebt, und zwar in den Neapolitaner Flavio.

Es stimmte. Sie erzählte es mir eines Abends selbst. Ich hätte
jeden Betrag darauf verwettet, die Fleischfresserin niemals im
Zustand eines verknallten Backfischs zu sehen. In genau diesem Zustand kam sie jedoch zu mir herüber und fragte mich
allen Ernstes, was sie zu ihrem ersten Date mit Flavio anziehen
solle. Sie konnte sich nicht zwischen zwei geblümten Floh-

marktkleidern und einem tief ausgeschnittenen Overall entscheiden. An diesem Abend freundeten wir uns vorsichtig an
und ich fand sie zum ersten Mal nicht ganz so furchterregend.
Dass sie und Flavio ein Paar wurden, wirkte auf den ersten
Blick zwar erstaunlich, aber in ihrer Verbindung lag eine bestimmte Logik. Sie befanden sich sexuell auf dem gleichen Niveau. Flavio war der Don Juan der Insel, ein kalter Verschleißer
und somit Mirielles männliches Pendant. Wenn ich sie zusammen sah, musste ich unwillkürlich an Elizabeth Taylor und Richard Burton denken, ebenfalls ein Paar, das sich auf der Stufe
seiner Triebkräfte glänzend zu ergänzen schien. Optisch besaß
Flavio allerdings keinerlei Ähnlichkeit mit dem Schauspieler.
Er war sehr groß, schlaksig und ungeheuer dürr. Jede Sehne,
jede Rippe zeichnete sich an Flavios Körper ab. Das Ausgemergelte gab seiner erotischen Ausstrahlung eine fast diabo-
lische Note.

Er war schweigsamer als Mirielle, übte seine Macht eher indirekt und aus dem Hintergrund aus. Für dickliche Menschen,
die sich durch einen Berg Pasta aßen, und deutsche Touristinnen, die über unverstandene Witze lachten, hatte er bestenfalls
die Andeutung eines arroganten Blicks übrig. Ich habe oft
darüber nachgedacht, woher Flavio und Mirielle ihre Autorität
bezogen. Sie bestimmten nicht nur, wer die kommende Nacht
mit ihnen zu verbringen hatte, sie bestimmten auch, welcher
Strandabschnitt als aktueller Treffpunkt galt, ob Salat mit oder
ohne Schinkenwürfel zubereitet wurde. Ich kann es mir nur
so erklären, dass ihr geschlechtliches Regiment ihnen eine geradezu archaische Überlegenheit eintrug, die sich wie bei einer
Tierhorde ganz selbstverständlich auf die soziale Rangordnung
erstreckte.

Als Flavio in Mirielles Häuschen einzog, überlegte ich, mir

ein anderes Quartier zu suchen. Ich hatte nicht das geringste Interesse, ab nun unter der akustischen Dauerbeschallung eines Pornofilms zu leben. Das Gegenteil war der Fall. Ich wurde die Nachbarin eines anrührenden Pärchens, das vor Sonnenaufgang zum Fischfang aufs Meer hinausruderte, den Außenputz des Hauses kalkte, unter Gelächter eine Fernsehantenne auf dem Dach installierte und abends Hand in Hand zum Strand spazierte, um den Sonnenuntergang anzuschauen. Wenn Mirielle mit ihrem Zeichenblock auf Wanderschaft ging, begleitete Flavio sie mit einer Zeitung unter dem Arm. Alles andere taten sie höchst diskret. Sie hatten die Abgeklärtheit viel zu tief ausgeschöpft, um nicht ihr Gegenteil, die Zärtlichkeit, als das eigentliche Abenteuer ihrer frischen Liebe zu schätzen. Nach dem Abendessen saßen sie vor dem Haus und spielten Karten. Ich traute kaum meinen Augen, wenn ich die zwei Sexmaniacs wie friedliche Schrebergärtner sitzen sah. Oft luden sie mich zum Fischessen oder zum Kartenspielen zu sich ein. Die Anwesenheit einer spröden, etwas reizarmen Deutschen unterstrich wohl die unschuldige Romantik ihres Liebesglücks.

Sie lebten noch zusammen, als ich Stromboli verließ. Im Spätherbst schickte mir Mirielle die Einladung nach Paris. Ich hatte nicht damit gerechnet, auch Flavio dort zu begegnen. Genaugenommen bin ich ihm auch nicht begegnet, zumindest nicht dem Mann, den ich auf Stromboli gesehen hatte. Weder dem, dessen magere Gestalt in aufreizend lässiger Pose an der Wand lehnte, bis er sich plötzlich löste, auf eine Frau zuging, unverschämt nah an sie heranrückte, seine Hand um ihren Nacken legte und frivol ihre Wirbelsäule entlanggleiten ließ. Noch dem Jungverliebten, der vor Lachen fast von der Leiter fiel, als er die Fernsehantenne aufs Dach hievte. Ich sah ein abgewracktes, jämmerliches Etwas, das auf der Suche nach einer

Zigarette wie ein blind schnüffelnder Hund durch Mirielles Wohnung schlich. Ich erkannte Flavio kaum wieder und konnte mir seine Veränderung nur teilweise mit der physischen Verwüstung schwerer Heroinsucht erklären, die ihn eingeholt haben musste.

Ich hatte auf Stromboli geahnt, dass er ein Junkie war. Ich hatte auch geahnt, dass Mirielle ihm das zurückgezogene Schrebergartendasein als Entzugsmaßnahme verordnet hatte. Von all dem war nichts mehr übrig. Von seiner ganzen Persönlichkeit war nichts mehr übrig. Und dies schien mir vor allem am Verlust der Umgebung zu liegen, die ihn auf Stromboli zu der Figur gemacht hatte, die er war. Die elementare Wucht der Vulkaninsel, ihr schwarzer Strand, das gleißende Sommerlicht, das ferne Grollen der ins Meer stürzenden Lava, dies alles, dieser ungeheure Temperamentsausbruch der Natur hatte erst das Kontrastbild geschaffen, vor dem die etwas morbide Erscheinung Flavio so faszinierend wirken konnte. Ohne diesen Hintergrund war Flavio nichts anderes als ein kaputter Typ, wie es sie zu Tausenden gab. Dass derselbe Mann noch vor einem halben Jahr als bezwingender Liebhaber gegolten hatte, dem sich Scharen von Frauen zu Füßen warfen, wie grausam auch immer sie von ihm behandelt wurden, erschien mir so absurd wie meine frühere, nun restlos verflogene Angst vor seiner Arroganz. Er tat mir einfach nur leid in seiner Verlorenheit. Es war nicht schön mit anzusehen, wie Mirielle sich vor ihren Künstlerfreunden für Flavio schämte, aber verstehen konnte ich sie schon. Ich hatte sogar den Eindruck, insgeheim wartete sie auf seinen endgültigen Zusammenbruch, um ihn mit medizinisch handfester Begründung in einem Krankenhaus abliefern zu können.

»Wollen wir wieder reingehen?« Ich war heilfroh über das Aufbruchssignal. Maja Feldkirch hatte auf dem Balkon zwei Zigaretten hintereinander weggeraucht, während ich meine Finger gegen die Kälte gymnastisch hin- und herbewegte. Sie schloss die Balkontür von innen und warf das Wolltuch auf die Matratze. Wir gingen in die Küche zurück, sie setzte Wasser für frischen Kaffee auf und wartete im Stehen, bis es heiß war. Sie schwieg, betrachtete mich von der Seite und fragte nach einer Weile: »Haben Sie so was schon mal erlebt?« Ich war mir nicht sicher, was sie meinte. Einen Urlaubsflirt? Eine Liebe zu einem jüngeren Mann, zu einem Percussionisten? Eine Liebe über den Ozean hinweg? Oder wollte sie nur, dass ich eine eigene Erfahrung, irgendein intimes Erlebnis beisteuerte und ihr als Pfand für ihre Offenheit in die Hand gab?

Darauf war ich nicht vorbereitet. Ich wollte nicht ausweichen, aber auch keine Nähe, keine Von-Frau-zu-Frau-Innigkeit fingieren, die ich letzten Endes nicht empfand. Ich war hingerissen von Maja Feldkirch, von ihrer Kompromisslosigkeit, ihrer brennenden Energie, ich beneidete sie sogar ein wenig darum, aber sie war mir zugleich fremd. »Nein«, sagte ich, »so eine Geschichte habe ich nicht erlebt, wahrscheinlich bin ich auch eher der Foxtrott- als der Salsatyp.«

Nach der Rückkehr aus Trinidad ging sie noch am selben Abend in die Bar Corazón. Er war nicht da. Eine andere Band stand an der Rückseite der Bar und spielte. Sie wusste nichts von ihm, nicht einmal seinen Namen, sie hatte nur ein paar Sätze mit ihm gewechselt und bis zu ihrem Abflug nach Deutschland blieben ihr genau zweiundzwanzig Stunden. So schwer es ihr fiel, die Kellner nach dem Bongocero zu fragen, der drei Tage zuvor hier aufgetreten war – sie tat es. Sie erfuhr seinen Namen, Miljano, seine Wohnadresse kannte niemand. Sie erfuhr, dass der Barkeeper mit diesem Miljano wohl locker befreundet war, sie ging an die Bar und rang ihm das Versprechen ab, Miljano noch in der Nacht aufzutreiben und ihm zu bestellen, dass er am nächsten Morgen um zehn Uhr in der Bar Monserrate von einer Deutschen erwartet würde.

Es kam mir so vor, als hätte ich ähnliche Szenen schon einmal in einem melodramatischen Liebesfilm gesehen. Es kam mir auch so vor, als schätzte Maja Feldkirch an ihrer Liebe unter anderem diesen theatralischen Effekt. Sie wusste, dass sich die Geschichte, die sie mir hier erzählte, nicht an jeder Ecke finden ließ, dass sie etwas Außergewöhnliches war und sich gut in das Bild einer außergewöhnlichen Frau einfügte. Als sie am nächsten Morgen die Bar betrat, saß der Bongocero mit den poetischen Gesichtszügen schon an einem Tisch. Sie verbrachten vier Stunden miteinander, unterhielten sich, küssten sich zum Abschied und ahnten, dass es schwierig sein würde, in Verbindung zu bleiben. Am Abend flog Maja Feldkirch mit der deutschen Salsagruppe nach Mitteleuropa zurück. Es war ihr keineswegs klar, was die Begegnung für Miljano bedeutete. Aber an der Bedeutung, die sie für sie selbst besaß, hatte sie nicht den geringsten Zweifel. Sie war der Richtpfeil, dem ihr Handeln in den ganzen vier Jahren, vom Beginn im März 2010 bis zu diesem eiskalten Tag im Februar 2014 folgte.

Sie schenkte mir Kaffee ein und setzte sich wieder an den Tisch. Mit dem Zeigefinger strich sie über das oberste der Papiere, als suchte sie einen bestimmten Satz, dann hob sie den Kopf und sagte etwas unvermittelt: »Affären haben mich nie interessiert. Wenn ich bei einem Mann merkte, dass das nur eine kleine Sache wird, habe ich schnell die Biege gemacht. Ich weiß gar nicht, was so ein One-Night-Stand bringen soll, ich stell mir das wahnsinnig öde vor.« Ich hoffte, dass sie mir nicht ansah, wie sehr mich diese Äußerung erstaunte. Ohne darüber nachzudenken hatte ich vorausgesetzt, eine so attraktive Frau würde von der Fülle der Möglichkeiten, die sich ihr boten, etwas leichtfertiger Gebrauch machen. Es war genau umgekehrt. Sie war nicht nur verwöhnt, was männliche Avancen anbetraf, sie war es ebenso von ihrer eigenen Liebesfähigkeit. Sie wollte nicht blass, halbwarm, nicht unentschieden lieben, sondern anspruchsvoll und herausgefordert. Ich hoffte, sie würde jetzt endlich einen Bissen zu sich nehmen. Um sie zum Mitessen zu animieren, fragte ich nach einer weiteren Baguettescheibe. Sie schnitt zwei Stücke ab, reichte mir eines über den Tisch, verstrich auf dem anderen einen winzigen Klumpen Marmelade und biss hinein.

Zumindest einen Vorzug besaßen die Schwierigkeiten, die sich dem Kontakt in den Weg stellten. In Miljanos Beharrlichkeit, sie von Havanna aus zu überwinden, lag für Maja Feldkirch das Echo ihrer Entschlossenheit, diese Liebe, die bislang nur als Hirngespinst existierte, auf den Boden der Realität zu holen. Sie wusste, dass Miljano sich am Postamt anmelden und stundenlang warten musste, um ihre Mails zu lesen, dass es ihn ein Drittel seines Monatseinkommens, etwa zehn Dollar, kostete, selbst eine Mail zu schicken. Ein Telefonat war fast noch teurer, Briefe konnten verlorengehen oder abgefangen werden. Wenn er schwieg, sagte dies nichts über die Beständigkeit seiner Sehnsucht aus. Als sie am Tisch in der Bar Monserrate gesessen waren, hatten sie ein Wiedersehen verabredet. Maja Feldkirch war fest entschlossen, es so bald wie möglich herbeizuführen. Im Mai 2010 fragte sie Miljano in einer Mail, ob er einverstanden sei, wenn sie für drei Sommermonate nach Havanna käme. Sie bat ihn, ein preiswertes Pensionszimmer in der Innenstadt für sie zu suchen, und sie bat ihn, auf irgendeinem Weg schnell zu reagieren. Eine Woche später rief er an. Er sagte nur: »Komm bitte« und legte sofort wieder auf. Maja Feldkirch buchte einen Flug nach Havanna, löste ihr komplettes Sparkonto auf, räumte ihre Wohnung für eine Untermieterin aus und nahm sich bei Kampnagel unbezahlten Urlaub.

Es hörte sich für mich nicht verblasen und nicht nach Karibik-kitsch an, sondern folgerichtig und konsequent. Ich hatte auch nicht mehr den Eindruck, ein Melodram zu verfolgen, sondern den, einer Frau zuzuhören, die Gewinn und Verlust sachlich gegeneinander abwog. Sie wollte der Sechzigjährigen, die sie in zehn Jahren sein würde, das selbstquälerische Hadern mit einer Liebe ersparen, der sie als Fünfzigjährige keinen Raum gegeben hatte. Sie verbrachte die drei Monate in Havanna auch nicht im realitätsblinden Verliebtheitsdelirium. Sie lernte Miljano und sein Leben keineswegs nur von der Schokoladenseite kennen. »Ja, klar«, sagte sie mit einer ungeduldig durch die Luft wischenden Handbewegung, »natürlich hat Sex eine große Rolle gespielt. Wir kannten uns ja gar nicht, hatten uns einmal geküsst, sonst nichts. Aber ganz ehrlich, ich hatte in meinem Leben tolle Liebhaber, da ragte Miljano nicht unbedingt raus. Mir ging es um ihn als Mensch!«

Sie erhob sich, machte ein paar Schritte durch die Küche, als wollte sie noch etwas erläutern oder ergänzen, das in Worte zu bringen ihr nicht ganz leichtfiel. Zu meinem Schrecken schlug sie vor, für die nächste Zigarette auf den Balkon zu gehen. Ich bückte mich schnell zu meiner Tasche, die auf dem Boden am Stuhlbein lehnte, um Handschuhe und Mütze herauszuholen. Maja Feldkirch war schon im Flur und ich verstand sie akustisch nur schwach. »Vielleicht sehen Sie Miljano ja nachher noch, er ist bei der Arbeit, aber er kommt so um vier.« Ich verkniff mir die Frage nach der Art seiner Arbeit und blieb sitzen. Es schien mir, als legte sie Wert auf den kleinen räumlichen Abstand zwischen uns. »Miljano«, sagte sie so deutlich aus dem Flur, dass ich es keinesfalls überhören konnte, »ist übrigens nicht schwarz, falls Sie das gedacht haben.« Wir wussten beide, auf welchen Punkt dieser Pfeil zielte.

Als die deutsche Blondine Heidi Klum im Jahr 2007 in Oprah Winfreys amerikanischer Talkshow saß und in ihrer gewohnten Superlaune von ihrer superglücklichen Ehe mit dem Sänger Seal berichtete, wurde sie von der Moderatorin gebeten, doch einmal zu erzählen, wo und wann sie Seal zum ersten Mal begegnet und ob es Liebe auf den ersten Blick gewesen sei. »Und ob«, rief Heidi Klum, »und ob das Liebe auf den ersten Blick war!« Sie habe sich damals, es war 2004, in der Lobby eines New Yorker Hotels aufgehalten. Plötzlich tauchte dieser riesige schwarze Mann am anderen Ende der Lobby auf. Seal kam verschwitzt aus dem Fitnessraum, er trug eine enganliegende Radlerhose, und was sie auf den ersten Blick begeisterte, beschrieb Heidi Klum bei Oprah Winfrey mit der Aussage: »Ich saß da und dachte: Wow! Ich sah alles, das ganze Paket.«

Ich halte es für ausgeschlossen, dass Heidi Klum sich zu der Idiotie hinreißen ließe, in dieser Art über einen weißen Mann zu sprechen und von der Ausbuchtung seiner Genitalien als maßgeblicher Attraktion seiner Erscheinung zu schwärmen. Sie wollte vermutlich leutselig wirken und die ihrer Meinung nach allseits bekannte Tatsache, der zufolge Schwarzhäutige in sexueller Hinsicht als besonders vielversprechend gelten, unverblümt benennen. Sie dachte keine Sekunde daran, dass sie sich wie ein weiblicher Macho benahm. Mit den männlichen Vertretern des Machotums werde ich gedanklich leicht fertig. Ich ordne sie unter der Kategorie der Vollidioten ein. Der erotische Rassismus von Geschlechtsgenossinnen bringt mich jedoch ins Schlingern. Ich fühlte mich auch den entsetzlichen Szenen des Films »Paradies: Liebe« von Ulrich Seidl hilflos ausgeliefert, der ein paar Monate vor meinem Besuch bei Maja Feldkirch ins Kino kam. In dem Film geht es um österreichische Sextouristinnen, alle mehr oder weniger dick, die nach Kenia in eine Hotelanlage fahren, wo sie von Beach Boys erwartet und als Kundschaft umworben werden.

In einer Szene feiert eine Handvoll Touristinnen eine kleine Geburtstagsparty im Hotelzimmer. Sie trinken Sekt und sind schon einigermaßen beschickert, als das Überraschungsgeschenk hereinschneit, ein Beach Boy, der einen Strip hinlegen soll. Das macht er auch, sichtlich gepeinigt von den johlenden Österreicherinnen, die immer ungenierter an ihm herumgrapschen, als drückten sie ihre Finger in das Fleisch einer Weihnachtsgans, dessen Zartheit sie überprüfen wollen. Die ordinäre Hysterie kippt in Unmut. Die Damen vermissen, was ein afrikanischer Amateurstripper, der für seine Vorführung bezahlt wird, gefälligst liefern soll, nämlich eine ansehnliche Erektion. Der Stripper schimpft zurück, Verachtung trifft auf Verachtung. Natürlich war ich schockiert von der körperlichen Drastik der Szene. Aber was mich wirklich erschlug, war das Gleichgewicht der Entwürdigung. Ich könnte bis heute nicht sagen, wessen Los ich grausamer finde, das der weißen Frauen oder das der schwarzen Männer. Aber ich bin misstrauisch gegenüber dieser Betrachtungsweise, denn offensichtlich gestehe ich den Touristinnen eine Not zu, die ich männlichen Touristen, die sich billigen Urlaubssex kaufen, nicht zubillige. Unterscheidet sich denn der eine Handel vom anderen? Ist das Treiben der Frauen weniger unappetitlich, weil es von romantischen Illusionen unterfüttert wird? Genau diese, so ließe sich ja auch argumentieren, treiben das Geschäftsprinzip erst richtig auf die Spitze. Denn die Frauen wollen nicht nur Sex für ihr Geld, sie wollen echtes Begehren, sie wollen die Seele der schwarzen Männer, und dies könnte um einiges verächtlicher sein als der stumpfe Pragmatismus männlicher Touristen.

»Ich habe Ihren Mann nicht für einen Schwarzen gehalten!«, rief ich in den Flur, während ich meine Handschuhe anzog und vom Küchenstuhl aufstand. Wie kam ich zu einem dermaßen blöden Satz? In der Erinnerung hört er sich noch blöder und peinlicher an, als er sich damals schon anhörte. Ich fühlte mich ertappt, hatte aber nicht die geringste Ahnung, wobei eigentlich. Die Hautfarbe des karibischen Gatten von Maja Feldkirch hatte bis zu diesem Moment in meinen Gedanken gar keine Rolle gespielt. Jetzt tat sie es, und ich kam auf die unbehagliche Idee, hier als eine Art Versuchskaninchen zu dienen, an dem Frau Feldkirch jene Aspekte ihrer Liebe untersuchte, mit denen sie selbst nicht im Reinen war. Sie war schon ins Balkonzimmer vorausgegangen und kehrte mir den Rücken zu. Sie wirkte plötzlich verhalten. »Ist Ihnen wirklich nicht kalt?«, fragte ich. Sie schüttelte nur leicht den Kopf. Mit einer Hand zog sie den Schal vor der Brust zusammen, mit der anderen drückte sie die Klinke der Balkontür nach unten.

Was für ein Unsinn! Ich war ja wohl diejenige, die sie zum Versuchsobjekt machte, indem ich ihre Geschichte mit Ingredienzen aus irgendwelchen Film- und Fernsehstorys verrührte, um ihre Substanz zu prüfen. Ich war die Labortante, die sich benahm, als säße sie nicht an einem liebevoll hergerichteten

Frühstückstisch, sondern vor den Reagenzgläschen eines Chemiekastens. Was Maja Feldkirch wollte, war einfach. Sie wollte Respekt. Sie wollte respektiert werden für den Idealismus ihrer Liebe. Sie war es leid, von Leuten, die sich in einem betrübten Singledasein oder einer verkümmerten Ehe eingerichtet hatten, für ihre angebliche Riesendummheit bedauert oder beargwöhnt zu werden.

Sie rauchte, ich griff nach der Schachtel, um ebenfalls eine Zigarette herauszuziehen, bekam mit den dicken Handschuhfingern aber keine zu fassen, schob mit meinen ungeschickten Greifversuchen die Schachtel stattdessen immer weiter zum Rand der Balkonbrüstung, bis sie schließlich aufs Trottoir hinunterfiel. Ich entschuldigte mich mehrmals hintereinander und rannte sofort los, um die Zigaretten zu holen. Als ich im Hausflur wieder die Treppe hinaufging, stand Maja Feldkirch vor ihrer Wohnungstür. Sie wartete, bis ich auf ihrer Höhe angelangt war. »Ich weiß gar nicht, ob ich das schon erwähnt habe, Miljano arbeitet auf dem Bau einer Renovierungsfirma. Das ist keine tolle Arbeit, aber er will mir ja nicht jahrelang auf der Tasche liegen.«

Offiziell waren Kontakte zwischen Kubanern und Ausländern verboten, inoffiziell wurden sie toleriert, ergaben sich in den Jazzbars der großen Touristenhotels, am Strand von Havanna oder in den Häusern, deren Bewohner eine staatliche Lizenz zur Vermietung von Zimmern besaßen. Dennoch vermieden sie es, sich an dem Ort aufzuhalten, den Miljano als seine Wohnung bezeichnete. Wenn er nicht arbeitete, kam er in die kleine Pension in der Altstadt, wo Maja Feldkirch unter dem Dach zwei Zimmerchen gemietet und in ihnen ein privates Refugium improvisiert hatte. Die Vermieterin, eine Vertraute Miljanos, hatte ihr geholfen, eine Kochstelle und eine simple Dusche einzurichten. An den Wasserhahn, der in einem der Zimmer aus der Wand ragte, hatte sie einen Schlauch geschraubt, den sie sich beim Duschen, mit den Füßen in einer alten Kinderwanne stehend, über den Kopf hielt.

Sie näherten sich nicht vorsichtig an, wie sie es unter zwangloseren Umständen wohl getan hätten. Sie führten in der Pension fast ohne Übergang das Alltagsleben eines Paares, das die Zeit des Zusammenseins bedroht sieht und keine Minute verlieren will. Abends holte Maja Feldkirch Miljano in den Bars ab, in denen er auftrat, tagsüber zeigte er ihr Havanna oder sie blieben in der Pension. Sie wusste, dass er war, was man arm nennt. Aber Armut ist nur der Überbegriff für eine Skala der Entbehrung. Wir hatten uns wieder in die Küche gesetzt, sie stützte die Ellbogen auf den Tisch und beugte sich nach vorn. »Können Sie sich das vorstellen? Ich hab eine volle Woche gebraucht, um zu kapieren, dass Miljano einfach zuwenig aß. Ich hab mich gewundert, warum er morgens so schlapp ist, und hab das auf die Trommelei geschoben, das waren oft zehn Stunden am Tag, nachmittags in einer, nachts in einer anderen Bar. Aber er hat sich das Geld für die Mahlzeiten gespart! Können Sie sich das vorstellen? Ich mache da in Havanna Honeymoon mit einem dreißigjährigen Mann, und der liegt neben mir und hat einfach nur elenden Hunger.« Ich konnte nicht anders, ich musste grinsen und war erleichtert, dass sie zurückgrinste und zu der Baguettescheibe sah, in die sie zweimal hineingebissen hatte.

An einem Tag fuhr sie mit Miljano in das Dorf, in dem seine Familie lebte, und half ihr ein paar Stunden lang, Unkraut aus Gemüsebeeten zu zupfen. Sie lernte Treffpunkte der kubanischen Musikerszene kennen, die Touristen nie zu sehen bekamen. Sie brachte vor Ehrfurcht kein Wort heraus, als Miljano sie zu einem Mitglied des Buena Vista Social Club mitnahm, einem gebrechlichen Mann, dessen zustimmende Worte Maja Feldkirch beglückten, als hätte ihr eigener Vater der deutsch-kubanischen Liebe seinen Segen gegeben. Aber sie ließ sich nicht täuschen von solchen Eindrücken und Erlebnissen. Sie verkannte nicht die Realität hinter dem Bild des weißgekleideten Bongocero, der in seiner Heimat ein Maß an künstlerischer Anerkennung genoss, das es ihm erlaubte, kumpelhaft bei einem Mann zu klingeln, der durch einen Wim-Wenders-Film weltberühmt geworden war. Von fünfzig Frauen wären vierzig vor dieser Realität zurückgeschreckt. Maja Feldkirch gehörte zu den anderen zehn.

Ein einziges Mal nahm Miljano sie im Morgengrauen, als die Stadt noch schlief, in seine Behausung mit. Die Eingangstür des mehrstöckigen, zur Ruine verfallenen und seit Jahren menschenleeren Hauses war mit zwei überkreuzten Holzbalken verbarrikadiert. Sie schlüpften unter einem Balken durch, gingen die bröckelnden Stufen einer Treppe hinauf, bis sie zu einer kleinen Luke gelangten, die aufs Dach führte. Miljano stemmte sie mit einer Eisenstange auf und zog sich mit einem Klimmzug nach oben. Für einen kurzen Moment hörte Maja Feldkirch nur seine Schritte auf dem Dach. Dann ließ er eine Leiter zu ihr herunter, und sie stieg in das Postkartenpanorama hinauf, sah weit unter sich den Malecón, die Uferstraße der Stadt, und das Kastell auf der anderen Seite der Bucht.

Der Kontrast zwischen dem königlichen Ausblick und der kleinen, in der Mitte des Daches an einem Schornstein lehnenden Wellblechhütte schnürte ihr die Luft ab. Miljanos Zuhause war im Grunde nichts anderes als ein Obdachlosennest. Lediglich die Höhenlage, in der sich die Hütte befand, die Antenne, die aus den Wellblechplatten ragte, und der Elektrogenerator, der neben der niedrigen Tür auf dem Boden stand, unterschieden diesen Unterschlupf von den Nestern, in denen sich die Gestrandeten westlicher Großstädte unter Brücken oder in U-Bahnhöfen zusammenrollen. Sie erzählte nicht weiter. Sie berichtete nicht vom Inneren der Hütte, die sie mit Miljano an diesem Morgen sicherlich betrat. Vielleicht warf er den Generator an, kochte Kaffee und sie stellten sich mit den warmen Tassen in der Hand ins Freie und sahen dem Anstieg der Sonne zu. Vielleicht riss er schnell ein paar Kleidungsstücke aus einer Kiste und sie ließen die Ruine, dieses Denkmal der Depression, so schnell wie möglich hinter sich. Aber am Nachmittag desselben Tages, das erzählte Maja Feldkirch, fragte sie Miljano, ob er sie in Deutschland besuchen wolle. Und sie fragte ihn, ob dies von Beginn an sein Hintergedanke gewesen sei. Wenn ja, sagte sie zu Miljano, wäre das nicht das Schlimmste. Schlimm wäre es, wenn er sie jetzt belüge.

Er ließ sich ein paar Tage Zeit mit der Antwort, was Maja Feldkirch als Zeichen seines Bemühens um ehrliche Selbsterforschung deutete. Als sie am Abend zum Malecón spazierten, dem Pärchentreffpunkt von Havanna, und sich rücklings auf die Kaimauer legten, sagte Miljano, er sei sich sicher, sie zu lieben. Aber er könne nicht verleugnen, dass die Aussicht, mit ihrer Hilfe Kuba verlassen zu können, im Hinterzimmer seiner Gefühle eine gewisse Rolle spiele. »Und dann?«, fragte ich. War diese Auskunft nicht ein ziemlicher Dämpfer? Maja Feldkirch zuckte mit den Achseln. Sie war nicht nur zu klug, zu realistisch, um ein anderes Bekenntnis zu erwarten, sie war auch zu unbeschwert, um Enttäuschung zu empfinden. Diese Unbeschwertheit, die Dinge vorrangig von ihrer positiven Seite zu betrachten, teilte sie mit Miljano. Vielleicht war dies sogar der Kern ihrer Liebe. Miljanos Gemüt neigte ja keineswegs zur Bedrückung, er lebte nur in bedrückenden Verhältnissen. Er riss Maja Feldkirch von der Kaimauer, legte die Hände um ihre Taille, stimmte eine Salsamelodie an und tanzte mit ihr den Malecón hinunter.

Sie wuchtete einen prallgefüllten Aktenordner auf den Tisch: das schriftliche Zeugnis der großen Reise durch die Behördenlandschaft eines sozialistischen und eines kapitalistischen Staates, die für Maja Feldkirch und Miljano nun begann. Sosehr ich mich bemühte, mir die Abfolge sämtlicher Stationen einzuprägen und ihre Logik zu verstehen, sowenig kann ich dafür garantieren, sie hier fehlerlos zu memorieren. Ihrem Naturell entsprechend begann Maja Feldkirch auf der Stelle, die Besuchsidee zu realisieren. Sie übergab der deutschen Botschaft in Havanna ein Schreiben, in dem sie den Kubaner Miljano Sanchez zu sich nach Hamburg einlud. Die deutsche Botschaft leitete die Einladung einerseits an das kubanische Außenministerium weiter und forderte andererseits Maja Feldkirch auf, Motiv und Ziel des Besuches detailliert darzulegen. Schon daran konnte alles scheitern. Die Erklärung, ein kubanischer Staatsangehöriger wolle lediglich als Tourist nach Hamburg reisen, um sich die historische Speicherstadt des Hafens anzusehen, konnte als kaschierter Einwanderungsversuch ausgelegt werden. Die Erklärung, er wolle in Deutschland eine Frau besuchen, konnte einen noch heikleren Verdacht nach sich ziehen, den einer geplanten Scheinehe.

Maja Feldkirch entschied sich für den geradlinigen Weg und verfasste ein Schriftstück, in dem sie Zweckfreiheit und Aufrichtigkeit ihrer Beziehung zu dem kubanischen Musiker Miljano Sanchez erläuterte. Sie stand vor der etwas merkwürdigen Aufgabe, über eine kaum zwei Monate gelebte Liebe mit jener Offizialität Auskunft zu geben, die eher bei Königshäusern in Gebrauch ist, deren Thronfolger in den Stand der Verlobung tritt. Die deutsche Botschaft stimmte Miljanos Besuch weder zu, noch lehnte sie ihn ab. Sie forderte zunächst den Nachweis seiner Rückkehrwilligkeit. Ich hatte den Begriff noch nie gehört, hütete mich aber, den Bericht durch Abschweifungen in die Fachsprache des deutschen Ausländerrechts noch komplizierter zu machen, als er es bereits war. Den Willen, nach Kuba zurückzukehren, musste Miljano unter anderem mit einem Hin- und Rückflugticket nachweisen. Bevor die beiden Staaten seinem Ausflug nach Deutschland überhaupt zugestimmt hatten, buchte Maja Feldkirch ein solches Flugticket. Es musste schnell gehen, sie nahm das erstbeste undatierte Ticket, das sie im Internet finden konnte, Havanna-Paris-Hamburg und retour.

Aus ihren schwarzen Diamantaugen sah sie mich nachdrücklich an. Es war leicht zu erraten, was sie mir mit dem Blick zu verstehen geben wollte. Die Liebe zu Miljano offenbarte allmählich eine nicht unwesentliche Facette, die materielle. Maja Feldkirch verausgabte sich nicht nur an die Tretmühle der Bürokratie. Sie hatte Kosten zu tragen, die allein auf ihren Schultern lasteten. An diesem Ungleichgewicht war nichts zu ändern. Sie war alles andere als wohlhabend, aber immerhin verfügte sie über die Reserven ihres Sparkontos, Miljano hingegen über gar nichts. Sie fuhr im Aktenordner mit der Hand unter einen dicken Papierstoß, schob ihn von der rechten auf die linke Seite und holte einen Zettel hervor, der in der Chronik ihrer Liebe einem viel späteren Stadium angehören musste. »Schauen Sie, das hab ich in meiner schwärzesten Stunde mal zusammengerechnet.« Sie drehte die beschriftete Seite des Zettels zu mir hin und hielt ihn wie ein Beweisstück senkrecht in die Luft. Ich erkannte eine Zahlenkolonne mit einem Strich und einer Gesamtsumme am Fußende.

Einen Monat nach ihrer Hochzeit im Mai 2011 gerieten Maja Feldkirch und Miljano in eine Krise, die ihr Zusammenleben so verdunkelte, ihr Vertrauen so beschädigte, dass sie sich in der Hamburger Wohnung nur noch wie Spione umschlichen. Irgendwann in dieser Zeit, sagte Maja Feldkirch, habe sie sich nachts hingesetzt und sämtliche Kosten addiert, die sie für den kubanischen Trommler bis dahin berappt hatte; Flugticket, Krankenversicherung, Essen, Kleidung, Monatskarten für Bus und U-Bahn, Handy, Computer, ein kleiner Fernseher, eine Konsole, die er sich sehnsüchtig wünschte, die von Behörden und Notaren verschlungenen Unsummen, die Auslandssteuer, ohne die der kubanische Staat ihn nicht hatte ziehen lassen, die neuen Bongos, die er benötigte, um in Hamburger Salsaclubs gelegentlich aufzutreten, die Sprachschule, die er besuchte, die Hochzeit, für die sie sich tausend Euro von einer Freundin lieh. Sie kam auf eine Summe von dreißigtausend Euro.

»War es das wert?« Die brutale Kaufmannsfrage rutschte mir einfach so raus. Aber die Zahl erschreckte mich tatsächlich. Sie veranschaulichte ein existentielles Risiko, neben dem mir das seelische, das Maja Feldkirch eingegangen war, vergleichsweise mickrig vorkam. Über eine Liebesenttäuschung, so tief sie auch sein mochte, käme eine entschlossene Frau im Verlauf eines Trauerjahrs wohl hinweg. Weitaus länger dürfte eine Fünfzigjährige, die nichts auf der hohen Kante hatte, jedoch damit beschäftigt sein, sich aus den Fängen einer prekären Finanzlage zu befreien. Sie nahm mir die Frage überhaupt nicht übel, im Gegenteil. Zum ersten Mal schien sie mich als ein Ge-

genüber zu betrachten, das ihrer geistesgegenwärtigen Prompt-
heit ebenbürtig war. »Tja, das habe ich mich natürlich auch
gefragt.« Sie schwieg, als würde sie das Verhältnis von Soll und
Haben noch einmal kurz überschlagen. Dann nickte sie. »Ja,
das war's wert. Es geht ja auch aufwärts mit uns. Ich würde es
wieder machen, ganz genau so.«

Anfang September 2010 kehrte sie nach Hamburg zurück. Der
Kampf gegen die Windmühlen der Ämter gestaltete sich, da sie
mit Miljano nun kaum mehr kommunizieren konnte, als Ge-
fuchtel ins Leere. Sie schrieb Briefe an die Hamburger Ausländerbehörde und an die Botschaft, sie telefonierte und verharrte
stundenlang in Warteschleifen. Sie erledigte einen Fragekata-
log, dessen juristischer Sinn darin bestand, ihre intime Ver-
trautheit mit dem Kubaner Miljano Sanchez zu ergründen.
Dieselben Fragen, das wusste sie, beantwortete Miljano in Havanna und sie betete, er würde nichts verwechseln, den Besuch
bei seiner Familie genau so schildern, wie sie ihn schilderte,
nicht den Rum unterschlagen, den sie mit dem Altstar des
Buena Vista Social Club getrunken hatten, nicht aus Rücksicht
verschweigen, dass sie Sex nach dem morgendlichen Aufwachen besonders gern mochte und es sie anfangs enttäuschte,
wenn er dafür zu müde war.

Doch an einem Tag im November 2010 durchschlug Maja
Feldkirch die Windmühlen mit einem einzigen Hieb, und
kaum ein anderer Moment in ihrer Erzählung erschien mir
so charakteristisch für sie. Ohne Termin, ohne Ankündigung,
ohne anzuklopfen stürmte sie in das Zimmer des Beamten, der
in der Hamburger Ausländerbehörde die Akte Miljano Sanchez
bearbeitete, stellte sich vor seinen Schreibtisch und rief mit sen-
gender Kraft: »Ich will nichts mehr erklären! Ich will jetzt le-

ben!« Zwei Tage später fand Maja Feldkirch im Briefkasten ein Schreiben. Es enthielt eine drei Monate gültige Besuchserlaubnis für den kubanischen Staatsangehörigen Miljano Sanchez in der Bundesrepublik Deutschland. Im Februar 2011 bestieg er in Havanna zum ersten Mal in seinem Leben ein Flugzeug, flog nach Paris und von da aus weiter nach Hamburg.

Mochten die äußeren Widerstände fürs erste überwunden sein, so ließ das Fiasko, das am Pariser Flughafen Charles de Gaulle über Miljano hereinbrach, die inneren Zerreißproben erahnen, die ihn und Maja Feldkirch noch erwarteten. Der Abschied von Kuba, die Strapazen des ungewohnten, überdies quälend langen Fluges, das Alleinsein, das Fremdeln mit der unbekannten Umgebung, die diffuse Furcht, aus irgendeinem Grund vom kubanischen Geheimdienst verfolgt zu werden, dies alles zusammen löste bei Miljano eine Konfusion der schlimmsten Art aus. Noch in Havanna hatte ihm Maja Feldkirch, nicht wissend, nur hoffend, dass er die Reise je anträte, vorsorglich fünfzig Euro gegeben für den Umstieg in Paris. Sie hatte ihm eingeschärft, sie nach der Landung sofort anzurufen. Sie hatte auf ein Blatt die Sätze: »Entschuldigen Sie bitte, ich bin Señor Sanchez, ich komme gerade aus Übersee, dürfte ich ein kurzes Telefonat auf Ihrem Handy führen, ich bezahle es natürlich. Vielen Dank für Ihre Hilfe« in deutscher, französischer und englischer Sprache geschrieben. Sie hatte ihm eingeschärft, sich an das Flughafenpersonal zu wenden, sich zum Gate seines Weiterflugs begleiten oder wenigstens den Weg dorthin zeigen zu lassen. Am dringlichsten aber hatte sie ihm eingeschärft, unter gar keinen Umständen den internationalen Sicherheitsbereich zu verlassen, nicht versehentlich auf französisches Staatsgebiet, für das er kein Visum besaß, zu geraten.

Aber genau das geschah. Wie und weshalb er, sämtliche Ratschläge ignorierend, zum Ausgang schlafwandelte, sich willenlos von seinen Beinen tragen ließ, als sei er auf der Flucht, konnte oder wollte Miljano hinterher nie richtig erklären.

Er irrte eine ganze Weile durch die Geschäftsmeile des Flughafengebäudes, bis ihm der teuflische Fehler bewusst wurde. Ihm wurde auch bewusst, wer er hier eigentlich war, ein hilfloser, rechtlich gesehen sogar ein der Illegalität ausgelieferter Mensch. Miljano kannte Armut, er kannte das Gefühl, zum Leben in einem Land verurteilt zu sein, das ohne Anschluss an den Rest der Welt vor sich hin verkümmerte und an der Leine eines nicht mehr ganz zurechnungsfähigen Exrevolutionärs gehalten wurde. Aber ein Niemand zu sein, dem es nichts nutzte, die weithin anerkannte Musikakademie von Havanna mit Erfolg absolviert zu haben, das kannte er nicht.

Der Himmel schickte Miljano eine ältere Spanierin, die auf den orientierungslosen, augenscheinlich verzweifelten Flughafengast aufmerksam wurde und ihn überreden konnte, mit ihr auf schnellstem Weg eine Dienststelle der französischen Polizei aufzusuchen, bevor ihn diese fand. Sie sprach, ebenfalls ein Himmelsgeschenk, fließend Französisch und besaß ein beruhigendes Gemüt. Die Polizisten ließen sich durch Miljanos deutsches Besuchervisum, sein Flugticket und ein langes Telefonat mit Maja Feldkirch, die angststarr in Hamburg saß und begonnen hatte, im Internet nach Telefonnummern des Pariser Flughafens zu suchen, dazu erweichen, den Kubaner, dessen Name sich zudem auf keiner Verdachtsliste fand, in den Sicherheitsbereich zurückzueskortieren. Das Bodenpersonal seiner Fluglinie buchte Miljano, beunruhigt durch die Verfassung des nervlich angeschlagenen Passagiers, kostenlos auf die nächste Maschine nach Hamburg ein.

Immerhin, dachte ich, zeigte sich der kapitalistische Westen dem Ankömmling nicht nur von einer bedrohlichen, sondern auch von einer einigermaßen menschenfreundlichen Seite. Maja Feldkirch nahm den Mann, der sie elf Monate zuvor in der Bar Corazón in seinen Bann gezogen hatte, als Patienten entgegen. Er fiel in ihrer Wohnung, ohne sich umzuschauen, ohne ein Wort zu sagen, ins Bett, schlief ein und wachte zwanzig Stunden lang nicht mehr richtig auf. Ab und zu fühlte sie seinen Puls, schüttelte ihn wach und ließ ihn ein Glas Wasser trinken. Miljano fehlte Winterkleidung. Als er sich endlich erhoben, die erste Mahlzeit zu sich genommen hatte, rannte sie für eine halbe Stunde aus dem Haus, raffte in einem Kaufhaus sämtliche Stücke einer winterlichen Grundgarderobe zusammen, und auch ihr wurde erst jetzt das volle Gewicht dieser Liebe bewusst. Sie trug die Verantwortung für einen Mann, der bei jedem Schritt, jeder Unternehmung auf ihre Hand angewiesen war.

Es frustrierte sie nicht. Oder besser gesagt: Sie war fähig, die Frustration hinzunehmen, sie durch den Stolz, Miljano tatsächlich hergebracht zu haben, und durch die Vorfreude auf einfachere Zeiten auszugleichen. Ein halbes Jahr lang hatte sie sich ihre Wohnung als Liebesnest ausgemalt, in dem sie endlich zur Ruhe kämen. Dass Miljano nach seinem komatösen Dauerschlaf noch zwei weitere Wochen brauchte, um sich einigermaßen zu berappeln und wieder ihr Liebhaber zu werden, das hatte sie sich keineswegs ausgemalt. Aber dann war es eben so, unerwartet wie alles andere auch. Und sie nahm sich vor, niemals an Miljano wie an jemanden zu denken, mit dem sie einen Tauschhandel eingegangen war.

Maja Feldkirch stand auf, um die Frühstückssachen wegzu-
räumen. Mit der flachen Hand schob sie die Brotkrümel auf
der Tischplatte zusammen und trug sie in der Faust zum Mülleimer. Ihre Bewegungen wurden ruhiger, fließender, als erinnerten sie sich an die Geschmeidigkeit des Körpers, der sie aus-
führte. Sie riss die Lockensträhne, die alle paar Minuten in ihr
Gesicht fiel, nicht mehr mit einem gebieterischen Friseusen-
griff nach hinten, strich sie nur hinters Ohr oder blies so lange
Atemluft dagegen, bis sie von selbst wieder über die Stirn hin-
aufflatterte. Wir nickten uns zu: Zigarette. Einen kurzen Spaziergang hätte ich dem Balkon vorgezogen, rückte aber mit der
Idee, die Maja Feldkirchs augenscheinlich zurechtgelegte Dramaturgie durcheinandergebracht hätte, erst gar nicht heraus.
Wieder ging sie mir voraus, mit ihren offenen Pumps und
dem leuchtenden Tuch, das dem Wintergrau um uns herum so
eigensinnig widersprach. Sie hatte es vor Jahren auf einem süd-
amerikanischen Trödelmarkt für ein paar Pesos gefunden. Es
war wie für sie geschaffen, für eine Lebenskünstlerin, deren
Eleganz vermutlich nie an Geldmangel gescheitert war.

Wie sie da stand auf dem Balkon, mit ihren schwarzen Locken, der halb durchsichtigen Seidenbluse, dem mediterranen,
grazil gezeichneten, dabei kraftvollen Gesicht, mit ihrer ganzen
aparten Lebendigkeit, wäre Maja Feldkirch der Blickfang jeder
Party der Hautevolee gewesen. Hatte es sie nie gereizt, ihre
Abenteuerlichkeit für die bürgerlichen Annehmlichkeiten einer
solchen Rolle aufzugeben? Dachte sie nicht manchmal, wie er-
quicklich es sein könnte, sich von einem Mann versorgen und
verwöhnen zu lassen? Das alles fragte ich Maja Feldkirch nicht.
Warum auch.

Miljano lebte sich ein, fuhr bald auch allein durch die Stadt,
besuchte eine Sprachschule, lernte kubanische Landsleute ken-

nen, die ihn beschworen, auf Teufel komm raus, wie und mit welcher Methode auch immer, die Rückkehr nach Kuba zu umgehen. Wollten sie ein Paar bleiben, mussten sie heiraten, um Miljanos Aufenthaltsrecht in Deutschland zu sichern. Sie klemmte sich die Zigarette zwischen die Lippen, legte sich die eine Hand genervt über die Stirn und blätterte mit der anderen in einem unsichtbaren Aktenordner. Die Bürokratiemühle drehte erneut ihre Räder. Vertreter der Ausländerbehörde kamen unangemeldet in die Wohnung, inspizierten Schlafzimmer, Bad, Küche, forschten nach Indizien, die für oder gegen eine echte Liebesbeziehung sprachen. Sie gaben eidesstattliche Erklärungen ab, keine Scheinehe einzugehen, Miljano erhielt vom kubanischen Staat ein Ehefähigkeitszeugnis, und schließlich saß Maja Feldkirch mit einundfünfzig Jahren vor einem Standesbeamten, um Miljanos Ehefrau zu werden.

Natürlich war es eine Heirat, die aus Gründen der Vernunft geschlossen wurde, zumindest ursprünglich. Nur sperrte sich in Maja Feldkirch alles dagegen, diese Heirat deswegen als rein sachliche Angelegenheit oder gar als Notlösung zu betrachten und nüchtern zu vollziehen. Sie wollte nicht im Vierergrüppchen – Miljano, sie, zwei Trauzeugen – einen Verwaltungsakt erledigen und hinterher noch ein Glas Sekt hinunterkippen. Sie wollte ein großes, ein schmetterndes Fest, mit vielen Gästen, Musik und Tanz bis zum nächsten Morgen. Sie feierten dieses Fest. Ich kann mich nicht erinnern, schönere Bilder einer Hochzeit gesehen zu haben als jene, die mir Maja Feldkirch in ihrem Arbeitszimmer auf dem Computer vorführte, nachdem der, wie ich hoffte, letzte unserer Balkonaufenthalte absolviert war. Sie zeigten ungezwungenes, jubelndes Glück, ließen keinerlei Mangel an wahrhaftiger Freude und nur schwach die seiltänzerische Improvisation erahnen, die es ermöglichte, mit tausend Euro ein Hochzeitsfest für hundert Menschen auf die Beine zu stellen.

Mir wurde erst jetzt so richtig klar, worin die Besonderheit, deren Ruf Maja Feldkirch bei unseren Bekannten vorauseilte, eigentlich bestand. Sie war nicht nur eine Meisterin des Nichtzögerns, sie war eine Meisterin der Tatsachenerschaffung. Sie sah nicht bekümmert in die Kluft zwischen Traum und Realität, sie sah den Steg, der über die Kluft führte.

Musste ein Hochzeitspaar, um zu glänzen, teuer und neu eingekleidet sein? Ach was! Sie holte ein ärmelloses weißes Sommerkleid aus dem Schrank, nähte an Saum und Halsausschnitt goldene Kaufhausperlen, Miljano trug Hemd und Hose, ebenfalls in Weiß. Den Hochzeitsstrauß pflückten sie am Tag zuvor auf einer Wiese. Der Besitzer eines spanischen Restaurants stellte dieses, im Tausch gegen fünf unbezahlte Auftritte einer Salsaband, kostenlos zur Verfügung. Mit der Band wiederum einigte sich Miljano, eine Weile lang ohne Erlös als Bongocero zu fungieren. Das Hochzeitsbuffet stellte Maja Feldkirch mit zwei Freundinnen her, die Hochzeitseinladungen auf ihrem Drucker.

Ihre Euphorie muss ansteckend gewesen sein. Auf dem Gruppenbild der Hochzeitsgesellschaft, aufgenommen vor dem Tor des Standesamts, sah ich durchweg fröhliche Gesichter. In vorderster Reihe neben Maja Feldkirch ihre Mutter im Rollstuhl, daneben ihre vier Geschwister mit Familien, in den Reihen dahinter alte Klassenkameraden, ehemalige Kollegen vom Bremer Theater, die Belegschaft des Kampnagel-Theaters, zwei Salsatruppen nebst Anhang, ein Dutzend Schüler aus Miljanos Sprachschule. Maja Feldkirch hatte nicht geruht, bis Miljano, um nicht ganz ohne Familienmitglied dazustehen, eine Großtante auftrieb, die vor Jahrzehnten nach Florida exiliert war. Eine füllige Dame in Kitschrosa, deren Hände auf den Schultern von Maja Feldkirchs Mutter liegen.

Dann sah ich Miljano zum ersten Mal aus der Nähe und war verdattert. Nach Maja Feldkirchs Beschreibung hatte ich zwar keinen Mann erwartet, dessen ausländische Typologie sofort ins Auge springt, schon aber, den Herkunftsunterschied dieses Paares zu erkennen. Er war nicht nur gering, er war überhaupt nicht zu erkennen. Ins Auge sprang eine geradezu mysteriöse Ähnlichkeit zwischen Maja Feldkirch und Miljano Sanchez. Sie hätten Geschwister sein können. Die schmale Gestalt, die ovale Kopfform, die olivfarbene Haut, das Schwarz der Augen: alles das Gleiche. Selbst der Gesichtsausdruck schien sich zu spiegeln, ein seliges Lachen mit einem Anflug ekstatischer Verträumtheit. Sie stehen auf dem Foto im Kreis der applaudierenden Gäste und tanzen miteinander, Rücken an Rücken. Maja Feldkirch legt ihren Kopf nach hinten auf Miljanos Schulter, sein Kopf lehnt schräg geneigt an ihrem. Ihre Arme liegen ineinandergeschlungen an der Seite dieser aus zwei Hälften verschweißten Körperskulptur. Der Altersunterschied zwischen Miljano und Maja Feldkirch, immerhin zwanzig Jahre, verschwindet fast in der Ähnlichkeit. Auf fünf, höchstens acht Jahre würde ein Betrachter ihn schätzen, der von dem Paar nichts wüsste.

Sie hatten sich nicht an der gegenseitigen Exotik berauscht und waren deshalb auch kaum gefährdet, verkatert zu erwachen, um zu bemerken, dass mit dem exotischen Liebespartner im normalen Alltag nicht viel anzufangen war. Die Gefahr kam von einer anderen Seite: Das Misstrauen kroch aus seinem Versteck. Aber warum? Es war mir vollkommen rätselhaft, wie dieses Paar vier Wochen nach dieser beflügelten Hochzeit so abstürzen konnte. Wir gingen zurück in die Küche, Maja Feldkirch setzte Teewasser auf, holte Tassen aus dem Schrank, stellte Zucker, Honig und Milch auf den Tisch und schaltete Licht an. Es war dämmrig geworden. Ich schaute unauffällig auf meine Armbanduhr und überlegte, wie ihre Bemerkung, ich würde Miljano vielleicht noch sehen, wenn er um vier von der Arbeit käme, zu interpretieren war. Von einem gemeinsamen Essen hatte sie nichts gesagt. Wollte sie, dass ich dem Mann, in dessen Schicksal ich ja nun eingeweiht war, persönlich begegnete? Oder wollte sie sich genau diese Situation, dieses aus meinem Blickwinkel unvermeidbare Vergleichen des echten mit dem geschilderten Miljano, in Wahrheit lieber ersparen? Ich legte mir eine Strategie zurecht. Ich würde bis vier Uhr bleiben, wenn sie mich ausdrücklich dazu aufforderte, wenn nicht, eine halbe Stunde vorher höflich verschwinden.

Wahrscheinlich, sagte Maja Feldkirch, war es ein Fehler, den Elektronikkram zu kaufen. Miljano brauchte, das sah sie ja ein, ein Handy und einen Computer. Jeder erwachsene Mann besaß das. Und fast jeder hatte, wenn er nicht in einem Land wie Kuba aufgewachsen war, als Junge mit einer Playstation gespielt. Den Wunsch, verpasste Jugend nachzuholen, konnte sie verstehen. Aber sie schlitterte, indem sie Miljano halbherzig einem Wunsch nachgab, den sie im Grunde närrisch fand, immer weiter ins Mütterliche, Pädagogische, bis sie das Geballer und Gewummer aus dem Nebenzimmer nicht mehr aushielt, die Tür aufriss, den Stecker rauszog und Miljano anschrie, für diesen Schwachsinn hätte sie auch einen deutschen Proleten heiraten können.

An einem Vormittag, als sie allein in der Wohnung und Miljano in der Sprachschule war, schaltete sie seinen Computer an und klickte sich durch die Webseiten, die er zuletzt aufgerufen hatte. Sie dachte zuerst an Pornos. Auch die hatte er als Jugendlicher verpasst. Was sie fand, war schlimmer. Miljano hatte sich in einem Chatroom bewegt, in dem deutsche Frauen ausländische Männer suchten und ihnen zwischen den Zeilen einen Deal anboten, Sex gegen Ehe und Aufenthaltsgenehmigung.

Sie ließ sich nichts anmerken, als Miljano mittags nach Hause kam. Was sie sonst nie tat, tat Maja Feldkirch jetzt: Sie zögerte. Sie setzte den Verräter nicht im Hauruck auf die Straße, wovor all die anderen, die Auslandskorrespondentin, die schweizerische Psychotherapeutin und die französische Fleischfresserin keine Sekunde zurückgezuckt waren, nachdem sich der chinesische, afrikanische, italienische Besucher als undankbarer Schmarotzer oder als schwieriger Fall erwiesen hatte. Maja Feldkirch war am Nullpunkt. An dem Punkt, an den niemals zu gelangen sie sich geschworen hatte. Denn sie verriet ihre Liebe an den Kassensturz. Sie setzte sich nachts in ihr Arbeitszimmer, trank zwei Gläser Rotwein, rechnete alle für Miljano getätigten Ausgaben zusammen und kam auf dreißigtausend Euro.

Aber in ihrer ganzen Beschämung, ihrem Zorn, ihrer Niederlage vergaß Maja Feldkirch nicht, dass die Waffe, die sie gegen Miljano in der Hand hatte, ihn auf eine Weise ruinieren konnte, die durch nichts zu rechtfertigen war. Diese Waffe war das Ausländergesetz. Miljano hätte kein Bleiberecht gehabt, wenn ihrer Trennung nicht drei Jahre gemeinsamer Ehe vorausgingen. Erst nach diesen drei Jahren durfte er, auch als geschiedener Mann, in der Bundesrepublik bleiben. Die Idee, Miljano an Gesetze auszuliefern, an denen sie selbst fast verzweifelt wäre, fand Maja Feldkirch amoralisch, widerlich, und diese Haltung beeindruckte mich gehörig. Sie hatte, das ließ sich nicht bestreiten, etwas Heroisches.

Ich merkte, dass es ihr ein wenig schmeichelte, dieses Wort aus meinem Mund zu hören. Ich meinte es ehrlich. Ich kenne wenige Frauen, die nach einem solchen Tiefschlag nicht kapituliert hätten, aber auch wenige von solcher Beharrlichkeit, und dass Miljano nicht auf der Straße landete, verdankte er wohl dem Umstand, dass Maja Feldkirch eine Frau war, die eben nicht lockerließ. Nach zwei Tagen stellte sie ihn zur Rede, hörte sich windige Ausflüchte an, bis sie eine Erklärung für den Chatroom-Sündenfall erhielt. Er habe sich, beteuerte Miljano, lediglich wappnen wollen für den Tag, an dem sie plötzlich die Lust an einem Kubaner verlöre, der mit der deutschen Sprache nicht vorankam und mit ihr nur Spanisch sprach, ihr nichts bieten konnte und zur Last fiel, sich verächtlich machte mit infantilem Zeitvertreib. Der Chatroom war ein Tipp von kubanischen Freunden.

Er traute ihrer Liebe nicht mehr und sie nicht seiner. Sie diskutierten nächtelang und schlossen am Ende einen Pakt. Sie versprach Miljano hoch und heilig, ihn nicht im Stich zu lassen in den kommenden drei Jahren, sich nicht von ihm scheiden zu lassen, egal, wie es um ihr Verhältnis stünde. Er versprach ihr, sie nicht zu einer Frau zu machen, der Gefühle vorgetäuscht wurden, die es nicht gab. Sie brauchten ein Jahr, bis sie zurückfanden zu dem Paar, das ich auf dem Hochzeitsbild gesehen hatte, und von dem sie mit allerletzter Sicherheit nicht wissen konnten, ob sie es auch waren.

Ich hatte Miljano nicht kommen hören. Er stand plötzlich, eine halbe Stunde zu früh, in der Küchentür. Er trug einen eingestaubten Handwerkeroverall, in seinen Haaren klebten Farbspritzer und er sah ungeheuer erschöpft aus. Daran erinnere ich mich. Ich gab mir Mühe, ihn nicht zu begaffen wie einen Schauspieler, den man aus dem Fernsehen kennt und der plötzlich im Restaurant leibhaftig am Nebentisch sitzt. Sie verabschiedeten mich im Hausflur, ich war schon ein Stockwerk tiefer, als ich Miljano oben flüstern hörte: »Hast du ihr gesagt, dass ich dich liebe?« Es klang eigentlich nicht so, als sei der Satz für meine Ohren bestimmt. Aber warum sagte er ihn dann auf Deutsch?

Method Acting

Ein Blinder hätte seine Aufgeregtheit bemerkt. Ich bemerkte sie, als ich ihn in der Schlange, die sich vom Eingang der Singleparty entlang der Uferstraße fast bis zur Oberbaumbrücke zog, hinter mir schnaufen, räuspern und herumzappeln hörte. Da steht aber jemand unter Strom, dachte ich, wandte mich um und sah einen sehr großen jungen Mann, dessen Gesicht von einem Ensemble widerstreitender Gefühlslagen bespielt wurde. Ich erkannte einen höflich zurücklächelnden Jüngling, einen Nervösling, den die Ansteherei hibbelig machte, einen Buben, der sich eher nach Hause unter seine Bettdecke wünschte, und einen gutmütigen Kerl, der sich freute, dem Ziel dieser Party, mit unbekannten Menschen in Kontakt zu treten, schon mal einen Schritt, wenn auch ohne eigene Bemühung, näher gekommen zu sein.

»Alles okay?«, fragte ich. »Jo, klar, das dauert halt, bis man da reinkommt, ziemlich was los.« Ich drehte mich wieder nach vorn, wir schwiegen. Hinter mir wurde geräuspert und gezappelt. Dann tippte er mir plötzlich auf die Schulter. Der Satz, den er anscheinend von sich geben wollte, erstarb auf dem Weg zwischen Kehlkopf und Lippen. Ich hörte nur einen abgewürgten Ton, eine Art Hicksen, dann kam nichts mehr. War ihm übel? Brauchte er Hilfe? Ich drehte mich noch einmal um, konnte aber keinerlei Zeichen von Unwohlsein entdecken. Er reagierte nicht auf meinen Blick, er starrte nach vorne in die Schlange, auf einen Punkt fixiert, den ich, fast einen Kopf kleiner als er, aber nicht erfassen konnte.

Dass der Lulatsch ein bisschen aus dem Gleichgewicht war, verstand ich gut. Für Ungeübte, und für einen solchen hielt ich ihn, darf eine Singleparty schon als sportliche Herausforderung gelten, als Sprung ins kalte Wasser des Wettbewerbs. Ich hatte mir auch einen Ruck geben müssen, um hierherzukommen, hatte es immer wieder verschoben, bis ich mich mit dem ethnologischen Argument überreden konnte, ohne persönliche Teilnahme an einem solchen Ereignis lasse sich der Massentypus des Großstadtsingles nicht hinlänglich begreifen. Was meinen Hintermann aus der Fassung brachte, begriff ich dennoch nicht ganz.

Auf alle Fälle, darüber traute ich mir trotz meiner Terrainfremdheit ein Urteil zu, gehörte er nicht zur Spezies der abgebrühten Aufreißer, die, das hatte ich zumindest gehört, die Party mit dem einzigen Ziel aufsuchten, sich zu späterer Stunde, wenn Enttäuschung und Frustration die Schwelle der weiblichen Ansprüche senkten, mit einem windigen One-Night-Stand zu versorgen. Es hatte meine Ambitionen, die Party einmal selbst zu erleben, nicht gerade beflügelt. Die älteste und bekannteste Singleparty Berlins mit dem lustigen Namen »Fisch sucht Fahrrad« besaß in meinem Umfeld, aus dem allerdings noch nie irgendjemand einen solchen Kennenlernbetrieb besucht hatte, den Ruf, im Lauf der Jahre zu einem vulgären Sexmarkt, im Grunde genommen zu einem kostenlosen Bordell heruntergekommen zu sein, wo nicht Fahrräder von Fischen gesucht wurden, sondern… na ja.

Bis jetzt war von der angeblichen Lüsternheit allerdings nicht das Geringste zu erahnen, geschweige denn zu sehen. Im Gegenteil. Um mich herum herrschte, von dem Zappelphilipp in meinem Rücken einmal abgesehen, eine ebenso entspannte wie unschuldige Vorfreude, weit von allem entfernt, was man sich unter den Vibrationen erotisch prickelnder Erwartung vorstellt. Die Schlange hätte sich genauso gut an einem Samstagabend um ein Multiplexkino schmiegen können, in dem der neueste amerikanische Blockbuster lief. Und von der Garderobe des Partyvolks, die fast ausnahmslos der billigen Alltags- und Saisonmode globaler Handelsketten entstammte, ließ sich aus meiner Sicht auch nicht auf ein Fest im Zeichen von Lust oder gar Liebe schließen. Die wenigen weiblichen Attribute, die aufreizend wirken mochten, rechnete ich eher der Kategorie Geschmacksverirrung zu. Ein Mädchen vor mir trug unter einem Minirock eine grоblöcherige schwarze Netzstrumpfhose, die zwar seine Beine, in erster Linie aber deren Stämmigkeit betonte. Die Freundinnen, mit denen es schäkerte, hatten Kapuzenjacken über Hängerchen von H&M an.

Warum waren sie überhaupt hier? Warum war der Nervösling mit seinen schätzungsweise fünfundzwanzig oder vierundzwanzig Jahren hier? Was zog sie zu dem alten Mühlenspeicher am Ostufer der Spree, der nach der Wende zu einem Fitnessclub und einer Eventlocation umgebaut worden war und auf dessen Dach ein kleiner, gespenstischer Wachturm von den ehemaligen Grenzsicherungsanlagen der DDR zeugte? Waren sie nicht zu jung? Zu jung für eine Party, deren Motto auf eine Bedürftigkeit anspielte, die sich als Anlass zittrigen Bangens oder als bohrendes Problem doch eigentlich erst dann in vollem Ausmaß offenbart, wenn die Lebenskurve sich allmählich der Mitte zuneigt. Zwischen zwanzig und dreißig, nimmt man gemeinhin an, sind die Türen der Liebeswahl noch weit geöffnet, zwischen dreißig und vierzig wird es ernst, ab vierzig kritisch und danach richtig schwierig. Proportional zur Anhäufung gelebter Zeit sinkt die Paarungswahrscheinlichkeit.

Aber die statistische Formel unterschlägt die Beweggründe der Menschen, die sich auf die Suche machen. Sie tun es ja weniger, weil die Gesellschaft ihnen nichts anderes übrigließe. Sie tun es für sich selbst, für ihr emotionales Glück und Wohlergehen, nicht aus Verpflichtung gegenüber der Außenwelt, sondern aus einem Verlangen der Innenwelt. Dort beginnt die Suche. Sie beginnt mit dem Herumräumen im Seelenhaushalt, und vielleicht zog es die jungen Leute unter anderem hierher, weil sie auf einer Singleparty etwas über sich selbst, ihre Bedürfnisse und Liebeswünsche herauszufinden hofften.

Ich erkannte auch Vertreter älterer Jahrgänge, sogar ein paar graumelierte Haarschöpfe in der Schlange und fiel, gottlob, nicht als verirrte Seniorin auf. Ich war nur etwas unpassend, mit schwarzem Rock und beiger Bluse viel zu elegant und zu streng angezogen, wenn auch nicht so abschreckend offiziell, dass mein Hintermann in die Verlegenheit geraten wäre, mich vorsichtshalber zu siezen. Es brach nämlich ein Redeschwall aus ihm heraus, dessen Wuchtumfang der blockierenden Kraft gleichkam, die noch fünf Minuten zuvor seinen Satz zurückgestaut hatte. »Da schau! Haste gesehn?«, legte er los und trommelte im Stakkato eines Spechtschnabels, der sich in Baumrinde hackt, auf meine Schulter. Ich kapierte nicht, was er meinte. »Na da, schau doch mal! Siehste nicht die Laserstrahlen? Das machen die manchmal im Sommer als Show, kann auch sein, dass es mit dem WM-Sieg zu tun hat, sieht doch super aus, irgendwie weltraummäßig.« Das Getrommel endete so plötzlich, wie es begonnen hatte. Dafür fuchtelte er nun mit seinem Arm direkt neben meinem Kopf, zeigte mit dem ausgestreckten Zeigefinger nach oben und schnipste auch noch mit den Fingern. Moderate Verhaltensweisen und mitteltemperierte Reaktionen schien es bei ihm nicht zu geben.

Jetzt sah ich es. Azurblaue Laserstrahlen zogen sich über uns durch die Luft, diagonale Linien, die als farbige Lichtpfeile vom Boden aus ins Endlose des nachtdunklen Firmaments zielten. Mit Laserstrahltechnik war mein neuer Bekannter, wie ich in den folgenden Minuten erfahren durfte, bestens vertraut. Sein mit Spezialkenntnissen gespickter, thematisch von der bevorstehenden Singleparty weit wegführender Vortrag, zu dem er unaufgefordert ausholte, schien ihm überdies gutzutun. Ein Zehntel der Informationen, die er wie ein sprechendes Lexikon abspulte, von der Erfindung bis zu den Einsatzmöglichkeiten elektromagnetischer Laserwellen nichts auslassend, hätte mir genügt. Aber seine Stimmung richtete sich am Laserstrahlwissen auf, und ich sah keinen Grund, ihn nicht weiterreden zu lassen, und nickte fleißig. Wahrscheinlich begann ich in diesem Moment, mich für sein Seelenheil verantwortlich zu fühlen, obwohl es mir eigentlich widerstrebte, außerdem meiner Absicht, als vollkommen unbeteiligte, möglichst unsichtbare Zuschauerin durch die Party zu huschen, ein wenig in die Quere kam. Und wahrscheinlich begann er in diesem Moment, auf mich zu zählen.

Ich freute mich über das Schauspiel der blauen Himmelsstrahlen. Sie gaben dem Ufergelände, dessen gesichtsloses Nebeneinander von überproportionierten Hotel- und Veranstaltungsbauten, fußballfeldgroßen Parkplätzen, Grundstücksbrachen und einem zwergenhaft wirkenden Hostel an die Ödnis zugiger Gewerbegebiete erinnerte, zumindest die Illusion einer gewissen Festlichkeit. Langsam rückten wir zum Kassenschalter auf, zahlten, als wir an der Reihe waren, acht Euro Eintritt und erhielten einen Stempelabdruck aufs Handgelenk als Eintritts-karte. Wir waren drin. Der Anblick der Biergartenszenerie, die sich vor uns auftat, mit langen Tischen und Bänken, Bierfäs-sern und Pizzaofen unter freiem Himmel, brachte mich end-gültig zu der Erkenntnis, in sämtlichen meiner Erwartungen an eine Singleparty enttäuscht zu werden. Bier trinken und Pizza essen ließ sich an warmen Sommerabenden doch an hundert anderen Ecken der Stadt. Ich sah auch niemand allein an den Tischen sitzen, nur fröhlich plaudernde Cliquen und Freundesrunden. Es kam mir sogar so vor, als hätten einige ihr Picknick von zu Hause mitgebracht, um nur für die Getränke zahlen zu müssen. Diese Kombination aus organisierter Part-nersuche und Kirmesgelage war vielleicht gar nicht so unplau-sibel. Sie entsprach, genau betrachtet, sogar alten Dorftraditio-nen. Aber auf die Idee, sie zu Beginn des dritten Jahrtausends in einer Metropole anzutreffen, wäre ich beim besten Willen nicht gekommen.

Der Lulatsch wich, während ich mich nach dem eigentlichen Partygeschehen umschaute, keinen Schritt von meiner Seite. Sein Vorrat an Überraschungen war noch längst nicht erschöpft. Es stellte sich nämlich heraus, dass dies keineswegs seine Par-typremiere war. Er schlenkerte, offensichtlich ortskundig, mit der Hand in eine Richtung, die zur Rückseite des Gebäudes hinführte. Ich hatte noch nie mit einem sogenannten Nerd aus der Nähe zu tun gehabt. Ich wusste nur, dass es sich bei die-sem Typus um meist jüngere Personen meist männlichen Ge-schlechts handelt, die sich unter anderem durch sehr einseitige technische Interessen und ein sehr unregelmäßiges Kommuni-kationsverhalten auszeichnen, und ich hielt es für nicht ganz unwahrscheinlich, an ein Mitglied des neuzeitlichen Stammes dieser Nerds geraten zu sein. Dass mein Begleiter es vorzog, in meinem Windschatten zur Party zu gelangen, und hinter mir hertrabte, als hätte der schiere Zufall ihn in meine Spur gekegelt, passte ja durchaus ins Bild der Spezies, die sich bekanntlich gern in den Hintergrund verkriecht.

Lautstarke Musik, eingängiger Mainstream- und Diskopop, kam uns entgegen. Wir bogen um die Ecke, gingen durch einen Toreingang und betraten einen abgedunkelten, rundum mit schwarzbraunen Holzbalken ausgekleideten Raum. Im ersten Moment erinnerte mich das rustikale Ambiente an Speisesäle mittelalterlicher Ritterburgen oder alpine Bauerngehöfte. Aber weder diese noch jene dienten als stilistischer Bezugspunkt des Partyinventars, sondern die Welt der Piraterie und ganz allgemein des Maritimen. Über der Bar schaukelten ein paar Fischernetze, an den Holzwänden hingen Karten von Ozeanrouten, außerdem Bilder von Seeräubern mit schwarzen Augenklappen und Kurzsäbeln zwischen den Zähnen. Ich erkannte Miniatursegelboote und Matrosenmützen in Wandnischen, und wenn mich nicht alles täuschte, lehnte in einer Ecke sogar ein wuchtiger Anker. Die Kombüsengemütlichkeit stellte wohl einen Tribut an die Nähe der Spree und ihren Schifffahrtsverkehr dar. Das Ganze kam mir mindestens so bizarr wie billig vor. Nur die Tanzfläche wich, mit silbernen Diskokugeln überhängt, von der altertümlichen Seefahrerinszenierung ab. Etwas verloren, etwas angestrengt die übliche Tanzfaulheit des männlichen Geschlechts überspielend, bewegten sich ein paar Frauen zur Musik, während die Männer mit Gläsern in der Hand herumstanden oder herumschlurften, als warteten sie auf ein Startsignal, das zu geben nicht in ihrer Macht stünde.

Ein einziges Mal, daran erinnere ich mich bis auf den heutigen Tag, bat ich Erich während des Schuljahrs, das wir in unserer abgeschirmten, als Nachhilfeunterricht getarnten Jugendliebe verbrachten, mit mir tanzen zu gehen. Es war keine gute Idee. Nicht, weil Erich nein gesagt hätte. Er sagte schließlich ja, weil ich insistierte und ihm ein Nein wohl zu anstrengend gewesen wäre. Es war eine schlechte Idee, weil ich Erich ausgerechnet beim Abschlussball der Tanzschule dabeihaben wollte, die ich nur besuchte, um meinen Eltern, die Tanzunterricht als Mitvoraussetzung eines sozialen Aufstiegs betrachteten, eine Freude zu machen. Sie merkten natürlich, dass es mir an echter Lust fehlte. Sie hatten allerdings nicht die geringste Vorstellung von dem Wildwasser, in dem es mich zwischen humanistischem Gymnasium, langhaarigem Hippiefreund und Schülerkader der KPD/ML herumschleuderte. Nun kamen auch noch Lektionen in Benimmregeln und Wiener Walzer hinzu. An manchen Nachmittagen ging ich von der marxistisch-leninistischen Schulung direkt zum Tanzunterricht. Indem ich mich ausgerechnet von Erich, Inbild des Antikonventionellen, zum Abschlussball begleiten ließ, beharrte ich auf einem Rest meiner Rebellion gegen die bürgerliche Veranstaltung, an der ansonsten nur brave, unkritische Langweiler teilnahmen, zu denen ich mich ganz bestimmt nicht zählte. Ich setzte voraus, dass Erich als versierter Schlagzeuger über genügend natürliches Rhythmusgefühl verfügte, um Walzer, Rumba, Foxtrott, Polonaise auch ohne Übung hinzubekommen.

Was er hinbekam, war ein bekifftes, mit seinem Kinderlachen exaltiert dargebotenes Affentheater. Zur Einstimmung auf den Abend, der ihm schwer gegen den Strich ging, hatte er mehr Haschisch als sonst und mehr als zuträglich konsumiert. Ich glaube, er kiffte sogar noch auf der Herrentoilette der Tanzschule, bevor es losging. Er rutschte kreuz und quer über den Tanzboden, parodierte geckenhaft irgendwelche Tanzposen, ging vor mir auf die Knie, wirbelte mich in wüsten Pirouetten durch die Gegend und sank als sterbender Schwan aufs Parkett. Zum ersten Mal fand ich Erich einfach nur infantil. Und zum ersten Mal erlebte ich eine Autorität, die vor seinem Charme nicht kapitulierte. Nach einer Weile setzten die Besitzer der Tanzschule Erich nämlich an die Luft, und ich fühlte mich tödlich blamiert. Eine Woche sprachen wir nicht miteinander. Dann war die Sache vergessen.

»Nimmst du eine Nummer?«, schrie der Lulatsch in mein Ohr. Ich verstand ihn schon wieder nicht und versuchte, mit Achselzucken und ratlosem Augenbrauenhochziehen zu ihm durchzudringen. Geistesabwesend stierte er um sich, als hätte er seine gerade gestellte Frage bereits wieder vergessen. Wenn er auf Mimik und Gestik nicht reagierte, blieb nur die klassische Methode und ich rammte mit dem Ellbogen in seine Hüfte. Er wachte tatsächlich auf und lächelte gequält. Möglicherweise gab es in seinem Kopf ein Problem, das die Verschrobenheiten eines Nerds noch um einiges überstieg.

»Welche Nummer?«, schrie ich so streng wie möglich zurück. Er deutete auf einen schwarzen, mit Seeräuberemblemen – Totenköpfe, überkreuzte Klingen etc. – gesäumten Katheder am hinteren Ende des Raums. Beim flüchtigen Umschauen hatte ich ihn für das DJ-Pult gehalten. Hinter dem Katheder stand, vom Rumpf aufwärts sichtbar, eine Frau mittleren Alters. Sie hielt den Kopf gesenkt und hantierte augenscheinlich an einem Schaltpult.

Erst jetzt bemerkte ich den Monitor. Er hing oberhalb der Frau an der Wand. Auf dem dunklen Bildschirm leuchteten weiße, leicht flimmernde Zahlen auf, momentan die 102. Sie blieb für ein paar Sekunden stehen, verschwand, die 139 nahm ihre Stelle ein, und allmählich dämmerte mir, dass die ganze Installation mit dem Urzweck der Party in Verbindung stehen musste. Wie in jahrelang eingespielter Gewohnheit schlurfte der Lulatsch hinterher, als ich die Tanzfläche überquerte, mich so nah wie möglich neben die Frau stellte und ihr ein paar Fragen zuschrie, die sie mit dem Ausdruck vertraulichen Flüsterns, wenn auch in der gleichen Lautstärke beantwortete. Meine Ahnung war richtig gewesen. Der Katheder samt Monitor und Bedienerin fungierte als Postzentrale für den stillen Nachrichtenverkehr der Singles. Anders gesagt: als eine Art Kuppelsekretariat.

Jeder Partybesucher konnte sich einen Zettel mit einer Nummer aushändigen lassen und ihn, für die anderen Besucher gut sichtbar, an den Oberkörper heften. Hatte beispielsweise Person Nummer 129 das Glück, auf einen Unbekannten so anziehend zu wirken, dass dieser am Katheder eine schriftliche Botschaft für 129 hinterlegte – »stehe mit rotem T-Shirt an der Bar, Drink gefällig?«, »schwarze Lederjacke, direkt am Eingang, wollen wir tanzen?« –, dann leuchtete auf dem Monitor die 129 auf. Person Nummer 129 holte sich nun ihr Billett ab, nahm rotes T-Shirt oder schwarze Lederjacke aus der Ferne in Augenschein und entschied, ob sie den Lockruf überhören oder ihm folgen wollte. Die Mehrheit der Partybesucher hatte, so schien mir, keinen Zettel.

Ich brauchte dringend einen Sitzplatz und ein Getränk. Es wurde mir alles ein bisschen zuviel; Laserstrahlen, Biergarten, Piratenfolklore, Viehmarktnumerierung, dazu die Anhänglichkeit des halbautistischen Nerds, der im Takt eines elektrischen Rasensprengers den Kopf hin- und herdrehte und mit starren Blicken den Raum absuchte, nach was auch immer. »Wie heißt du eigentlich?«, rief ich und rempelte ihn, als sei dies ebenfalls schon Gewohnheit, mit dem Ellbogen an. »Kessler, Jens, also Jens Kessler«, rief er. Ich war mir nicht sicher, ob ich ihn im Musikgewummer richtig verstanden hatte. Aber darauf kam es jetzt nicht an. Ich entschied, ihn Jens Kessler zu nennen, und zog ihn zur Bar, um zwei Bier zu bestellen. Ich setzte voraus, dass Jens Kessler Bier trank. Nach Cocktails sah er mir nicht aus, nach Weißweinschorle auch nicht.

An der Bar mussten wir wieder anstehen, innerhalb von Minuten hatte sich der Raum, vermutlich durch die Ankunft des gesättigten Biergartenpublikums, gefüllt und belebt. Mehr und mehr wich die halbschlaffe Stimmung nun doch jener Fiebrigkeit verhaltenen Musterns, Lauerns, Herantastens, ohne die sich eine Singleparty meiner Meinung nach nicht wesentlich von anderen sozialen Ereignissen unterscheidet, bei denen sich Fremde in größerer Anzahl begegnen. Was störte mich eigentlich so an dem Nummernsystem? Die plumpe Direktheit? Die geheimnislose Nüchternheit? Das Schaufenstermodell der Selbstanpreisung, das unweigerlich einen leichten Beigeschmack des Kommerziellen besitzt? War es im Grunde nicht ehrlicher, auch vielversprechender als das umständliche Versteckspiel der Einsamkeit? Seelisch gesünder als die verdruckste Scham der Alleinstehenden, die einige Kraft darauf verwenden, sich das Alleinsein nicht anmerken zu lassen?

Singles mit einem Zettel an der Brust gaben sich als Singles zu erkennen. Wie Blinde mit der gelben Armbinde ihr Gebrechen und Verkehrsanfänger mit einem großen A an der Heckscheibe des Autos ihre Unerfahrenheit zu erkennen geben. Nichts anderes. Bewiesen solche Singles nicht auch ein recht aufgeräumtes Selbstbewusstsein? Ja, natürlich, die Zettel ähnelten, und das war es wohl, was mich so abstieß, auf etwas unangenehme Weise den Preisschildern an Waren. Ihre Botschaft ließ sich als Schnäppchenangebot verstehen, als: »Nimm mich! Ich bin leicht und billig zu haben!« Aber ließen sie sich nicht auch anders verstehen? Als entschlossene Offensive, als Weigerung, den Weg zum Ziel im schützenden Gebüsch zurückzulegen, um ja nicht erkannt und entdeckt zu werden.

Vierzig Prozent aller Berliner Haushalte werden nur von einem Menschen bewirtschaftet. Nicht alle davon sind Singles, viele führen eine Paarbeziehung in getrennten Wohnungen. Aber selbst wenn sich, zurückhaltend gerechnet, nur die Hälfte dieser vierzig Prozent aus echten Singles zusammensetzt, dann ist dies immerhin ein Fünftel der erwachsenen Einwohner. Zu diesem Fünftel wiederum gehören zweifellos viele, die ihre Autonomie genießen und sich niemand an ihre Seite wünschen. Aber den meisten geht es eben anders. Sonst gäbe es weder Singlepartys noch den Rest der Kuppelindustrie. Angenommen, die Hälfte des Fünftels bestünde aus Suchenden und Sehnsüchtigen, dann ist dies, Kinder und Halbwüchsige ausgenommen, nicht weniger als das Zehntel aller Berliner. Eine massive Lobby, deren Leben womöglich leichter wäre durch ein Erkennungszeichen. Es müsste ja kein preisschildähnlicher Zettel sein, vielleicht eher ein kleiner Sticker. Überall wären die Sticker zu sehen, in der U-Bahn, im Supermarkt, im Fußballstadion, in der Betriebskantine.

Allerdings, da bin ich mir ziemlich sicher, sähe man die Sticker weder in der Deutschen Oper noch auf Elternabenden privater Elitegymnasien oder auf Kunstauktionen. Alleinsein ist keine Frage der Schichtzugehörigkeit, nur wird der Umgang damit auch vom sozialen Milieu bestimmt. Der Druck, materielle, habituelle oder seelische Defizite zu verbergen, erhöht sich mit dem Rang gesellschaftlichen Ansehens. Je mehr Prestige ein Mensch besitzt, desto mehr hat er auch zu verlieren. Die Singleparty, auf der ich mich befand, richtete sich ganz offensichtlich nach dem Massengeschmack der Mittel- und der oberen Unterschicht aus. Hier hielt sich niemand auf, der in Luxus und Wohlstand lebte oder einen Professorentitel besaß.

Ich zahlte, nahm zwei Gläser Bier entgegen und reichte, Jens Kesslers Verharren an meiner Rückfront blind voraussetzend, eines nach hinten. Aber er nahm das Glas nicht an. Er war weg. Nicht, dass mir seine Gesellschaft übermäßig gefehlt hätte, ich empfand sogar eine gewisse Erleichterung, den komischen Knaben los zu sein. Zugleich machte ich mir Sorgen um ihn. Ich stellte mich an den Rand der mittlerweile halbgefüllten Tanzfläche und behielt den Gang im Auge, der zu den Toiletten führte. Sollte tatsächlich ein Unwohlsein der Grund für seine Verhaltensschwankungen sein, fände er auf der Herrentoilette ja Beistand. Gerade als ich zu überlegen begann, wem ich das überzählige Bier auf möglichst unverfängliche, möglichst wenig als Flirtversuch deutbare Weise spendieren könnte, sah ich Jens Kessler an einem der langen schmalen Biergartentische, die sich um die Tanzfläche herum aufreihten, auf einer Bank sitzen. Er hatte die abgewinkelten Unterarme parallel zueinander auf die Tischplatte gelegt und wirkte wie ein Schüler, der weiß, dass er im Alphabet als Nächster an der Reihe ist, um aus dem Mund des Lehrers seine Benotung zu erfahren. In regelmäßigen Abständen hob er den Kopf aus dem Steilwinkel der langen Rückenkurve und schaute zu drei Mädchen, die an der gegenüberliegenden Tischseite, wenige Meter von ihm entfernt, zusammengluckten.

Ich bin keine Hellseherin. Aber dass Jens Kessler nicht zufällig dorthin geraten und aus meinem Kielwasser verschwunden war, um das Backbord der jungen Damen anzusteuern, das leuchtete mir schlagartig ein. Zur Hälfte war es nackte Neugier, zur Hälfte das schwer begründbare Verantwortungsgefühl, die mich zu ihm zogen. Ich stellte ein Glas Bier vor ihn hin, Jens Kessler schaute hell erfreut zu mir hoch und ich setzte mich dazu. Keine Minute später vollzogen sich auf der Singleparty zwei eruptive Bewegungen. Im Lemurenschwarm sprangen sämtliche Partybesucher, von mir und Jens Kessler abgesehen, zur Tanzfläche, als die ersten Töne des Helene-Fischer-Schlagers »Atemlos durch die Nacht …« aus den Boxen schallten. Und in meinem Nachbar explodierte der Gesprächseifer. Ob ich zum ersten Mal da sei, ob ich aus dem Osten oder aus dem Westen käme, ob es in meiner Jugend auch derartige Partys gegeben habe.

Er feuerte eine solche Salve an Fragen ab, dass ich mit dem Antworten kaum nachkam. Aber Jens Kessler ließ nicht locker. Er hatte gar kein Interesse an einer richtigen Unterhaltung, er wollte sie nur simulieren. Er wollte lediglich ein Bild erzeugen, das ihn als Gesprächspartner einer Dame zeigte, die dank ihrer Lebenserfahrung derart weltbewegende Dinge zu berichten wusste, dass er, die Lässigkeit in Person, es vorzog, das Tanzen und Anbaggern altersgerechter Fräuleins auf später zu verschieben. Kurzum: Jens Kessler brauchte mich hier als Statistin. Die Menschenkenntnis wiederum, die es brauchte, um sein Manöverchen zu durchschauen, passte in einen Fingerhut. Jeder hat so ein Manöver schon mal angewendet und sich mit Hilfe von Gesprächsstatisten von der Insel der stummen, verlorenen Partyzaungäste hinübergerettet zum Festland konformer Geselligkeit.

Ich nahm es ihm nicht übel, ich genoss die kleine Performance sogar. Sie brachte mich auf vertrauten Boden. Sprechen ist mein verlässliches Allheilmittel gegen Fremdheitsgefühle. Ich war mir nur unsicher, ob sich Jens Kesslers Taktik nicht eher ungünstig für ihn auswirkte. Möglicherweise gab er nicht das Bild eines gebannt lauschenden jungen Mannes ab, sondern das eines schrägen Vogels mit neurotischen Vorlieben. Er schaukelte seinen windschiefen Oberkörper im Rhythmus der Musik hin und her und rief noch einmal: »Hattet ihr früher auch solche Partys?« Es war eigentlich zu laut, um Jens Kessler begreiflich zu machen, dass in meiner Jugend Single- und Kuppelpartys eher unangebracht gewesen wären. Sie fiel in eine Zeit, die das Ungeregelte und Formlose feierte, gerade auf dem Gebiet der Liebe. Paradoxerweise wurde ich in genau dieser Zeit, es muss 1974 oder 1975 gewesen sein, zum Objekt einer strategisch eingefädelten Kuppeloperation, das erste und einzige Mal in meinem Leben. Nicht meine Familie oder Freunde versuchten, mich zu verkuppeln, sondern eine Partei, die KPD/ML.

Ich kann mich weder daran erinnern, wie ich in ihren Schülerkader geriet, noch, warum ich ausgerechnet bei der KPD/ML landete und nicht im KBW, bei den Trotzkisten oder in einem anderen Winkel des K-Gruppen-Labyrinths. Die ganze Episode liegt auch deshalb im Nebel, weil sich die marxistisch-leninistischen Schulungstreffen in der undurchdringlichen Atmosphäre des Geheimnistuerischen und Konspirativen vollzogen. Ich wusste nie, woran ich hier eigentlich war, welchen Rang oder welche Funktion die Leute einnahmen, die neben mir am Tisch saßen. Das Diffuse war von Seiten der Partei allerdings auch gewollt. Je weiter unten sich ein Mitglied in ihrer

Hierarchie befand, desto weniger Kenntnis durfte es über ihre Interna besitzen. Und der Schülerkader stand am untersten Ende, unter dem Studentenkader und selbstverständlich weit unter dem proletarischen Lehrlingskader. Mein Vermögen, die Personalien und Strukturen der Veranstaltung zu durchschauen oder ihren höheren Sinn zu beurteilen, war auch deshalb eingeschränkt, weil ich geistig vollkommen absorbiert wurde von der Bemühung, mich nicht durch politisches Unwissen zu blamieren. Ich wagte nicht zu fragen, weshalb Fidel Castro als Revisionist galt und ausgerechnet Enver Hoxha, ein Name, den ich noch nie gehört hatte, als Held. Er war der kommunistische Diktator Albaniens.

Mit der Zeit wurde mir allerdings klar, dass es weniger auf meine weltpolitischen Kenntnisse ankam als auf meinen persönlichen Klassenstandpunkt. Ich erschien den Genossen, vermutlich, weil ich ein humanistisches, folglich bourgeoises Gymnasium besuchte, als verdächtig. Aus irgendeiner Quelle wussten die Genossen außerdem, dass ich einen Freund hatte, dessen Lebensführung und Langhaarfrisur ein dekadentes, der Arbeiterklasse entfremdetes Subjekt erkennen ließen. Damit war Erich gemeint. Über meinen Kopf hinweg beschloss die Kaderleitung, Erich durch einen ideologisch lupenreinen Proletarier zu ersetzen. Am Ende eines Schulungstreffens wurde mir mitgeteilt, dass sich am kommenden Samstagnachmittag ein junger Mann, der angeblich Heinrich hieß, mir und meinen Eltern vorstellen werde. Die KPD/ML besaß nicht nur ein ziemlich irreales Weltbild, sondern auch recht altmodische Vorstellungen von der Anbahnung einer Liebesbeziehung.

Ich habe mich in meinem Leben ein paar Mal in echter Untergangsfurcht befunden. Die Tage und Stunden, die dem angekündigten Auftritt des Proletariers in meinem Elternhaus vorausgingen, gehören dazu. Natürlich wussten meine Eltern nichts von meinen Aktivitäten in der KPD/ML, sie wussten auch nicht, dass es westlich der DDR solche Vereine gab. Ich fühlte mich elementar ausgeliefert und hielt alles für möglich: Jugendheim, monatelangen Hausarrest, Erscheinen der Polizei, die den Proletarier Heinrich vor den Augen der Nachbarn in Handschellen abführte.

Punkt ein Uhr gab es samstags bei uns Mittagessen. Danach machte meine Mutter einen Mittagsschlaf, mein Vater kehrte den Hof, um sich anschließend in die Badewanne zu legen, einen Kaffee zu trinken und im Auto der Radioübertragung von Bundesligaspielen zu lauschen. Der Besuch des Proletariers war für zwei Uhr angekündigt. Ich stand am Küchenfenster und sah ein Auto die Straße heraufkommen. Es bremste vor unserem Haus und bog in den Hof ein. Der Proletarier war da. Ich war nervlich nicht in der Lage, seine Begegnung mit meinem Vater mit anzusehen, flüchtete in mein Zimmer und verbarrikadierte mich hinter der Tür. Nach einer Viertelstunde rief mein Vater laut durch die Wohnung: »Ursi, da ist ein junger Mann für dich!« Diesen Kosenamen benutzte er nur, wenn er mir zum Geburtstag gratulierte oder einen Anlass sah, auf mich stolz zu sein. Ein solcher Anlass schien mir nicht gegeben, aber ich musste notgedrungen mein Zimmer verlassen. Als ich durch den Flur ging, hörte ich meinen Vater, dessen Gesprächsbereitschaft seit je unberechenbaren Launen folgte, in angeregter, ja aufgekratzter Unterhaltung. Er sprudelte wie ein Wasserfall, erzählte wild drauflos, vom Eishockeyspielen in der Jugend, von seinem neuen Brillengestell, der hohen Dioptrienzahl und so weiter. Der Überraschungsbesuch war offensichtlich ganz nach seinem Geschmack.

Nach meinem nicht. Das Männlein, welches die Genossen

für mich erwählt hatten und das nun an unserem Küchentisch saß, hätte in jedem Kabarett als Karikatur des deutschen Spießers auftreten können. Der Proletarier trug eine graue Stoffhose mit Bügelfalten, eine kackfarbene Lederjacke und darunter ein schlaffes Polyesterhemd. Er hatte kurzgeschnittene Haare mit militärisch scharfem Wasserscheitel. Das Schlimmste aber war der Strickstoffschlips, den er so eng um den Kragen des Polyesterhemdes geschnürt hatte, dass man meinen konnte, er stünde kurz vor der Erdrosselung. Ich erschrak dermaßen über den Anblick, dass ich meine Furcht vergaß. Noch mehr als die Partnerwahl der KPD/ML schockierte mich ihr Rückschluss auf mich selbst. Wenn es Menschen gab, die allen Ernstes glaubten, dieser lächerliche Schlipsheini sei geeignet, mich zu umwerben, dann lief in meinem Leben etwas schief, und zwar gründlich. In dieser Sekunde endete meine Mitgliedschaft im Schülerkader. Ich war fertig mit Enver Hoxha. Schließlich erschien auch noch meine Mutter in der Küche, die der Temperamentsausbruch ihres Mannes geweckt hatte. Meine Mutter litt bisweilen unter Gefühlen sozialer Unterlegenheit. Bei Personen, die sie einschüchterten, verstieg sie sich in eine Mimikry floskelhafter Vornehmheit und benahm sich wie eine exaltierte Operettengräfin. Die Anwesenheit von Herrn Heinrich, der ihr so gut gefiel wie meinem Vater, entspannte sie jedoch auf wundersame Weise. Sie kam auf die Idee, ihm einen Rest vom Mittagessen aufzuwärmen, hinterher stellte sie ihm noch Kaffee und ein Stück vom frisch gebackenen Sonntagskuchen hin. Wäre der Proletarier ein Stündchen länger geblieben, hätte mein Vater ihn vielleicht sogar eingeladen, mit ihm im Auto Bundesliga anzuhören. Aber irgendwann trat er, ohne sich im Allergeringsten für mich interessiert zu haben, den Rückzug an, was ich ihm wirklich nicht verübelte.

»Ich habe es ihm nicht verübelt«, wiederholte ich und arti-
kulierte den Satz überdeutlich und in getrennten Silben. Aber
Jens Kessler schaute mich nur begriffsstutzig an. Ich vermutete,
dass er insgeheim mit den drei Mädchen beschäftigt war. Ich
war es auch, wenn auch insofern, als ich herumgrübelte, in welcher Weise sie ihn beschäftigten, ob er sie kannte oder kennenlernen wollte, ob meine Vermutung überhaupt richtig war. Aus
dem Augenwinkel sah ich die drei tanzen. Zwei von ihnen sahen sich ziemlich ähnlich, sie waren groß, hatten lange, hell-
oder mittelblonde Haare. Unter den ruhelosen Blitzen der Diskokugeln ließ sich die Farbe nicht genau erkennen. Die dritte
war kleiner als die beiden anderen und wirkte, wahrscheinlich
wegen ihrer dunklen Topfhaarfrisur, deren langer Stirnpony an
ihre große Brille stieß, auch etwas kindlicher. Jünger als zwanzig waren die drei nicht, älter als fünfundzwanzig kamen sie
mir auch nicht vor. Sie tanzten nah beieinander, und ich regis-
trierte, dass keine versuchte, sich mit Blicken oder Körperdre-
hungen aus dem Triozirkel zu lösen, sich spielerisch anderen
Tänzern zu nähern.

Unauffällig beugte ich mich über den Tisch, um zu schauen,
ob die drei, ein sicheres Indiz für ihre Rückkehr an den alten
Platz, Jacken oder Taschen auf der Bank liegengelassen hatten.
Ich sah einen kleinen Wollhaufen, einen Schal oder eine Strick-
jacke, und war erleichtert, ja, tatsächlich erleichtert. Der Wollhaufen, sagte ich mir, versprach eine vorteilhafte Ausgangslage
für die weitere Entwicklung der Dinge. Und im Grunde entschied ich mich mit diesem Gedanken, die Rolle von Jens Kesslers Singlepartyassistentin zu übernehmen. Meine Tochter und
einige Freunde machen mir bisweilen Vorwürfe wegen meiner,
so sagen sie, strapaziösen Angewohnheit, mich in Probleme
einzumischen, die mich überhaupt nichts angehen und die zu

lösen mich niemand gebeten hat. Vielleicht stimmt das. Aber meine Tochter lag zu Hause im Bett, meine Freunde vergnügten sich an allen möglichen Orten der Stadt, nur nicht bei einer Fisch-sucht-Fahrrad-Party, und ich fühlte mich fast wie auf einer Reise, die ich allein unternommen hatte.

Ich stupste Jens Kessler, diesmal etwas dezenter, mit dem Ellbogen an, damit er nach rechts aufrückte, sich somit der Abstand zwischen uns und den noch leeren Sitzplätzen der Mädchen verkleinerte. Er reagierte prompt, rückte sofort und so fügsam zur Seite, dass ich annehmen konnte, er habe die Rutschaktion selbst schon erwogen, nur gezögert, sie auszuführen. Kämen die Mädchen demnächst vom Tanzen an den Tisch zurück, befände er sich in einer fabelhaften Startposition, praktisch vis-à-vis. Aber sie kamen nicht. Helene Fischer hatte längst zu Ende geträllert, die Tanzgemeinde sich wieder ausgedünnt, aber die Mädchen blieben. Sie bewegten sich ausgelassener als zuvor, entfernten sich beim Tanzen ein wenig voneinander und dehnten ihren Kreis in das freie Feld um sie herum aus. Mein letzter Zweifel verflog. Jens Kessler, der nicht mehr mit dem Oberkörper hin- und herschaukelte, sondern steif wie eine Figur aus dem Wachskabinett neben mir saß, auch keine Anstalten machte, unser kleines Konversationsstück wiederaufzunehmen, starrte zu den dreien.

»Kennst du die?«, rief ich ihm ins Ohr. Es kam keine Antwort. Auch nicht, als ich die Frage ein zweites Mal, etwas lauter und noch näher an seiner Ohrmuschel herausstieß. Blöde konnte er nicht sein. Das hatte der Laserstrahlvortrag bewiesen. Ich tippte mit dem Finger auf Jens Kesslers Unterarm, um mich bemerkbar zu machen. Aus seinem Mund kam, akustisch unmissverständlich, wenn auch inhaltlich nicht sonderlich befriedigend, die Antwort: »Nicht richtig.« Er kannte die Mädchen also, aber nicht richtig. Vielleicht kannte er sie nicht lange, vielleicht nicht nah, vielleicht nur vom Sehen, vielleicht in der Art, wie er mich kannte, also in stark wechselnder Frequenz seiner Geistesgegenwart. Mir blieb nichts anderes übrig, als Jens Kessler, eine enorme Herausforderung für meine bereits stark strapazierten Stimmbänder, einem kleinen Verhör zu unterziehen.

– »Kennst du alle drei?«

– Kopfschütteln

– »Kennst du eine von denen?«

– Kopfnicken

– »Eine von den Großen?«

– Kopfschütteln

– »Aber du kennst die Dunkle mit der Brille?«

– Kopfnicken

– »Von woanders?«

– Kopfschütteln

– »Du kennst sie hier von der Singleparty?«

– Kopfnicken

– »Wart ihr mal ein Paar?«

– Mehrmaliges Kopfschütteln

– »Oder nur so kurz zusammen?«

– Kopfschütteln

– »Weißt du, wie sie heißt?«

– Kopfschütteln

Ich trank einen Schluck Bier. Mein Hals war ausgetrocknet, meine nachlassende Geduld im Konflikt mit meiner wachsenden Neugier. Dann begann ich wie die Kommissare in Fernsehkrimis, die im Büro vor der Pinnwand stehen und die Fotos des Opfers, der Tatverdächtigen und der Beweismittel so lange umgruppieren, bis das Puzzlebild die einzig richtige und logische Lösung des Mordfalls zu erkennen gibt, aus Jens Kesslers Kopfgymnastik die Geschichte seiner Bekanntschaft mit der Brillenträgerin zu rekonstruieren. Es war gar nicht so schwierig, zumal mir die Geschichte vertraut vorkam. Als ich im ersten Semester in Köln studierte, schwärmte ich für den Redakteur einer linksautonomen Zeitschrift, für die ich einen Artikel über die Missstände am germanistischen Seminar geschrieben hatte. Ich sprach kein einziges Wort mit dem Redakteur. Ich sah ihn nur einmal, als ich den Artikel abgab. Ich spekulierte darauf, dass er sich abends in der Kneipe unter den Redaktionsräumen einfände, und machte es mir einen Winter lang zur Gewohnheit, mich nur noch in dieser Kneipe mit Freunden zu verabreden. Er tauchte nie auf. Und wäre er aufgetaucht, hätte ich vielleicht auch nicht recht weitergewusst. Aber auf die Frage, ob ich den Redakteur kenne, hätte ich geantwortet: Nicht richtig.

Nach der Methode des Fallvergleichs ließ sich das Kessler'sche Rätsel leicht entschlüsseln. Er hatte die Dunkelhaarige bei einer Fisch-sucht-Fahrrad-Party gesehen, wenn auch nur gesehen. Er kannte ihren Namen nicht, da er mit ihr nicht gesprochen, ja sich vermutlich so verhuscht benommen hatte, dass es ihr gar nicht möglich war, seine Blicke zu bemerken. In der Hoffnung, sie wieder zu treffen, hatte er die Party erneut besucht. Ob einmal, zweimal oder öfter, spielte für die Gesamtanalyse des Hergangs keine Rolle. Das entscheidende Faktum lag in dem glücklichen, wenn auch Jens Kessler leicht überfordernden Zufall, dass er sie just an diesem Abend entdeckt hatte, wahrscheinlich schon, als er hinter mir in der Kassenschlange stand und vor Schreck hickste, anstatt einen vollständigen Satz herauszubringen. Das erklärte seine Stimmungskurven noch nicht ausreichend, aber teilweise.

Ich verschonte Jens Kessler auch deshalb mit meiner Interpretation, weil sich auf der Tanzfläche eine Veränderung der Szenerie vollzog, die Jens Kesslers und meine Aufmerksamkeit voll in Beschlag nahm. Ein Mann hatte sich ins Bild geschoben. Er tanzte mit sich allein. Dieser Umstand wäre an sich noch nicht auffällig gewesen. Aber der Mann fiel als Anzugträger, der einzige weit und breit, und durch seinen eleganten, konzentrierten Tanzstil aus dem Rahmen. Man sah sofort, dass er sich nach den Schrittfolgen klassischer Standardtänze und mit der entsprechenden physischen Gefasstheit bewegte. Er wirkte wie der einzige Profi inmitten hampelnder Amateure. Er war von untersetzter, kräftiger Statur, nicht jung, nicht alt, vielleicht vierzig, vielleicht fünfundvierzig, seine Haare erschienen mir an den Geheimratsecken leicht ergraut, aber ich konnte mich täuschen. Der Mann war mir nicht geheuer. Nicht, weil er einen Anzug und ein weißes Hemd anhatte, auch nicht, weil er die Mischung aus dynamischem Schwung und akkurater Form beherrschte, die Tanzkönnerschaft ausmacht. Er war mir nicht geheuer, weil seine Art, mit sich allein zu tanzen, eine fast geschäftsmäßige Unabhängigkeit, eine wunschlose Selbstgenügsamkeit ausdrückte, die dem Sinn einer Singleparty eigentlich widersprach und die ich für eine Masche hielt.

Er tanzte wie ein Mann, der gerne acht Euro Eintritt bezahlt, um in einen Seeräuberschuppen zu gelangen, in dem Musik gespielt wird und sich zwischen Biertischen eine Freifläche befindet, auf der er Tanztraining betreiben kann, weil das in seinem Wohnzimmer wegen der Lärmbelästigung leider nicht geht. Ginge es, wäre er garantiert nicht hier, sondern in seinem Wohnzimmer. Dieses Signal sandte er aus. Er schaute und lächelte niemanden an, er war auf jene vollendete Weise für sich, die wie keine andere als Magnet wirkt. Er ließ nicht einmal erkennen, ob er gedenke, den Erfolg dieser Wirkung zu nutzen. Genau damit forderte er Frauen dazu heraus, die Überwindbarkeit der Burgmauer auf Gedeih und Verderb testen zu wollen. Das war der Sinn seiner Masche, und ich durchschaute sie. Ich bezweifelte allerdings, dass Jens Kessler fähig war, ein derart kühl berechnetes Verführungskunststück zu durchschauen. Aber dass Gefahr im Verzug war, das bekam er mit. Der Blick seiner Dunkelhaarigen hatte sich an dem Anzugträger festgesaugt, der keine drei Meter von ihr entfernt eine gelenkige Solorumba hinlegte. Sie vergaß zu tanzen, sie stand da wie ein verzücktes Kind vor dem Zauberer, der aus dem Hut eine Taube herausflattern lässt. Er hätte sie, so wirkte es, nur an der Schulter antippen müssen und sie wäre ihm in die Arme gesunken. Und Jens Kessler wurde neben mir immer wächserner.

Ich hatte hier nichts zu verlieren. Ich handelte, das ist ja für das Übersichhinauswachsen immer günstig, auch nicht in eigener Sache. Ich trank mein Bier in einem Zug aus, legte Jens Kessler einen Arm um die Schulter, schaukelte ihn ganz leicht und beruhigend ein paar Mal hin und her. »Bleib sitzen«, rief ich, »bleib auf alle Fälle sitzen, ich bin gleich wieder da.« Dann stand ich auf. Das Wichtigste, sagte ich mir, ist eine gewisse Trägheit. Bloß nichts überstürzen. Aus Interviews mit Filmschauspielern weiß ich ungefähr, wie Method Acting funktioniert. Um die Emotion einer Szene möglichst echt und naturalistisch darzustellen, müssen sich Schauspieler an ein eigenes Erlebnis erinnern, bei dem sie genau diese Emotion empfunden haben. Sie müssen aus dem Gefühlsgedächtnis einen sogenannten privat moment abrufen. Die äußeren Umstände des privat moment können vollkommen andere sein als die der Filmszene. Aber der emotionale Kern muss stimmen. So würde sich beispielsweise ein Schauspieler, der laut Drehbuch von seiner Frau mit seinem besten Freund betrogen wurde, an den verzweifelten Zorn und die Rachegelüste erinnern, die er Jahrzehnte zuvor erlitt, als sein Kinderfahrrad von einem Nachbarsjungen kaputtgemacht wurde.

Nach dieser Methode holte ich das Äußerste an Verruchtheit aus mir heraus. Ich dachte an die Halskette, die ich mir im Alter von fünf Jahren so sehnlich wünschte, wie man sich einen Gegenstand nur wünschen kann. Niemals hätten meine Eltern mir Monate vor Weihnachten, Nikolaus und meinem Geburtstag die Halskette gekauft, die irgendwann nach Pfingsten in der Auslage des Schreibwarengeschäfts unserer Kleinstadt lag und wochenlang dort liegen blieb. Eine dünne Silberkette mit zwölf rundum verteilten kleinen Anhängern, sechs rote Herzen und sechs gelbe Sonnen, immer abwechselnd.

Wenn ich mit meiner Mutter einkaufen ging und wir an der Kette vorbeikamen, ließ ich mir nichts anmerken. Ich wusste, dass ich mein Pulver nicht verschießen durfte und auf meine Tante warten musste, die in den Sommerferien zu Besuch kam. Die Gier nach dem Besitz der Kette besaß jene absolute Bedingungslosigkeit, die sich zugunsten kalter Strategie jeden spontanen, unüberlegten Affekt verbietet. Meine kinderlose Tante hatte eine schwache Stelle. Sie mochte es, wenn ich ihr heimlich suggerierte, meine Bedürfnisse und meinen Charakter viel besser zu verstehen als meine Mutter. Ich ließ mir Zeit, drei, bis zum Rand mit Schmeicheleien, verschmusten Liebesbeteuerungen und dem Beklagen teils vollkommen erfundener Nöte angefüllte Tage, bevor ich die Kette zum ersten Mal erwähnte. Bis ich sie schließlich bekam, dauerte es eine weitere Woche, und diese Woche verbrachte ich im Gemütszustand eines durchtriebenen, verschlagenen Biests.

Es war gar nicht so schwer, ihn auf eine Frau zu übertragen, die sich am Rand einer Tanzfläche in frivoler Körperhaltung – Kopf in leichter Schräglage, Hohlkreuz, gespreizte Hand in abgeknickte Hüfte, andere Hand mit Haarsträhnen spielend – gegen einen Holzpfeiler lehnt und so schamlos wie distanziert einen Mann ins Visier nimmt. Ich musste die Sache nur durchhalten, bis die Maus der Faszination der Katze erlag und von selbst aus dem Loch kam.

Er sah nicht zu mir hin, er sah zu niemandem, er schaute mit ernster Tanztrainingsmiene in die Luft. Aber er hatte mich bemerkt, ich spürte es. Ich fiel allerdings auch ziemlich auf, wie ich mich mit meiner unpassenden Damengarderobe und dem albernen Nuttengetue buchstäblich auf offener Szene präsentierte. Der schwarze Rock und die elegante Bluse, überlegte ich, konnten jetzt jedoch von Vorteil sein. Der Mann konnte unmöglich ignorieren, dass wir, nur er und ich, von der Partygesellschaft als bürgerlich gekleidete Sonderlinge abstachen und sich hieraus ein verbindendes Moment ergab, das uns unweigerlich zusammenführte. Die laszive Haltung wurde anstrengend, ich knickte die andere Hüfte ein und schüttelte unauffällig die gespreizte Hand aus. Ich bin sowieso nicht dafür geschaffen, lange an einem Fleck zu stehen, löste mich also vom Holzbalken, machte drei phlegmatische Schritte auf den Mann zu und befand mich auf der Tanzfläche, ganz in seiner Nähe.

Er war kleiner als ich, ein gutes Stück kleiner. Das ist für manche Männer ein Problem. Wenn es für ihn keines war, wenn er sich mit solchen Details nicht aufhielt, weil ein als kurzfristig gedachter Kontakt die Beschäftigung mit Grundsatzfragen des Harmonierens ohnehin erübrigte, dann war das, zumindest im Sinn meines Schlachtplans, kein schlechtes Zeichen. Ich ging langsam an ihm vorbei über die Tanzfläche in

Richtung Bar. Und genauso langsam drehte ich mich auf halber Strecke um. Er schaute mir tatsächlich nach. Das Spiel war so gut wie gewonnen. Ganz kurz ließ ich in meinem Gesicht ein verschwörerisches Grinsen aufblitzen, drehte mich zurück, ging zur Bar und stellte mich so hin, dass ich den ganzen Raum im Blick hatte.

Er ließ mich schmoren. Es war mir nicht nur egal, es war mir sogar recht, weil ich so Zeit gewann, um den Fortgang der Nebenhandlung zu beobachten. Es lief, ich kann es nicht anders sagen, wie geschmiert. Die drei Mädchen kehrten zum Tisch zurück und Jens Kessler rückte nicht vor Schreck auf der Bank von ihnen weg, Jens Kessler blieb sitzen, wo er saß. Unter anderen Umständen hätte mich die abschätzige Sachlichkeit des Mannes umgehend in die Flucht geschlagen. Nachdem er endlich an der Bar eingetroffen war, gab er deutlich seinen Unwillen zu erkennen, sich an zeitraubende Flirtereien zu verschwenden. Umso besser.

»Ich kenne eine schöne, ruhige Bar«, rief ich ihm zu, »ganz in der Nähe meiner Wohnung.« Er nickte, als hätte ich ihm die Steuervorteile eines Immobilienkaufs erklärt.

Ich konnte mich nicht zurückhalten. Wenn ich Ratschläge auf Lager habe, muss ich sie loswerden, das war schon immer so. Meine Tochter und meine Freunde liegen mit ihrer Kritik nicht ganz falsch. Bevor ich mit dem Mann die Piratenparty verließ, rannte ich noch einmal kurz zum Tisch, nickte den Mädchen freundlich zu, begrüßte Jens Kessler wie einen alten, ganz zufällig entdeckten Bekannten, legte die Hände als Schalltrichter um meinen Mund und flüsterte ihm ins Ohr: »Sag einfach, dass du die Laserstrahlen unglaublich magisch findest! Lass den technischen Rest weg! Okay?«

Ich war, was mich im Nachhinein sehr erstaunt, überhaupt

nicht nervös, nur darauf konzentriert, keinen Fehler zu machen, und in das Auto des Mannes einzusteigen wäre ein gewaltiger Fehler gewesen. »Wäre es Ihnen recht, wenn wir mit meinem Auto fahren?«, fragte ich auf der Straße. »Meines steht im Parkverbot, ich will es nicht bis morgen da lassen.« Er lächelte verständnisvoll, leicht süffisant. Offensichtlich hielt er sich für die Katze und mich für die Maus.

Wir fuhren über die Oberbaumbrücke, Richtung Westen durch Kreuzberg, ich erklärte ihm, dass meine Wohnung in Schöneberg läge, nah am Viktoria-Luise-Platz, nicht weiter als ein Viertelstündchen Fahrt. In topografischer Hinsicht war das ja auch die Wahrheit. Dann fragte ich ihn, ob wir schnell an einer Tankstelle in der Martin-Luther-Straße halten könnten, um Zigaretten zu kaufen. Ich parkte neben den Zapfsäulen, legte den Leerlauf ein, zog die Handbremse und ließ den Motor laufen. »Lassen sie mal, ich geh schon«, sagte er in einem Ton, der wahrscheinlich gentlemanhaft klingen sollte, den ich aber, schon um mein Gewissen zu erleichtern, gönnerhaft fand. »Davidoff Gold Slim«, rief ich ihm hinterher, »und vielleicht noch was Süßes oder was Härteres.«

Den letzten Satz hätte ich mir natürlich sparen können. Es war sowieso nicht ganz sauber, was ich da machte. Um die Wahrheit zu sagen: Es war eine ziemliche Schweinerei. Aber was blieb mir anderes übrig? Ich wartete, bis sich die Scheiben der Automatiktür hinter ihm schlossen und er mir den Rücken zukehrte, dann legte ich den ersten Gang ein, löste die Handbremse und drückte mit dem Fuß behutsam aufs Gaspedal.

Ich danke Sibylle für behutsamen Ansporn und
Mechtild für ihre erste Lektüre.

Ursula März im Carl Hanser Verlag

Fast schon kriminell
Geschichten aus dem Alltag
2011, 192 Seiten

Oft ist es nur ein kleiner Moment, was den Alltag plötzlich aus dem Gleis springen lässt. Wie bei dem Sparkassenangestellten, der eines Freitagnachmittags einfach so mit 3,2 Millionen Mark davongeht. Ursula März erzählt Geschichten von großen und kleinen Verbrechen, von kaltblütigen Betrügern und ungeschickten Mördern. Es sind ungeheuerliche Geschichten über menschliche Ausnahmesituationen, inspiriert vom wahren Leben und zugleich von großer literarischer Kraft. Einmal mehr offenbart die Autorin, wie schmal der Grat ist zwischen Normalität und Brutalität – und wie stark ein Verbrechen von absurden Zufällen abhängen kann.

»Neunzehn Geschichten von Menschen mit dem Rücken zur Welt – knappe, elegante Prosa.«　　　　　Wolfgang Herles, *Das Blaue Sofa* (ZDF)

»Die seltsamen Kriminalgeschichten der Ursula März ballen das Unvorhergesehene. Schicksalsschläge pulverisieren von einer Minute auf die andere das bisher Geregelte und Gegliederte, das Eingehegte und Verehrte.«
Christian Thomas, *Frankfurter Rundschau*

»Selten wurde das Heute mit so wenigen Sätzen so zielsicher getroffen.«
Britta Heidemann, *Westdeutsche Allgemeine Zeitung*

»Es sind kleine Perlen der Vielseitigkeit menschlichen Verhaltens, die gänzlich unverständlich blieben, würde März sie nicht narrativ umkleiden.«
Katharina Granzin, *taz*